王蒙谈列子

王蒙 作品

浙江人民出版社

图书在版编目（CIP）数据

王蒙谈列子 / 王蒙著 . — 杭州 ： 浙江人民出版社，2019.12

ISBN 978-7-213-09524-5

Ⅰ . ①王… Ⅱ . ①王… Ⅲ . ①道家②《列子》—研究 Ⅳ . ① B223.25

中国版本图书馆 CIP 数据核字（2019）第 247733 号

王蒙谈列子

WANGMENG TAN LIEZI

王 蒙 著

出版发行 浙江人民出版社（杭州市体育场路 347 号 邮编 310006）

责任编辑 张世琼

责任校对 陈 春

封面设计 水玉银文化

电脑制版 顾小固

印 刷 嘉业印刷（天津）有限公司

开 本 710 毫米 ×1000 毫米 1/16

印 张 22

字 数 260 千字

版 次 2019 年 12 月第 1 版

印 次 2019 年 12 月第 1 次印刷

书 号 ISBN 978-7-213-09524-5

定 价 58.00 元

前言

对于后人来说，孔子是至圣先师，树立了思想的标尺风范。孟子是亚圣与斗士，表现了王者的追求与雄辩的义理。老子是祖师爷，累积了深远妙极的智慧高峰。庄子是神仙，飘飘然逍遥于天地大块之间。

那么列子就是道家言辞精辟的段子手，具有民间风趣的故事大匠，中华奇思锦绣的编织人。愚公移山，夸父追日，神剑无伤，穆王西游，列子御风，小儿辩日，余音绕梁，高山流水，纪昌学射，杞人忧天，歧路亡羊，疑邻盗斧，齐人攫金……妙不可言，美不胜收。

列子还喜欢大讲无端无际无切入点的大道与全神的修养，他几乎否定一切专业与技术手段，他要的是不知不识不专不业不思不惧不怵不忧，自然而然，成别人之不成，就他人之不就。

列子的想象力惊心动魄。西方流行科学幻想作品，列子则喜欢搞玄学幻想、哲学幻想、神学幻想、趣味幻想、非科学幻想、逆向（与常理对着干）幻想，诸色诸等。例如他的一则故事讲，剑太锋利了，杀不了人，原因是用锋利的剑在劈杀时阻力为零，摩擦力也为零，人体的挪移是零，砍杀过后，被切割成两层的人体立即原地和合与衔接，上层原地下落，两片人体天衣无缝地连在一起。被神剑所杀的人看到的只有杀手剑客的舞蹈动作，事后感到的可能是轻微的酸痛，对其生命与体躯的伤害则是近于零。这样的科幻兼非科学想象力，都达到了登峰造极的程度。

不读《列子》，白白当了一回中国人！

但是，对于“列子”其人其书，我们掌握的史料甚少：应该确有其人，战国时期郑国人，《庄子》上就多次讲到他，有些片段《庄子》与《列子》重叠。《辞源》上说：“该书多取先秦诸子及汉代人的言论，并杂有两晋的佛教思想与佛教神话，从思想内容和语言使用上，都与先秦著作有别，可能是魏晋时人托名伪作。”应该是如此。但又思量可能是列子其人其事其言说早有口耳相传，《列子》一书有伪有真，不可能是空穴来风。伪真不明也罢，反正是重要道家文献。此书有驳杂处，哲学思维水准远远低于老、庄，但民间性、趣味性、可读性、突破性、超越性与猎奇性，都无与伦比，其故事家喻户晓的普及性与重要性，也是不争的事实。考据训诂，都不是王某的长项，与其以极少的材料去追求极大的推测，不如回到千古绝唱的文本，接受这个文本，消化这个文本，延伸与弘扬提升这个文本，求得读“列”的收获的最大化与最优化。

耄耋赏列，谋古今中外之对接，恣小说家言之意态，其乐何如，亦佳话也！

说明

本书原文，大多依据中华书局1954年版《诸子集成·三》中张湛注的《列子注》，参考了东方出版社2010年版南怀瑾的《列子臆说》，也上网浏览过网上的一些注释版本，得到了帮助与启发，但也都没有亦步亦趋地紧跟照办。

本书“王读”部分，大致分两项，一曰“故事大意”，说明不是逐字逐句的白话文翻译，只能是转述性质。本书作者有这种体会，原来囫囵着读还有所心得，等看完了章句译文，了解了不同版本、不同名家的疏解校正之后，反而找不到什么感觉了。我的办法是，不论怎样疏解，怎样解释，必须自己能明白，同时尽一切努力使读者明白。宁可理解上有分歧，理解上有缺少十足把握处，绝不说自己也弄不明白的话。二曰评析，评析中则既有“我注六经”，也有“六经注我”，在评列析列的文字当中，王也不揣冒昧地做一些独出心裁的发挥，使之联系生活实践，联系历史沧桑，联系现代世界与人类命运共同体，联系自己的耄耋之年的生活经验、政治经验、读书经验与文学经验，并美其名为“优化”解析。

解析当中，当然有阅读感受与文本理解，同时包括了王某的借题发挥、联想比拟、质疑抬杠、与古人解人之互动。王某不是中国古代哲学与古汉语古代史的专家，王某只是先秦诸子文本的一个有特色的读者。

《列子第一·天瑞》，最为抽象混沌，解析的空间相当大，逐字逐句翻译出来越看越糊涂，读者更会是不知所云，故而有七个自然段是将故事大意与评析结合起来，一体进行。其他地方，都是将故事大意与评析部分分开与读者交流的。

《列子》的内容，远远超越了目前它在中国古代典籍中占有的地位，王蒙能在有生之年与读者共享列子，幸甚至哉，书以长思！

目录

《列子》最后一篇，庞杂丰富，多趣多思。其中歧路亡羊、疑邻盗斧、九方皋相马等故事，兼有传奇与寓言意味，奇妙深刻，令人拍案叫绝，品味不已。

人与环境，就如影子之跟随适应身形 / 人的主体性与社会性 / 达到目的，还要通晓原理 / 道与术，需知其然，更要知其所以然 / 太盛了不可语道 / 楚汉相争的历史经验 / 轻视“雕虫小技” / 为什么要把大道与巧技截然对立起来？……

天瑞第一

本节标题叫作《天瑞》，与《列子》一书的最后一章，即第八章《说符》相对应。

天，首先指的是实在的天，即我们人人头上的天空、天穹、苍穹、苍天。发展一步，天的第二层意思是它的巨大、崇高与涵盖一切的性质：人们的经验、感受告诉人们，天就是最高、最大、最先、最根本、最重要、最概括、最神奇、最有力、最不可抗拒的。

第三，天是天然、天性、天生、天良、天道、自然、先验，自己存在，自己变化或者不变化，天就是“有大美而不言”（《庄子·知北游》），或者干脆“不仁，以万物为刍狗”（《道德经》第五章），或者“何言哉？四时行焉，百物生焉”（《论语·阳货》），或者“行健，君子以自强不息”（《周易·象传》），存在先于本质，一个存在，许多本质。

再前进一步，第四层，天在中国传统文化中是信仰，是终极，是中华“上帝”这样一种概念之神。项羽败了，说是“天亡我”，命运，在我国称为“天命”；大道，在我国称为“天道”；成功，称为“如有天助”；痛惜一个人的死亡，说是“天妒英才”；好人有好报、坏人有坏报，说是“天睁开了眼”。

天，在中国，整合了物与心、客体与主体、先天与后天、自然与人文、有神论与无神论，成为“天字第一号”的混沌概念，同时“天”也通向世界、万有、一切的概念。大家都知道，对于老子来说最伟大的概念是“道”，但他的《道德经》中，“道”字出现了七十六次，而“天”字出现了九十二次。原因在于，与道相比，天是更原生的概念，人当然是首先看到了、感受了、思索了“天”，才寻找到了、分析到了、体验到了更抽象更本质的“道”。

至于瑞，原意玉符，如符瑞，释为“祥瑞”即更加强调符信的正面性、吉祥性。或释为灵瑞，则强调了此种符信的应验性或“活生生性”，犹言仙气、仙机、神灵。

那么天瑞就是天的，即世界的符信、符码，这种符码具有秘密深藏的特质。正如英国十八世纪诗人亚历山大·蒲柏的诗：“自然与自然界的法则，隐藏在暗夜里。上帝说：‘让牛顿来吧。’然后把一切照亮。”英国人的思路是依靠科学寻觅天瑞、天机，而在古代中国，老祖宗的思路是依靠圣人，靠哲学特别是神秘而且伟大的汉字的符码性，道破天瑞、天机、天的符码。

所以先贤们无一例外地认为天瑞讲的就是天道，为什么将道称为天道、天瑞呢？因为称为天瑞更加符合人的认识过程，人们感受于天，人们寻找天的符信、符瑞、符码，code 意即天机，人们终于到达了认识天道的层级。在从天到道的认识过程中，人们必然要经过寻找天之符、天之瑞、天之机的阶段。

原文：

子列子居郑圃，四十年人无识者。国君卿大夫视之，犹众庶也。国

不足，将嫁于卫。弟子曰："先生往无反期，弟子敢有所谒；先生将何以教？先生不闻壶丘子林之言乎？"子列子笑曰："壶子何言哉？虽然，夫子尝语伯昏瞀人。吾侧闻之，试以告女。其言曰：有生不生，有化不化。"

故事大意与评析：从根本上论生、化、有、无、常、终、形、色种种。

说是这个列子呀，住在郑国圃田（现在郑州），四十多年了，没有谁知道他。当地君王、卿大夫看着他就跟芸芸众生一个样子。这年收成不好，他想到卫国去。他的弟子对他说："老师，这回您出门，不知道什么时候才能回来，弟子想向您请教，不知道老师有没有什么要教导我的？您老从您的老师壶丘子林那里听到过什么教诲吗？"列子笑了，他说："壶子说过什么呢？虽然他没有说过什么，但他老夫子倒是与伯昏瞀人说过，我从旁听到了些。"

这些交代，都是"帽儿戏"，起个头，一下子出来了四个有关人物：列子、壶子、伯昏瞀人还有提问的弟子，还有什么郑呀卫呀年成好不好啦，有了生活实感与故事性。人无识者，这是从反面突出列子学问、见解的深奥脱俗，中华古人早就明白了精英文化不易普及畅销炒作。这里要说的天瑞、天机、灵瑞、符瑞是借列子听到的壶子给伯昏瞀人讲授的话，来谈这个世界，这个天地，这个存在的根本规律，根本征候：

"有生不生"，是说生生不已这个现象，这个存在，这个概括，这个"道"，并不是被生育、生产、生发、生长出来的，它是自然的、先验的、无条件也无须证明的，它是自生的而不是被生的（像是数学的公理）。它无须出生，无须生长，无须成形。有的人更喜欢从成形的意义上理解生，也好。

原因之一是有生就有死，就有化，而生生不已本身并不能化、不会死灭，也不用被产生、被制造、被生下来。

反过来说，能化能灭的也就能生。万物都有死亡与化灭的可能，除去死与化这个万古不变的现象与存在，除去这个万物生生化化的根本规律、根本状态、根本大道以外，什么都生，但是生本身并非出生而来，无待乎生。什么都化，但是化本身不化，不可能变易死灭停止消失。这就叫“有生不生，有化不化”。化，今人多理解为变化，与生相对应，则其义也还在于作“死亡”“息灭”解。

这是哲学，也是数学悖论的根本命题。一个绝对肯定的概念，一个两端相等的方程式，延伸着一个危险：既然这里的它——一个方程式或一个命题意在普遍肯定，那么你肯定不肯定“否定”的思路呢？例如，你肯定万物皆待出生而后成形存在，那么肯定不肯定不待出生而生生不已的天地万物、天瑞天机的本源呢？

一个否定一切的命题同理：给你麻烦，同样也给你启示。你什么都否定，你认为一切生都要化为死寂，那么同样，一切死寂也都要否定而化为出生成形，这样的化灭着实伟大，无所不罩得严严实实，那么我们可以进一步问，生而必化与化而必生的大道是不是也应该否定呢？不否定大道，那不就是有化不化了吗？

就个人的生命来说最明白，我们的生命是被生出来的，是从无处生来的，然后有了我们；我们的生命最后是要死灭的，我们最后是要被（衰老、疾病、疲惫、功能衰竭……）化掉的，我们生命的“有”要走到“无”当中去，而这个寂灭空无产生了，并且正在产生着、将要产生出不可胜数的有，这各种的有又必然归于化易与死灭。其实我们不必执着于有，正如不必执着于无。老子的话说：“无名天地之始，有名万物之母。故常无，欲以观其妙；常有，欲以观其徼。此两者同出而异名，同谓之玄。玄之又玄，众妙之门。”说来说去，众妙之门，天道有常，体现为“无”与“有”的相产生、相证明、相映衬、相转化、相悖谬、相补充。有了无，才有了有，有了有，才有了无。

这里，有生不生，有化不化，生与化的大道不待生出也不会化灭，这正是天机自身的祥瑞美好——即天瑞的透露与魅力，即生生不已的现象来自不需要生的天瑞，化的现象也表达了化的本身与本然不会化掉的永恒性与无穷性。这个化在其凛然无情的、一而再化、一而再生、一而再失的另一面，却是多情的永生，而永生就必然是永化，永化就必然是永远地不化地出自永生与通向永生。

原文：

“不生者能生生，不化者能化化。生者不能不生，化者不能不化，故常生常化。常生常化者，无时不生，无时不化。阴阳尔，四时尔。不生者疑独，不化者往复。往复，其际不可终；疑独，其道不可穷。《黄帝书》曰：谷神不死，是谓玄牝。玄牝之门，是谓天地之根。绵绵若存，用之不勤。故生物者不生，化物者不化。自生自化，自形自色，自智自力，自消自息。谓之生化形色智力消息者，非也。”

故事大意与评析：天地自在、自生、自化、自息。

一个生、一个化，一个常、一个能、一个有，另一面是一个不、一个无，把生化之道、有无之道、不可终即无穷大（∞）之道，讲得既是众妙之门，又是淋漓尽致。

列子转引的壶丘子林讲的天瑞往下发挥就是：不待出生（自来存在）的天地、天道、天瑞是生生不已；不会化灭的天地、天道、天瑞是化化无休。出生是不能不出生，是天然自然所以必然出生；化灭是不能不化灭，是天然、自然、必然化灭，所以生与化都是常态。常生常化也就是没有哪个时间不生，没有哪个时间不化。因为天地、天道、天瑞有阴阳，有四季（它们就是生与化的荦荦大端）。不待出生的是独立的存在，不会化灭的是反复的往来。反复往来，它是无边无际，独立存在，它是无穷无尽（又是无穷大之道）。正如《黄帝书》所说，虚空包容涵养如山谷的神灵是永远不会死灭的，他就是世界的子宫，这个巨大的子宫之门，就是天地的本根。（这样的子宫，这样的本根，）绵延久长，隐约存在，永远也不会用尽、不会疲惫。所以，使得万物出生的天瑞不需要出生，使得万物化灭的天机不会化灭。万物是自己出生，自己化灭，自己成形，自己呈色，自己智慧，自己气力，自己消长，自己止息。以为是什么（东西、意志、特定的主体）在那里有心要出生，要化灭，要成形，要呈色，要智慧，要气力，要消长，要止息，那是不对的。

这一段关于天瑞的论述，充分发挥了汉字的特点，文字简易而内容深奥，单音节而整齐，以变化组合而产生新的意蕴，一正一反而对偶骈体，易背诵而难理解，一旦理解起来就怎么说怎么有理，怎么解怎么得趣，似文字游戏，似微言大义，似泄露天机，像吉祥符瑞，像成仙得道而后作的神性咒语。这其实是中华文化的哲学、神学、文学、主体论、客体论的整合。

原文：

子列子曰："昔者圣人因阴阳以统天地。夫有形者生于无形，则天地安从生？故曰：有太易，有太初，有太始，有太素。太易者，未见气也；太初者，气之始也；太始者，形之始也；太素者，质之始也。气形质具

而未相离，故曰浑沦。浑沦者，言万物相浑沦而未相离也。视之不见，听之不闻，循之不得，故曰易也。易无形埒，易变而为一，一变而为七，七变而为九。九变者，究也；乃复变而为一。一者，形变之始也，清轻者上为天，浊重者下为地，冲和气者为人，故天地含精，万物化生。”

故事大意与评析：太初有易，易而一，一而七，七而九，九复为一，而有天地。

底下说到了发生学，讲到天地、世界、万物、万有的发生。列子说：“古代的圣人，循阴阳两分的思路统领、理解天地万有的存在。有形状的存在出生于无形状的存在，那么，天地是从哪里来的呢？这样，就可以说，开始有一种状态叫作太易（生化之开局），有一种状态叫作太初（天地之开局），有一种状态叫作太始（始发之开局），有一种状态叫作太素（朴素或元素之开局）。太易，有了易——即出生与化灭的天道，但还没有原始的气氲（如西方的星云假说）。太初，是开始有了原始之气氲。太初也就是泰初，泰初有初，此语似乎语义反复，但中文这样的同语表达是存在的，可能因为汉字的内容涵盖太多了。太始，原始的气氲造就了后来的天地、世界，是开始成形成态成状成体。太素，是开始有了一定的质地，一定的元素。”（这个质地应该是老子喜欢讲的朴，朴就是朴素、自然，就是本来，就是原道旨，就是原生态，就是未经加工雕琢，就是万物最初的那个样子，就是天地的婴儿状态、万物的婴儿状态、人类的婴儿状态，而道家代表人物深信最初的样子就是最佳的样子，朴就是道的样式，道就是朴的抽象，朴就是道的本相。）

列子接着说：“天地最初，无形的存在——气；有形的存在——形体；特色与功能的存在——质地，这三者都渐渐具有但互不分离，故称之为浑沦（应该就是庄子所讲的混沌或浑沌）。所谓浑沦，说的是万物浑然一体，彼此难以分离。（如《庄子》所讲，连五官七窍都没有打通与分辨得出来，而一旦打通分辨出五官七窍来，混沌也就被杀死了。）看也看不见，听也听不着，摸也摸不到，所以叫作易——交换变化之道。易是不划分区域、浑然一体的，易的作用是道生一，一生七，七变化为九，九就是到底，就是究竟，然后九九归一。道生一，一是成形的开始，清明轻扬的上升为天，污浊沉重的下降为地，阴阳和谐的结果成为人，所以说天与地含着生命的精要因子，化育产生了万物万有。

这一段令人想起歌德的名作《浮士德》，郭沫若的译文表现了浮士德曾经就泰初有道、泰初有心、泰初有力的经典命题思考推敲，最后得出的最妥当说法是泰初有为。原因在于，浮士德认为泰初就应该凸显出人类的主体性。列子的诸“太”，本与“泰”通，不免让人想起泰初有易，泰初有初，泰初有始，泰初有素的含意。泰初有道，这个道就是天机天瑞说符，尤其就是太易，易就是交换与变化，就是有生不生、有化不化、常生常化、自生自化、以阴阳统天地之道。太初太始太素，则是以属性、时序的认定为存在的认知，为终极的命名。“始”更包含着将具体动词做抽象名词用的思路。这里的“初”字具有原生、本原、第一、原义、本来、天然、自然的意思。《说文解字·段注》云：初，始也。裁者衣之始也；《广雅》云：初，舒也。

例如，不忘初心，就蕴含着中华文化。其实孔孟老庄都主张不忘初心，不忘赤子之心，不忘孝悌心，不忘恻隐、羞恶、是非、恭敬（辞让）之心的。

这样说来，《列子》“太初”的提法，与《浮士德》中“泰初有心”说相通。

“始”则包含着起动的含义，创业维艰，百废俱兴，周虽旧邦，其命维新，苟日新、又日新、日日新、作新民。但是其含义与有生不生，有化不化的永恒观念、无穷大观念、疑独与往复观念有脱节的地方。其脱节有两种内涵：一个是人类的，至少是列子的哲学思维本身包含着内在的矛盾；一个是《列子》的成书与作者状况本来就很可疑，不可靠，不统一，不知道是一些什么机缘构成了此书，但此书的论述毕竟很有影响，也很有趣味。我们只好就文本谈文本：疑独而且往复。

太始，字面上看似是所谓“上帝的最初一击”，这与老子的“道法自然”“天地所以能长且久者，以其不自生，故能长生”，颇异其趣，但似有“泰初有力”乃至“泰初有为”的味道。

但是到了“泰初有为”，西方哲学与中华哲学就分道扬镳，因为老庄列最核心的主张是无为，孔子也主张无为：“无为而治者，其舜也欤？”而《礼记·礼运》上的说法是：“王中心无为也，以守至正。”

生、化、易、初、始、素，加上程度副词“太”或“泰”，用汉字求真理的过程是有魅力的。中华哲学、中华神学、中华终极追求的特色在于寻找概念神，说得通俗流俗一点就是要从字里找神，要建立以绝妙绝伦的汉字为依据的哲学之神，应该算是文字即文明之神，就是怀着敬畏崇拜的精神面对世界、面对圣贤（教化之父、之神），就是做到神学之语言化、文字学化、文化化。小概念服从大概念、小道理服从大道理、后生的概念服从原生的先验的概念，具体的概念服从抽象的概念，最后服膺于最根本、最宏大、最概括、最原初的概念之神明。过去如此，现今亦是如此。天、道、易、朴、仁、义等就是这样的传统中华文化的核心价值兼中华概念神祇。

至于易变为一，一分为七，七变为九，九而究，复归为一，表现了中华文化对于数字的崇拜与附丽。易而一，就是道而统一，统一为虚实结合阴阳相成的天地世界，这里同时强调了易与一的读音 yi 的同一性。一而七，也许是指人有一元（头）而生出七窍，也许是由于一与七的发音有接近，至今职业信息中一要读幺，七要读拐，说明古人早发现了一与七的靠拢特色。古人喜欢这种“天人合一”的思路，也许理解为一而多就已足够明白了。七而九，九是最大的个位正整数，九与究即归根究底同音，从同音字中找解释找发挥，也是古人思路，而九九归一即九九八十一的乘法口诀令古人欣喜，数学，那更是天机。西方也有此说法，叫作：数学是上帝用来书写宇宙的文字，还有，符号常常比发明它们的数学家更易于推广与提升，符号化的结果多半是扶摇直上。

原文：

子列子曰：“天地无全功，圣人无全能，万物无全用。故天职生覆，地职形载，圣职教化，物职所宜。然则天有所短，地有所长，圣有所否，物有所通。何则？生覆者不能形载，形载者不能教化，教化者不能违所宜，宜定者不出所位。故天地之道，非阴则阳；圣人之教，非仁则义；万物之宜，非柔则刚：此皆随所宜而不能出所位者也。故有生者，有生生者；有形者，有形形者；有声者，有声声者；有色者，有色色者；有味者，有味味者。生之所生者死矣，而生生者未尝终；形之所形者实矣，而形形者未尝有；声之所声者闻矣，而声声者未尝发；色之所色者彰矣，而色色者未尝显；味之所味者尝矣，而味味者未尝呈：皆无为之职也。能阴能阳，能柔能刚，能短能长，能圆能方，能生能死，能暑能凉，能浮能沉，能宫能商，能出能没，能玄能黄，能甘能苦。能膻能香。无知也，无能也，而无不知也，而无不能也。”

故事大意与评析：存在与本质，有与无，原理与外形，天地之灵瑞。

这一段论述要点在于论述道与天地万物，存在与本质、无与有或能有，一与多，完全与局限，相反、相辅与相成的关系。讲的是：天地并不能完备一切事功，圣人并不能具备所有能为，万物并不能具备一切用途或功能。所以说，天的职能在于出生覆盖，地的职能在于承载赋形，圣人职能在于教授化育，万物职能在于它所适宜的用场。出生与覆盖的天不能承载赋形，承载赋形的地不能教授化育，教授化育的圣人不能违背万物各有其所适宜的特性。

所以说，有出生的存在，有使得事物得以或者必然出生的本质（原理）存在；有成形的存在，有使得事物形成的本质或原理的存在，有发声的存在，有使得声音得以或必然发出来的本质或原理的存在；有色的存在，有使得颜色得以或必然显现出来的本质或原理的存在；有味道的存在，有使得味道得以或必然表现出来的本质或原理的存在。出生后的生命一个又一个地死了，但是使得事物出生的天瑞本质或原理并未结束，事物形成后成为实体了，但使得事物成形的天瑞的本质或原理并没有成为实体，本质并没有自己的形状、形体。声音响动被听到了，但是使得声音发出的天瑞的原理并没有发声，而是具体的振动着的物体发声。有色的事物显出颜色来了，但是使得颜色得以或必然显现出来的道并无意显示什么。有味道的东西被尝出味道来了，但是使得事物具有味道的道并无意提供给谁品尝。

因为它们是无为的大道在起作用。无为而无不为，这样的天瑞能够阴也能够阳，能够柔弱也能够刚强，能够缩短也能够伸长，能够浑圆也能够四方，能够出生也能够死亡，能够暑热也能够冷凉，能够飘浮也能够下降，能够弹奏也能够歌唱，能够青黑也能够发黄，能够甘甜也能够苦辣，能够膻腥也能够芳香。这样的天瑞，不知道什么，没有什么用意与能为，却又是无所不知，无所不能。

用保罗·萨特喜欢用的词儿来说，世界首先是诸多事物与现象的存在，各有各的特色，各有各的功用职能。即使是天与地，圣人与万物，谁也囊括不了、承载不了全部。这是古代中华少有的多元思想，是对于世界的多元性与相对性的认同。但是，使天地出现、成形、生化、运作、千姿百态的本质存在是“一”，是根本，是统一的，是绝对的，是无形、无知、无意图、无差别、无终始、无生、无化的。多样的万物个个都是局限的，包括实在的苍天、土地与圣人，都是有限的，我就是限制，多样就是限制，有即存在就是限制；只有无才是本质，才是无穷大，才是永恒，才是天瑞。

原文：

子列子适卫，食于道，从者见百岁髑髅，攓蓬而指，顾谓弟子百丰曰：“唯予与彼知而未尝生未尝死也。此过养乎？此过欢乎？”

故事大意：

列子去卫国，在路上吃饭，看到了一个年代久远的死人头骨。列子拨开蓬草，指着头骨对弟子百丰说：“只有我与他知道，其实我们并没有出生，也没有（不会）死亡。生死，这里果然有什么悲哀的吗？这里果然有什么欢喜的吗？”

评析：其实我们没有出生也没有死亡。

先秦诸子中，庄子与列子喜欢直言不讳地讨论生死的问题。他们的一个中心论点是，生与死是一件事情的两个方面，生死是一体，是同一或者统一的，《庄子·大宗师》中说：“……以无为首，以生为脊，以死为尻，孰知生死存亡之一体……”这里列子的说法则是既不承认生的独立性、积极性、绝对性，也不承认死的独立性、消极性与绝对性。未尝生，因为，生的时候已经开始了死亡的过程；未尝死，则有待以下的论断。

原文：

“种有幾：若鼃为鹑，得水为㡭，得水土之际，则为鼃蠙之衣。生于陵屯，则为陵舄。陵舄得郁鬱栖，则为乌足。乌足之根为蛴螬，其叶为胡蝶。胡蝶胥也，化而为虫，生灶下，其状若脱，其名曰鸲掇。鸲掇千日，化而为鸟，其名曰乾余骨。乾余骨之沫为斯弥，斯弥为食酰颐辂。食酰颐辂生乎食酰黄軦，食酰黄軦生乎九猷，九猷生乎瞀芮，瞀芮生乎腐蠸。羊肝化为地皋，马血之为转邻也，人血之为野火也。鹞之为鹯，鹯之为布谷，布谷久复为鹞也。燕之为蛤也，田鼠之为鹑也，朽瓜之为鱼也，老韭之为苋也，老羭之为猨也，鱼卵之为虫。亶爰之兽自孕而生曰类。河泽之鸟视而生曰鶂。纯雌其名大腰，纯雄其名稺蜂。思士不妻而感，思女不夫而孕。后稷生乎巨迹，伊尹生乎空桑。厥昭生乎湿。酰鸡生乎酒。羊奚比乎不荀。久竹生青宁，青宁生程，程生马，马生人。人久入于机。万物皆出于机，皆入于机。”

故事大意与评析：智慧逼人，想象逼人，讲述逼人。

这里讲了一大篇关于各种不同的植物动物间的奥妙关系，它们是如何变来变去的。这种不无稀奇古怪的说法，古老而又神秘，基本不符合当代生物学与常识的判断，这里不拟一一解说。诸如青蛙会变成鹌鹑，遇水而变成一种细草，水土间长成青苔，而高旱之地长成车前草，车前草得到粪壤变成乌足草，乌足草根化为蛴螬虫，其叶变成蝴蝶。蝴蝶化虫，长在灶下，名为鸲掇。鸲掇虫再变为鸟乾余骨。乾余骨的唾沫变成斯弥虫，斯弥变成颐辂虫。而颐辂又是从黄軦中生出，黄軦从九猷中生出，九猷从蚊蚋中生出，蚊蚋从腐烂的黄甲虫生出。还有羊肝变茜草，马血变磷火，人血变鬼火。鹞鹰变晨风鸟，晨风鸟变布谷鸟，布谷鸟变鹞鹰。燕子变蛤蜊，田鼠变鹌鹑，烂瓜变鱼，老韭菜变苋菜，老母羊变猴，烂瓜变鱼，鱼卵变虫。还有某地野兽自动怀孕，某种鸟儿相望就能交配生卵孵化。还有后稷母亲因踏了巨大的足迹而生出后稷，伊尹的母亲变成桑树才生出了伊尹。蜻蛉出自湿气，醯鸡出自酒醋，老竹生出青宁虫，青宁虫生出豹子，豹子生出马，马生出人。而要点在于，人来自天瑞，老了回归天瑞，万物出自天瑞，死后返归天瑞。

我们不能不佩服古人的想象力，也不能不认为古人忽悠得大发了。一些虫鸟兽的名称相当古怪，不知道是不是与现今的名称靠近，里面说的鹑就颇费解。

古人的生物学不太靠谱，但是哲学与神学思维奥妙迷人，甚至是逼人。智慧逼人，想象逼人，讲述逼人。中心意思：第一，强调“化”的概念，说明人看一切事物不要停滞，不要呆板，不要死硬。第二，用“化”的概念取代“死”的概念，表明死并不是最后，死亡只是存在形式的一种转化，因为曾经存在，所以永远存在；死了后，只是，至多或至少也仍然是一时的零存在，而零存在也是一种存在，就像零疫情、零增长也是疫情或增长情况一样。

庄子的名言也是这样的。他认为死亡就是一种变化。《大宗师》一章中写到子舆病重，他说的是子舆的左臂可能变化成鸡，右臂可能变化为弹子，屁股可能变化成车轮，他的精神可能变化成拉车的马。

第三，世界万物之间，有一种变来变去的关系，你不可能完全把握清晰，但是你可以设想其变化的奥妙无穷。

第四，物种之间如此，人间诸事也是这样，成败兴亡、爱怨情仇、贵贱富贫、通蹇顺逆也是这样。这也是天瑞天机，天道有常，天机难测，天瑞光灿。

原文：

《黄帝书》曰：“形动不生形而生影，声动不生声而生响，无动不生无而生有。”形，必终者也；天地终乎？与我偕终。终进乎？不知也。道终乎本无始，进乎本不久。有生则复于不生，有形则复于无形。不生者，非本不生者也；无形者，非本无形者也。生者，理之必终者也。终者不得不终，亦如生者之不得不生。而欲恒其生，画其终，惑于数也。精神者，天之分；骨骸者，地之分。属天清而散，属地浊而聚。精神离形，各归其真；故谓之鬼。鬼，归也，归其真宅。黄帝曰：“精神入其门，骨骸反其根，我尚何存？”

故事大意：

这里进一步探讨万物万有的终极，说是《黄帝书》有言曰：“有形的实体运动起来生出的不是有形实体，而是景（影）象。声音发始发时或许不是能立即振动耳膜的声音，但却引起音响，例如你听到的风声多半不是风的原声，而是风吹动吹过万物而造成的音响或回响。虚无变化作用起来产生的不是没有，而是有的存在。”这么说，有形的一切都将有自己的终结，天地（有形），那么天地会不会终结呢？会的，与我们一起终结。终结以后下一步会怎么样呢？那就不知道了。天道运行，终结了，也就等于回到了它压根就还没有开始的状态，它的演进意味着本来就没有什么状态是长久不变的。（或者解读为，天道演进到了本来的没有存在或没有演进的状态。）有生命的东西，回到没有生命的状态。有形态的东西，回到没有形态的状态。没有生命的状态，并不意味着本来就没有生命的实在、生命的活动；没有形态的状态也并不意味着本来就没有形态的实在、形态的确定性。有生命就必然有生命的终结，终结是生命的必然之理，该终结了就必然终结，就像该生出了就不可能不生出。但是有的人想使生命永恒，使终结被止息所控制，这是妄图错乱歪曲运数（易）的法则啊。精神来自天，骸骨来自地，归属于天的，清明而发散，归属于地的，重浊而集聚。最后精神与形骸分离，各自回到归属之本源，这也就是鬼的由来，鬼，就是归（属）嘛。回到自己的本源处所。黄帝说：“精神进入了它的门，骸骨返回它们的起源，那么我们所谓的自我还有什么存在不存在的呢？”

评析：精神入其门，骨骸反其根，我尚何存？

这一段讲述的抽象性与终极性在于，人面对的是两个世界，一个是此岸，一个是彼岸。这当然是佛教的说法，这里只是词语上的借用。此岸是有生命有形态的，形态或可解为形体，更实在一些，却不若形态更有弹性。还可以将此岸视为“有”的世界，而彼岸是没有生命没有形态的，因为有生则会归于无生，有形则必归于无形。如果有生的结果是永远的生，那么生与不生，生与无生，生与死就没有任何区别，我们一般不说一块石头死亡，正因为石头没有生命，除非是说一块石头丧失了自己的形态与特色。至于天文学上讲地球与万物包括石头的生灭，则是从另外的角度与层面。

此岸与彼岸，彼岸更根本，有生与无生，有形与无形，有与无双生，无形更根本。如老子所说："万物生于有，有生于无。"道法自然，自然就是无为，是如黑格尔所讲的"绝对精神"的"自己运动""自己发展"。这里尤其重要的是，到了道那里，有就是无，无就是有，道是无为，无为是道，道能生一，一就是彼岸，一生二，二就是彼岸与此岸的原生"朴"的产生，二能生三，就是彼岸与此岸间的种种往复、化育、生出、成形、死灭、万物、万有、有化为无、无化为有的林林总总。佛教的说法，此岸的痛苦与罪恶来自有，彼岸的极乐与善德来自无。道家的智慧则在于以无胜有，以柔弱胜刚强，以不争做到莫能与之争，乃至超出此生此形的真人仙人境界。庄子那里讲的则是："枢始得其环中，以应无穷。是亦一无穷，非亦一无穷也。"

列子呢，他并没有特意总结出与道偕游的方案，但是此处他仍然有一种大气，一种豁达，一种一通百通、一悟皆悟的明白与酣畅。

原文：

人自生至终，大化有四：婴孩也，少壮也，老耄也，死亡也。其在婴孩，气专志一，和之至也；物不伤焉，德莫加焉。其在少壮，则血气飘溢，欲虑充起；物所攻焉，德故衰焉。其在老耄，则欲虑柔焉；体将休焉，物莫先焉；虽未及婴孩之全，方于少壮，间矣。其在死亡也，则

之于息焉，反其极矣。

故事大意：

列子说，人生自始至终，总共有四个阶段的大的变化，先是婴儿时期，其后是少壮时期，之后是老迈时期，最后是死亡。婴儿时期的人，生气与心志都是专注与一致的，也是最平和、和顺的，外物无法伤害他，德行也还不会对他施加或提出什么讲求。到了少壮时期，血气飘摇四溢，欲望与忧虑充盈起动，外物有所侵犯，德行有所衰减。等到七老八十的时候，他的欲望与忧虑常常变得柔弱，身体机能将要止息了，对待外界事务，他也不再计较先后得失，或外人也不再与他争什么先后得失，虽然他比不上婴儿时期那样完满，比起少壮时期，他已经（与那种浮躁欲望忧虑争执）拉开了距离。到了死亡阶段呢，他就到了安息的时刻，返回了未出生时期的那一端去了。

评析：大化有四：婴孩，少壮，老耄，死亡。

不无夸张地歌颂婴儿的无忧无虑、无知无识、无欲无求、无伤无德（得）。警惕警告少壮时期的血气方刚、争强好胜、喜怒哀乐、欲火忧患。让你懂得老年心态、状态的美好，改变光阴流逝、青春一去不复返的悲叹心情。尤其是对于无法避免的人生的尽头，对于死亡的到来，干净彻底地去掉悲观恐惧的想法，用平安代替危难，用稳静代替飘溢，用休息代替缠斗，用逆向思维的尊幼、惕壮、喜老、安终，取代俗人的小时候急于成长，长大了急于获得，年老了唉声叹气，要死了恐惧失态的思路。

在中华道家“婴儿崇拜论”上，我们还可以多做一些分析：

一、中华文化的返璞归真观念、复古拜古观念、寻找源头观念与进化论相比，中华文化更加注意与警惕的是退化论、老化论、恶化论、异化论（虽然古代中华无异化一词），是一鼓作气、再而衰、三而竭的逆向发展定则；中华文化往往认为万事万物初始时期最好，原汁原味老牌子最正宗，各朝各代各大人物也是开国时出道时期最佳：天真、纯洁、正经、真诚、认真、百废俱兴、充满希望、万众一心。等到积以时日，人们会呆滞、疲沓、衰微、掺假、掺杂、扭曲、作伪、虚应故事、千疮百孔，至少是照本宣科、无精打采起来。

二、中华文化的文学性强，崇拜概念、迷恋格言、沉醉比喻、幻想符咒。而比较起来，从文学的角度看，人们最易接受婴儿崇拜、童年依恋，而遗憾于人的长大、社会的染缸、成人的不良习气。

三、中华文化更重视人的主观感觉的提升提升再提升，而不是物质技术与财富方面的积累与发展。

四、与智力和知识的进展相比，中华文化更重视道德人伦，朴厚简单的品质性格胸怀境界的开拓与陶冶。

五、与发展进步相比，中华文化更重视保护与坚守老祖宗的一切好的东西：崇文尚礼、敬老尊贤、慎终追远、一以贯之、一脉相承、万世流芳。就是说，把婴儿崇拜与祖先崇拜统一起来，把天真之歌与老到之歌二重奏起来、结合起来。因为越是古老的祖先，越是人类文明的婴儿阶段。

六、《列子》对少壮时期血气、欲虑、物攻、德衰的说法，透露出某种禁欲倾向。

七、从对于老耄与死亡的说法中，可以品味到辩证发展、否定之否定、回归、循环、回到原点等方面的哲学思路。

原文：

孔子游于太山，见荣启期行乎郕之野，鹿裘带索，鼓琴而歌。孔子问曰：“先生所以乐，何也？”对曰：“吾乐甚多。天生万物，唯人为贵。而吾得为人，是一乐也。男女之别，男尊女卑，故以男为贵；吾既得为男矣，是二乐也。人生有不见日月，不免襁褓者，吾既已行年九十矣，是三乐也。贫者士之常也，死者人之终也，处常得终，当何忧哉？”孔子曰：“善乎！能自宽者也。”

故事大意：

说是孔子在泰山游走，看到有个名叫荣启期的人在郕地的田野里行路，此人穿着皮衣裳，腰里系着一条带子，弹琴唱歌。孔子问他：“先生很快乐吗？请问您为什么这样快乐呢？”孔子得到的回答是：“我的快乐多了去了，天生万物当中，以人最可贵，而我就得以成为一个人，这是第一件快乐的事。还有就是男女有别，男人比女人尊贵，女人比男人低下。我得以成为男人，是第二件快乐的事。人生寿命不同，有的未经出生，死于胎中；有的未经生长，死于襁褓；而我已经活到九十岁了，这是第三件快乐的事。至于贫穷，这是士人读书的常态，死亡，是人生的结束，生于常态，终于结束，这样的人还有什么可忧虑的呢？”孔子说：“好哇，他能自己为自己解心宽啊。”

评析：处常态而得终结，又有什么可忧愁的呢？

因为生而为人而乐，这是一个很普适、很通俗，又很崇高、很积极的说法。我在美国的宗教电视节目里听到过牧师的传道，他们强调要感恩上帝，因为上帝赐给你的最最宝贵的东西是你的生命。此前无穷久远，此后无穷久远，此外无穷个银河系与黑洞、存在与虚无中都没有你，而你恰在此时此地成为活人，伟哉，善哉，妙哉，其乐无穷也。这个说法也包含了佛家的“活在当下”的字面意义，活在当下当然是生而为人的意思，如果不是当下，此生或前或后，你也就不存在或者未曾存在了。但佛家的特色是往更深里说，往更深邃里想，时间与空间的坐标必须突破，时间与空间的限制必须摆脱，当下是无限的当下，生活是无穷之中的生活，毁灭是无穷的毁灭，寂寞是永恒的寂寞。寂寞正是来自无忧的快乐与自在，叫作“应无所住而生其心”，叫作“妙明真心不失”，叫作当下就是你自己。当下就是永远，永远就是欢喜，欢喜就是寂寞，寂寞就是处常得终啊。

至于男女有别的说法不足为虑，你把它换一换就行了，如果你是女性，你只消想作女性是万生之母，是万物之家，是万泉之渊，是万有之根就好了。

处常得终，这里的“常”略显以意为之，因为如果不那么贫穷、不那么“常”你不能说就反而不幸。也许古人认为常理常态更安全稳定可靠。君子固穷，有清醒，也有无奈。听了这样一番高论之后，孔子也没有说别的，比此处王某的评价还要低些，他只承认此人会自我宽慰，相当心宽罢了。笔者倒是觉得孔子的评价嫌低了些。

原文：

林类年且百岁，底春被裘，拾遗穗于故畦，并歌并进。孔子适卫，望之于野。顾谓弟子曰：“彼叟可与言者，试往讯之！”子贡请行。逆之垅端，面之而叹曰：“先生曾不悔乎，而行歌拾穗？”林类行不留，歌不辍。子贡叩之不已，乃仰而应曰：“吾何悔邪？”子贡曰：“先生

少不勤行，长不竞时，老无妻子，死期将至：亦有何乐而拾穗行歌乎？”

林类笑曰：“吾之所以为乐，人皆有之，而反以为忧。少不勤行，长不竞时，故能寿若此。老无妻子，死期将至，故能乐若此。”子贡曰：“寿者人之情，死者人之恶。子以死为乐，何也？”林类曰：“死之与生，一往一反。故死于是者，安知不生于彼？故吾知其不相若矣，吾又安知营营而求生非惑乎？亦又安知吾今之死不愈昔之生乎？”

子贡闻之，不喻其意，还以告夫子。夫子曰：“吾知其可与言，果然；然彼得之而不尽者也。”

故事大意：拾穗行歌之乐。

说是有个名叫林类的隐士，年近百岁了，春天穿着皮衣在收割后的田亩中捡拾地里未被收起的麦穗。一面唱着歌，一面往前走。孔子去卫国，在田野上看到了林类，就对弟子说：“那个老人倒是可以与他交谈，你们谁愿意去试试看呢？”子贡请求前去。在田头，他迎着林类，面对着林类叹息说：“老人家就没有什么可遗憾的吗？就这样一边唱歌，一边拾麦穗？”林类继续前行不停止，歌唱也不中断。子贡不断追问，他才抬头搭腔：“你说我有什么可遗憾的呢？”子贡说：“先生少壮时不努力奋斗，长大了又没有抓住机遇，如今老了，连妻儿家小也没有，现在快死啦，又有什么快乐来行路唱歌拾麦穗呢？”

林类笑着说：“我能够快乐，世人也都能这样快乐，但是他们不懂得这是快乐，反而以之为忧愁。（你说我）少壮时没有奋斗，长大了没有抓住机遇，（不那么辛苦压抑，）这才能活到今天。老了没有妻室家小，想到将要到来的死亡，才能如此放松快乐呀。”子贡说：“长寿是人们所喜爱的，死亡是人们所厌恶的，怎么您老会以死为乐呢？”林类说：“死与生，是有去有来的关系，一个人在这边死了，你怎么会知道他不会在那边出生呢？所以说，我们哪里会知道一死一生，其实意味差不多呢？（或者也可以理解为，我们固然对于生与死的感觉大不相同，）又怎么会明白吭哧吭哧地求长寿其实是犯傻呢？又怎么可能知道今天之死说不定比以前活着更好一些呢？”

子贡听了，不明白林类的话语的含意，回过头来报告孔子，孔子说：“我知道，这位老者是可以一谈的，果然不差；不过虽然有所心得，但还是有些不深不透的喽。”

评析：拾穗行歌之乐与得而不尽之评。

这里说的林类与前面讲的荣启期大体一类，他们都在宣扬一种庄子、列子的清高、出世、自我救赎的人生态度。孔子不可能完全称赞他们，但也还态度友好，认为与他们可以搭讪交流。《列子》的这一段，假托也罢，有据也罢，并没有像《庄子》里遇到假托孔子的时候多半趁机贬孔赞老、赞道讥儒。

但看着还是有些不明白。作为笔记小说也罢，子贡到那里与一个老者谈话，怎么如此无礼？先是人家不想搭理他，但“子贡叩之不已”，追问不休，这不符合交谈的惯例，两个素不相识又年齿不在一个量级的人，怎可强求问答？还有开门见山问人家悔乎，岂有此理！往下，子贡是从哪里了解林类的少不勤行、长不竞时、老无妻子等，他事先调阅了林的档案？孔子做了背景交代？见一个老人立马说人家死期至矣，这像儒生还是像恶人恶意呢？温良恭俭让哪儿去了？文质彬彬哪儿去了？

如今解读“故吾知其不相若矣”，都跟随俞樾认定“知其”前脱落了“安”字，从而需要反过来讲为“怎么就会知道（生死）不是相似相类的呢？”其实，依文本来解读也是通的，你感觉生与死给人的感觉大不相同，其实，死比“营营求生”更好。

“得知而不尽”的评语永远正确，却又不无滑头，知识乎？大道乎？彻悟乎？谁能尽呢？谁人谁事能比得之而不尽做得更好呢？更坏是可以做到的，不但未得，而且缘木求鱼，倒行逆施，自取灭亡，贻害天下的人是有的；得而尽之，达到极点终点的高人，没有。

原文：

子贡倦于学，告仲尼曰：“愿有所息。”仲尼曰：“生无所息。”子贡曰：“然则赐息无所乎？”仲尼曰：“有焉耳，望其圹，睪如也，宰如也，坟如也，鬲如也，则知所息矣。”子贡曰：“大哉死乎！君子息焉，小人伏焉。”仲尼曰：“赐！汝知之矣。人胥知生之乐，未知生之苦；知老之惫，未知老之佚；知死之恶，未知死之息也。晏子曰：‘善哉，古之有死也！仁者息焉，不仁者伏焉。’”

讲述与评析：死也，仁者息，不仁者伏。

先是从荣启期讲到同类的林类，如同讲了一个词再讲一个近义词，现在再从林类讲到子贡，如同讲了一个词还要讲讲它的反义词。其实这样的结构更现代化，更符合内心结构，而不是情节结构。子贡不爱学习了，不知道是不是对上一段他的无礼的报应，他说希望休息了。孔子则告诉子贡活着就得奋斗，没有停息。子贡辩道：“难道就没有休息的地方吗？”孔子逗上闷子了：“有地休息，看看坟墓吧，高高大大，鼓鼓囊囊，空空洞洞，与外界隔离，那就能歇息了啊。”子贡想起了晏子的名言：“多么伟大的死亡啊，君子死了得到休息，小人死了趴在那儿吧。”孔子说：

“赐（子贡）啊，这回你知道了吧，人们都知道活着的快乐，却不知道生活的痛苦，知道年老的衰弱，不知道年老的安逸，都知道死亡有多么不好，不知道死亡才让人得到了歇息啊。那就是晏子说的呀：‘真好啊，自古人就有一死，仁义的人在死后得到休息，不仁不义的人死了也就踏实了。’”

原文：

“死也者，德之徼也。古者谓死人为归人。夫言死人为归人，则生人为行人矣。行而不知归，失家者也。一人失家，一世非之；天下失家，莫知非焉。有人去乡土、离六亲、废家业，游于四方而不归者，何人哉？世必谓之为狂荡之人矣。又有人钟贤世，矜巧能，修名誉，夸张于世而不知已者，亦何人哉？世必以为智谋之士。此二者，胥失者也。而世与一不与一，唯圣人知所与，知所去。”

故事大意：

这说的是孔子对生死的看法：“死是德的复归。”

孔子说，如果认为死人是回来的人，那么活人自然是出行在外的人啦。只知道出行在外，不知道回归故土，就成了弃家不顾的流浪者了。一个人弃家不顾，一世代的人觉得他不对劲；天下那么多弃家不顾的人，难道反而没有人觉得不对劲吗？如果有一个人背井离乡、离开六亲、废弃家业、奔波四方却不知道回家，大家一定会认定他是一个狂妄浪荡的人。同时有的人迷恋于世俗事务，逞能于机巧干练，讲究名声美誉，夸张地活在世上不知克制，不知适可而止，他们算什么人呢？人们会认为他们是智慧贤能了不起的人才。两种人都是失落家园者，可是世人接受他们当中的一类人，而否定另一类人。只有圣人才懂得该接受什么人，不该接受什么人啊。

评析：死是德的复归，人应该踏踏实实地看待死亡。

这里的德应该是本性、初心、良知、精神向度的意思，人生下来，不论儒家还是道家，都认为人类本来有一种天生的、先验的美好追求、幸福趋向、纯真本心的道性、德性；成长起来以后，受到各种影响各种蛊惑，各种污染扭曲，乃渐渐产生一些问题；但是临终时，人复归到了婴儿赤子的本性、初心、良知、精神向度上，回归到大道天道上去了。至少，多数人仍然相信，鸟之将死，其鸣也哀；人之将亡，其言也善。

这一段极有意味，回归本初的命题，是一个安土重迁的农业文明的民俗命题、价值命题、生活方式命题，更是一个哲学命题、终极命题、神学与数学命题。哲学，就是相信否定之否定的原理，相信回到原点的可能性与必然性，从而相信时间与空间的无穷大性质，相信时间与空间的圆形特质，相信无论从哪里出发都会回到原点。这并且形成了各种哲思理念，乃至道与德的理念。诸如物极必反、报应循环、得而复失、失而复得、得失相当、功过相抵、有无相生、出尔反尔（语出《孟子》，原意是说有什么言行政事从你这儿发出去，就必然会得到同样的回应，无现今此成语的说话不算话的贬义）等。

不管死是回归的说法有多么深邃或者玄妙，它还是给了生者极大的安慰，回老家了，回故乡了，回到自己的精神家园与生命家园了，回到本初了，这是一种令人微笑与平安的中华式宗教情怀啊。

原文：

或谓子列子曰："子奚贵虚？"列子曰："虚者无贵也。"子列子曰：

“非其名也。莫如静，莫如虚。静也虚也，得其居矣；取也与也，失其所矣。事之破而后有舞仁义者，弗能复也。”

故事大意：

说的是有人与列子切磋讨论虚的问题，虚，这里可以解读为虚无、虚空、虚静。有人问列子：“你为什么把虚无看得那样高贵？”列子回答：“虚无是无所谓高贵与低贱的。”然后，谈到名即命名，即概念归属，即事物本有、人生本来属性的问题。列子认为，对于名分、概念、类属的贵还是贱的判断，是不符合静与虚的本质的，是“非其名”，人们只有在静与虚的状态中才能得其所哉，而在取和给予的计较中，会失落所有。失落了所有以后，再祭起仁义的幌子，也恢复不成人的本性了。

评析：人生不要为“名”所劫持。

原来除了“静”字、“虚”字，一切名义，一切语言符号，在帮助人们认识的同时，也限制了、拘泥了、简单化了（既是概要化了也是干枯化、狭隘化了、僵硬化了人们对世界的认识），所以人们要不断地正名，要为名的解读而争来争去。一个姓 X 还是姓 Y 的争论，让人类付出了多少代价！

而虚的特点在于：了解了“虚”这一众妙之门以后则将不会因为命名如此这般而受到名分名义的限制或者压力，用不着过分在乎自己的名义名分名节，用不着为名实不符而苦恼，想做个什么事，用不着由于师出无名而举步维艰。你可以从静的意义上、虚的意义上理解虚。你能安静、静止，你能虚空、无滞地看待一切存在、是非、得失与选择，你就算是找对了地方了，如果你仅仅从是与非、得与失的观点看待万事万物，如果你整天计较的就是得与失、取与舍，那你就算是丢掉根本了。事情破坏以后，再来闹腾仁呀义呀的，已经什么都不可能复原、修复了。

这一段最有意味的话是“非其名也”四个字。非其名也，可以解释为贵并不是虚之名，不是虚的属性与特征。可以解释为“虚”云云是最不受名的牵制与干涉的。既名虚，无不可，无不顺，无不受。提出静与虚的目的就在于人世间的大好是不做名的奴隶，不为名所劫持。道法自然，道不向一时一地一圣人一大家的文化匍匐。仁是一个大美之名，因此会引起思辨者的歧义，引起求名者的争夺，引起巧言令色者的夸张，而到了呆硬者那里，会变成名节，变成条条框框，变成不合情理，变成压迫。但是虚不至于，谁能够为一个虚字而矫情作势呢？或者也可以释为除去静与虚，如取，如给，如贵，如仁与义，都是肤浅的狭隘的俚俗的与小气的嘀嘀咕咕，那些都不是我要谈论要抓住的概念——名分。还可以解释为，忘掉一切名义、名分、概念、归属，包括静与虚的概括，也抛弃它们吧。想想，真正的静与虚，用得着喋喋不休地讲吗？讲太多了，不也成了多此一举的闹心了吗？

道家的悖论在于，你提倡无为，你没完没了地讲无为，不也是一种“为”吗？

原文：

粥熊曰：“运转亡已，天地密移，畴觉之哉？故物损于彼者盈于此，成于此者亏于彼。损盈成亏，随世随死。往来相接，间不可省，畴觉之哉？凡一气不顿进，一形不顿亏；亦不觉其成，亦不觉其亏。亦如人自世至老，貌色智态，亡日不异；皮肤爪发，随世随落，非婴孩时有停而不易也。间不可觉，俟至后知。”

故事大意：

这是讲万有变化运转的规律。楚国祖先、曾经做过周文王的老师的粥熊讲过：一切的运转都是永无停顿的，天与地也在无形无声地、无间无痕地、细密入微地推移转化。谁又能觉察得到呢？所以说，（常常是）万物在那边损失减少了，在这边充盈增长，在这边形成出现了，在那边亏欠败落了。

只要是一种原生气力、一种最初的存在，不是骤然前进扩充；只要是一种形体、一种兹后的存在，不是骤然亏损消失，人们就不会觉察到它们有什么成全、成就、完成，也不会觉察它们有什么亏损、减退、丢失。

这就像人从出生到老死，他的形貌、颜色、智能、姿态，无时不在变化，皮肤与指甲头发，不断生长也不断脱落，不可能守住婴孩时期的一切长久不变。什么时候从一种情况变到另一种情况的，你也说不出来。只是过了一段时期以后，你才知晓。这些无形的变化、无声的变化、并无大的动静的变化，积以时日，等你觉察分明，各种变化也就大了去了。

评析：损盈成亏的密移——悄然演变，谁又能觉察？

万物不停地运转，有时你未能觉察——王按：大致可以这样说，不是绝对的。有些时候，人会敏锐地觉察到这种变化：本来是盛夏，一阵风吹来，你觉察到了秋的消息；本来是红颜，一根白发使你感觉到了青春不再。从密移，到畴觉——谁知道，推论到一些存在此长彼消，此成彼亏，这些认识的形成推移，之间有没有逻辑的关联呢？密移了半天，各移各的，与损于彼、盈于此、成于此、亏于彼有什么关系呢？

有关系的。这里说的物不一定是具体的特指的某物，而是指与我与主观对应的外物，指万有，指一切，指世界。整个世界是生生不已，灭灭不已，成成不已，坏坏不已，一面是生、盈、成，另一面是灭、亏、坏，一切的密移当中，既有往肯定方向推移的正运转，也有往否定方向推移的负运转。

而且肯定的过程就是否定的过程，这样说，肯定就是否定，肯定与否定是一枚硬币的两面。一个生命出生了，十分弱小，然后生活、学习、积累，叫作茁壮成长，同时也就是走向活跃、走向强大、走向成就。另一方面，却也是走向艰难、走向衰落、走向病患、走向结束。古代小说里强盗杀人，叫作“结果了这厮”，妙哉，结果一词，是哲学与神学概念哟。

然后说损失、丰盈、完成、亏缺，时时生长，时时消亡，来来往往，彼此连接，中无间隙，谁能觉察得出来呢？

这方面，有人是先知先觉，有人是后知后觉。许多失败的种子是撒播、发芽、生长在成功的土壤之中的，许多覆亡的前因是出现、形成、变异、恶化于喜讯频传的自我陶醉之时。谁能更早地看出来呢？看出来得早，又岂能被他人接受、不受到众人反对，不引起被唱衰者的愤怒反应呢？

原文：

杞国有人忧天地崩坠，身亡所寄，废寝食者；又有忧彼之所忧者，因往晓之，曰：“天，积气耳，亡处亡气。若屈伸呼吸，终日在天中行止，奈何忧崩坠乎？”

其人曰：“天果积气，日月星宿，不当坠邪？”

晓之者曰：“日月星宿，亦积气中之有光耀者；只使坠，亦不能有所中伤。”

其人曰：“奈地坏何？”

晓者曰：“地积块耳，充塞四虚，亡处亡块。若躇步跐蹈，终日在地上行止，奈何忧其坏？”

其人舍然大喜，晓之者亦舍然大喜。

长庐子闻而笑之曰：“虹蜺也，云雾也，风雨也，四时也，此积气之成乎天者也。山岳也，河海也，金石也，火木也，此积形之成乎地者也。知积气也，知积块也，奚谓不坏？

“夫天地，空中之一细物，有中之最巨者。难终难穷，此固然矣；难测难识，此固然矣。忧其坏者，诚为大远；言其不坏者，亦为未是。天地不得不坏，则会归于坏。遇其坏时，奚为不忧哉？”

子列子闻而笑曰：“言天地坏者亦谬，言天地不坏者亦谬。坏与不坏，吾所不能知也。虽然，彼一也，此一也。故生不知死，死不知生；来不知去，去不知来。坏与不坏，吾何容心哉？”

故事大意：杞人忧天。

这里讲的是著名的“杞人忧天”故事，说是杞国有个人，担忧天会崩塌坠落下来，人们将无地可去，无地可以生存。后来，另外一个人为他的这种担忧而不放心，就去找他说明事理。那个人说的是：“天呢，是气的积存，处处有气，没有什么地方是没有气的。你的曲身与伸展，呼气与吸气，整天都是生活在气当中的。一个无形状无重量的气，又有什么掉下来不掉下来的问题呢？它怎么可能崩塌坠落呢？”

那个忧天的人便说：“天果真是气体的积存吗？如果天只是气体，那么日月星辰怎么不掉下来呢？”就是说，一个无形状无重量的气当中，日月星辰又在哪里悬挂，在哪里放置呢？

给忧天之人讲述事理的人便解释说：“日月星辰，无非是气当中能发光、能照亮的那部分气体，即使它们掉下来也没有重量，不会伤到人的呀。”

“好吧，但愿天是这样。那么地呢？要是地塌陷了，可怎么办呢？”

讲述者说：“地是成疙瘩、成团团的块块物质，是土石方积存而成的。它充实堵塞着一切空隙，没有一个地方不留土石块块。你在这些块块上站立、行走、滑动、跳跃，整天在地面上生活，怎么会认为它会塌坏出事呢？”

这样说了，忧天忧地的人打消了忧虑，非常高兴。那个去给他讲道理，想帮助他、安慰他的人也觉得他放下了思想负担，因此非常高兴。

长庐子听了，笑了，他说：“天上的虹霓呀，云雾呀，风雨呀，一年四季呀，这些就是气的积存而成了天；而山岳呀，河海呀，金属岩石呀，野火林木呀，这些就是形体的积存成了地。既然知道天是气的积存，地是形体的积存（那么等于承认了天与地的物质性、存在性），又如何可以说什么物质的存在会万古不坏呢？

“这个巨大的天地，对于太空来说，不过是一个小小的存在，而对于（我们眼前的）万有万物来说，却是一个最大的存在。（你说起天地来，）看不到头，说不到底，这是当然的啦。你很难去测量天地，很难去认识天地，这也是当然的啦。你担忧它们会毁坏，这确实是担忧得太遥远太不沾边了；你说它不会毁坏吧，也未必就说对了。（从理论上说，）天地与万物一样，不可能不毁坏不灭亡，它们也总归要毁坏的，一旦天地毁坏了，你又怎么能不为之担忧呢？”

听到这些说法以后，列子笑了，他说：“说什么天地会毁坏，这是很荒谬的；说是天地不会毁坏，这也是很荒谬的。天地毁坏不毁坏，这是我不了解也不可能了解的。天地坏掉，这也算是一种说法，一种可能；天地不坏，这便是另一种说法，另一种可能了。（不了解天地坏不坏，）正如同人活着时候不知道自己死后的事情，死了的人不知道活着的人们的事情；未来不知道过去的情况，过去也不知道未来的情况。去了彼处的人不知道来到了此处的情形，来到了此处的人不知道去了彼处的情形。如此这般，我们又何必把天地坏不坏的问题置放到自己的心里去呢？为什么介意这样的空洞问题呢？”

评析：是杞人忧天傻还是笑话杞人的我们傻？

“杞人忧天”已经成为我国的著名成语了。成语化是通俗化、普及化与不朽化，但也是浅薄化、片面化，杞人忧天已经成为无端忧虑和可笑状态的代名词。读读《列子》原文，才知道这里包含着深刻的终极思考。说天是气、地是块的聚集，这就是承认天地的物质性，而一切物质都有自己的始与终、成与毁、生与灭。从天文学、天体史的角度来看，长庐子讲得很正确，在没有可能对于天文学、天体史获得起码的知识以前，单单从理论上做出这样的评估，尤其可贵。不足处是，此位道家学者说是既然天地有毁坏的可能，也就有为之忧虑的必要性与合理性，这个话实在是说也说不明白。其实，如果天地出了问题，走向毁灭，那将是一个漫长的过程。或者是整个太阳系、银河系的问题，忧不忧无区别，因而无忧是一种可能，大忧也不无道理，就像人的死亡，同样不可避免，但是又能有几个人从不忧死呢？又有几个人由于忧死而活不下去呢？或者还有别的可能，例如，会不会有地球人设计迁移到另外的星球的可能？这是 20 世纪、21 世纪的想法了，两千多年以前呢？正如列子所说：“吾所不能知也。”

长庐子的天地毁灭论，天地是太空中的一个小角落论，说得非常理性，而且是通向终极、通向微积分、通向无穷、通向永恒、通向∞的一个思考。没有对于∞的感受与理解思考，就不可能发出“夫天地，空中之一细物”这样一个骇人听闻，但其实是千真万确的见解。

这里的子列子即列子，他的“吾所不能知也……彼一也，此一也……吾何容心哉？”是不可知论，是不容心不操心不介意不在意论，从人生论、潇洒论、隐逸风乃至玩世风、清谈风上说，他讲得轻松玄妙，闹不清楚的话题不如不谈不闹。当真研究辩论天体史、天文学、无穷大、微积分吗？中国文人不兴玩这个。“君子不器”“未知生，安知死”“子不语怪力乱神”，孔子这些说法不让你研究得太过、太偏、太专、太深、太玄，孔子等先秦诸子常常提醒的是，你的智力运用应该适可而止。而老子干脆提倡婴儿与愚，强调“知不知，尚矣；不知知，病也。圣人不病，以其病病。夫唯病病，是以不病”，就是说，知道自己不知道什么，这种态度是值得尊崇的。不知而自以为是、自以为知，是一种毛病。圣人为什么没有这种毛病呢？因为他们知道人的毛病在何处，正因为以毛病为毛病，克制克服自己可能的自以为是、自以为知，他们也就没有这种毛病啦。庄子的说法则是：“吾生也有涯，而知也无涯。以有涯随无涯，殆已！”他认为求知求到无边无际去，是一项危险的作业。

这一切到了“杞人忧天”成为极普及的成语阶段，就只剩下嘲笑了。成语掌握了群众是写作人和思想者的成功，同时也是成语的浅薄化、庸俗化、粗陋化，夫复何言？

原文：

舜问乎烝曰：“道可得而有乎？”曰：“汝身非汝有也，汝何得有

夫道？”

舜曰：“吾身非吾有，孰有之哉？”曰：“是天地之委形也。生非汝有，是天地之委和也。性命非汝有，是天地之委顺也。孙子非汝有，是天地之委蜕也。故行不知所往，处不知所持，食不知所以。天地强阳，气也；又胡可得而有邪？”

故事大意：

生而为人，生而有身，生身而有命，这个生、身、命到底属于谁呢？这一段听起来似乎很生僻，其实很有说服力，可以令人豁然贯通，减少很多不知其理不知其因由的麻烦。

堂堂虞舜问他的大臣：“我能不能获得并且拥有大道呢？”大臣说：“你连你的身体也不是自己能够拥有得了的，何况是大道呢？”

舜说：“我的身体不归我自家所有，那么应该归属给哪一个呢？”

大臣说：“是天地把身子形体委托给了你，并不是你自己将自己出生而得生的，是天地使你获生的阴阳二气结合、和合到你那里，性命并不是你自家所把持处置的，是天地把肉身生命的走向、路径、程序委托给了你。子孙也不是你自家所有的，是天地把生命变化延续的功能与成就委托给了你，使你得到了子孙的。所以说，（人生一世，）你走吧，并不知道会走向哪里；你居留下来吧，你又不知道究竟需要干什么、能够期待什么；吃什么东西吧，也不知道那食物究竟是什么因由来历（为什么要吃这个，不要吃那个。这一切都不是你自家所定、自家所把持的）。天地具有一种自强不息的强势的阳性积极力量，来自组成天地的（无形、无大小、自由散播、无孔不入的）气，（人的生、身、命也是来自这个气，请想想，）谁又能拥有这样的气、这样的气所给出来的生、身、命呢？”

评析：自身是哪里来的?

这里的天地之说，既是指大自然，也是指神祇乃至超自然，既是现实的，又是终极的乃至形而上的。所说生、身、命、子孙并非已有，有抑制自我、看穿人生的无奈无能，减少欲望、野心从而减少忧郁与愤懑的作用。当然，应该说人生一世，在背景、时机、处境、遭遇上有全非自主而且无法选择的一面；同时，在有生之年，在具有独立意识与生活能力之时，又颇有依赖自己的选择这一面。汪精卫参加反清革命，后来又当了汉奸，与天地没有什么关系。毛泽东成为人民革命的胜利者、新中国的缔造者，有历史社会原因，但也不能说全部是天地造成的。

消极与积极，这是一切存在的两面，一味积极，强人所难、强己所难、强历史所难、强社会所难，可以写诗写戏写小说，却难为了人生实践。一味消极，也活得太窝囊了。无为而无不为，这是有道理的，无为——那些不可能属于你的东西，如长生不老、统治世界、垄断真理……而有为——那些可以做、同时不应该不做的东西，如仁义道德、奉公守法，直到立德立功立言等，并不需要玄思的痛苦疯狂。真理有它简明单纯的一面。

原文：

齐之国氏大富，宋之向氏大贫；自宋之齐，请其术。

国氏告之曰："吾善为盗。始吾为盗也，一年而给，二年而足，三年大穰。自此以往，施及州闾。"

向氏大喜。喻其为盗之言，而不喻其为盗之道，遂踰垣凿室，手目所及，亡不探也。未及时，以赃获罪，没其先居之财。向氏以国氏之谬

己也，往而怨之。

国氏曰："若为盗若何？"

向氏言其状。国氏曰："嘻！若失为盗之道至此乎？今将告若矣。吾闻天有时，地有利。吾盗天地之时利，云雨之滂润，山泽之产育，以生吾禾，殖吾稼，筑吾垣，建吾舍，陆盗禽兽，水盗鱼鳖，亡非盗也。夫禾稼、土木、禽兽、鱼鳖，皆天之所生，岂吾之所有？然吾盗天而亡殃。夫金玉珍宝，谷帛财货，人之所聚，岂天之所与？若盗之而获罪，孰怨哉？"

向氏大惑，以为国氏之重罔己也，过东郭先生问焉。

东郭先生曰："若一身庸非盗乎？盗阴阳之和以成若生，载若形；况外物而非盗哉？诚然，天地万物不相离也，仞而有之，皆惑也。国氏之盗，公道也，故亡殃；若之盗，私心也，故得罪。有公私者，亦盗也；亡公私者，亦盗也。公公私私，天地之德。知天地之德者，孰为盗耶？孰为不盗耶？"

故事大意：

说是齐国有一个国先生，很富有；宋国有一个向先生，很贫穷。向某人便去齐国找国某人，请教他的致富方术。

国先生告诉向先生："我这个人善于盗取自己需要的利益，我开始盗取活动以来，一年就自给了，两年就富足了，三年就大丰收了。发展下去，我还能够周济乡亲邻里了。"

向某人听了大喜，他听明白了为盗则富的话语，却没有听明白盗取利益的道理与途径。于是他跳墙凿洞，进入人家房室，眼睛看得到的，手够得着的，没有不拿的。没过多久，他就被逮住了，人赃俱在，受到了惩罚，（不但没有发财，）连同原来的财产也被没收了。他去找国某人抱怨了一番。

向某人说了自己的情况，国某人说：“想不到你违背了盗取利益的道理与方术，荒腔走板到这个程度！我需要给你讲讲，我们知道：天有时机，地有利好，我们要做的是盗取天时地利，云雨润泽，山水出产，然后就要培育我的禾苗，种植我的庄稼，建筑我的墙垣，盖起我的房室，在陆地上我们盗取禽兽，在水域里我们盗取鱼鳖，哪样东西是不盗取能得到的呢？你想想，禾苗庄稼、土地树木、飞禽走兽、鱼虾龟鳖，都是天生的、自然的，又有哪样能说是我们哪个人私人所有的呢？（我所说的盗，是盗取天地，）盗取天地，不会造成祸殃。至于金玉珍宝、粮食丝绸、财物钱币，那都是人造的东西，人造的东西各有其主，它们哪里是天地所生的呢？你盗取了这些人造的东西，怎么可能不担罪名、不受惩罚呢？担了罪名受了惩罚，你又怨谁去呢？”

向某人越听越糊涂，以为国某人又在迷惑自己，便去找东郭先生求教。

东郭先生说：“想想你这一生，怎么能说没有偷盗呢？盗取了阴阳二气，阴阳和顺才成就了你的生命，下载到了你的形体；更不要说生命形体之外的事物了，（哪个不是本非你所有的呢？）确实，天地万物是不能够互相分离的，硬是占有其中一部分东西变成谁所有，这是一种失误。国先生的盗取是符合公理的获取，所以不会造成祸殃，你的盗取是你的私心发作，所以有罪。懂得了公私的分别，你还要明白：盗取原本不属于你的东西，这是盗。分不清公私的差别，稀里糊涂，这也是盗取的一种状态。公共的一切归于公共，私人的一切归于私人，这是天地的恩德德行，懂得了天地的德行，还去说什么谁谁偷盗了、谁谁没有偷盗做什么呢？”

评析：人有盗取功名利禄之心，盗有规矩底线之制。

国先生和东郭先生都讲了人皆有盗的道理。什么是盗？是抢劫，是盗窃，是强占，是非法或非正当地据为己有。在中文里，盗的含义似乎另有相当的弹性。《康熙字典》上引用古籍解释说：昼伏夜奔，逃避人也；私利物也；阴私自利。自然界还有盗泉、盗草，《易经》上还有“坎卦为盗”的说法。它有点像英语中的aggressive——侵略性的、进取的、积极主动的、咄咄逼人的意思。

可能是孔孟强调温良恭俭让，老庄强调清静无为，道家人物对于比较进取、主动、争强的议论与行为常常保持警惕与质疑的态度。这涉嫌消极，尤其与如今提倡的积极进取姿态颇有抵牾，似不足为训。但它也表现了一种谦卑，例如，在人生事业上，突然获得出人不意的成功，有些谦卑的人就会感到自己涉嫌欺世盗名，多有不安，多有惭愧。有些作家友人就讲过这种体验。再如有些企业家，也常常会被人散布各种流言蜚语，说是他们在创业初期，颇有不怎么光明儒雅的经历故事。境外有些政客，也会传出一些当年的负面逸闻。而到了《列子》这里，国先生甚至认为人利用自然存在与规律为自己谋利谋生也是一种对自然的盗窃，同时他认为盗窃自然并不足病，关键是不要盗窃人为产品，人为的东西都存在所有权、支配权问题，而两三千年前的东周时代，自然尚未完全私有化，盗窃一下还勉强可以被允许。这个说法很有趣，它暗合今天的环境保护理论，对自然索取“盗窃”得太多了，也会产生非常负面的结果。

按照《列子》上的说法，盗与非盗的界限并不十分明确。它把人类的奋斗、争取称为盗取阴阳天地，这里有故意的修辞立其雷（人）的动机，有夸张也有吓人，有追求刺激的用意。还有人并不归自己个人所有，因此一切获得都有不无惭愧的盗性自省乃至自责。这最后一条很深刻独特。

这种语义学上的模糊，从法学上看也许是不好的，但是从道德意识上看，人们的确应随时警惕自己的进取与利益追求不要太过分，不要伤害旁人，不要变成强盗，不要侵占他人与社会、国家的利益。另一面，在有所获取、有所收益的问题上，人类是有共性的，有大体共同的获取之心，又是有自己的底线的。越线为盗，不越线为奋斗争取，但奋斗争取下去也要警惕贪欲，警惕不能自我掌控而沦为盗心贪心，它的含义自有其深刻与伟大之处。

黄帝第二

黄帝一章，突出的是神人、至人、真人，是半人半仙的得道者，是类似御风而行、入水不溺、入火不烧、不食烟火、醉汉不伤等似幻似真的奇葩逸闻。《列子》的特色恰如《庄子》，其哲学思考高度文学化、虚构化了，其文学又是高度神仙化、奇异化、寓言化了。

此篇最后几节，有向儒学靠拢的因素。

原文：

黄帝即位十有五年，喜天下戴己，养正命，娱耳目，供鼻口，焦然肌色皯黣，昏然五情爽惑。又十有五年，忧天下之不治，竭聪明，进智力，营百姓，焦然肌色皯黣，昏然五情爽惑。黄帝乃喟然赞曰："朕之过淫矣。养一己其患如此，治万物其患如此。"于是放万机，舍宫寝，去直侍，彻钟县，减厨膳，退而间居大庭之馆，斋心服形，三月不亲政事。

故事大意：黄帝的抑郁焦虑。

这段说的是黄帝轩辕氏在位十五年了，因为一直受到天下百姓的拥戴而欢喜，养护生命，愉悦视听，满足鼻口之欲，但他的内心仍然焦虑，皮肤干枯，气色晦暗，昏昏然情绪错乱闪失。又过了十五年，他担心天下治理得不好，使出全部聪明手段，用尽智力谋略，尽心管理，笼络百姓，内心仍然焦虑，皮肤干枯，气色晦暗，昏昏然情绪错乱闪失。黄帝长叹一声，说道："看来我拼得太过度了。说是保养自身吧，弄得并不对劲；说是治理万机吧，闹得也不对头。"于是他干脆放下万千政务，离开正规宫殿寝室，去除身边侍候勤务，撤下悬挂的钟鼓乐器，降低厨房膳食标准，退缩到外庭闲居房舍，减少思绪，平静心情，如同让己心吃素守斋，同时收敛形体，三个月时间不过问政务。

评析：黄帝撂挑子啦?

道家总是这样的，他们强调的不是你应该做什么，而是你能不能少做或者不做什么。这当然有片面性，也缺少可操作性。一个重要的政治活动家，更不要说是国家第一把手了，随便撂挑子三个月，那还得了？但也并非全然空论，只因东周时代，天下大乱，五霸七雄，武夫、谋士、说客争了个不亦乐乎，到处是急于求成、枉费心机、得陇望蜀、缘木求鱼、无事生非，因此民无宁日。孔孟努力的是用文化道德取代阴谋与暴力，老庄列则提出干脆无为，即不去刻意经营，不去干那些事与愿违、自取其败的蠢事，达到无为而无不为的境界。

原文：

昼寝而梦，游于华胥氏之国。华胥氏之国在弇州之西，台州之北，不知斯齐国几千万里；盖非舟车足力之所及，神游而已。其国无师长，自然而已。其民无嗜欲，自然而已。不知乐生，不知恶死，故无夭殇；不知亲己，不知疏物，故无爱憎；不知背逆，不知向顺，故无利害：都

无所爱惜，都无所畏忌。入水不溺，入火不热。斫挞无伤痛，指擿无痟痒。乘空如履实，寝虚若处床。云雾不硋其视，雷霆不乱其听，美恶不滑其心，山谷不踬其步，神行而已。

故事大意：梦游理想之国。

黄帝大白天睡觉做了一个梦，梦见自己来到了一个叫华胥氏的国家，这个国家在弇州西面，台州北面。离中国很远很远，有好几千万里。这样远的地方靠车船交通工具是无法前往的，黄帝游华胥氏之国，也只是精神漫游了。这个国家无人统治，一切都是顺其自然。这里的人民没有什么喜好欲望，一切听任自然。他们不知道喜欢活命，也不知道害怕与厌恶死亡，所以他们从来不去区分什么什么人是长寿，什么什么人是夭折。他们不知道爱惜、欣赏、保护自身，也不知道冷漠、疏远外物，他们根本不知道区分自己与外物的区别，所以他们也不会爱自身而憎厌他人。他们不懂得什么叫反叛，也不知道什么叫紧跟，这样也就从不思考、不选择怎样做对己有利，怎样做对己有害。这样，对于一切，他们不知道有什么要追求保护的。同时，对于一切，他们也不知道有什么要畏惧躲避的。他们落水不被淹没，入火不燃烧，鞭打没有伤痛，指搔没有刺痒，踏入空中如履平地，睡到虚无中如躺到床上，云雾阻挡不了他们的视线，雷霆扰乱不了他们的听觉，美好与丑恶都不能诱惑他们的心思，山岳与山谷也不会磕绊他们的道路。这都是精神的作用啊。

评析：

一切区分、矛盾、麻烦生于心，弭于心，一切困难痛苦只消求之于心，求之于感觉的钝化、愚化、空白化，此说有其妙处，有其绝对处，更有其夸张失实荒谬至极处。

原文：

黄帝既寤，怡然自得，召天老、力牧、太山稽，告之曰："朕闲居三月，斋心服形，思有以养身治物之道，弗获其术。疲而睡，所梦若此。今知至道不可以情求矣。朕知之矣！朕得之矣！而不能以告若矣。"

又二十有八年，天下大治，几若华胥氏之国，而帝登假。百姓号之，二百余年不辍。

故事大意：无为而治，无道而治，不治而治。

黄帝醒来，怡然自得，他召集了他的三位辅佐大臣：天老、力牧、太山稽，对他们说："我闲住了三个月，做心斋，减少与清洁思虑情感，努力于心思方面的斋戒，同时管控形体饭食（辟谷采气）想找到养护自身、治理外物的方法，没有什么大收获。（但刚刚）疲劳中入睡，我做了这样的梦。我现在明白，大道是不能一味感情用事地去追求的，我明白了，我明白了。可惜我对你们讲不明白。"

又过了二十八年，天下大治，差不多就像华胥国一样了。然后黄帝驾崩，百姓哭号，哭号了两百多年，不曾停止。

评析：道家的理想乌托邦。

老子的无为而治与无争，庄子的齐物，墨子的兼爱无等差，在华胥氏之国中成为事实：无君长、齐生死、齐寿夭、齐利害、齐物我；无乐恶、无欲望、无爱憎、无顺逆、无爱惜、无避忌、无矛盾、无冲突，一直到火里不怕燃烧、水里不会下沉——这本来是苏联的一种说法，是苏联卫国战争时期一首名曲的歌词。

这样的说法离宗教比离哲学更靠近，但用语奇绝，说法惊人，传述夸张，超拔卓越，仙气大于人气，神游大于实感，是说梦，是赞美诗，是霞光万道、神的显灵，是人至高至大的境界，是文性、诗性、神性、智性、主体性、幻想性的极致。所以说这是道家理想乌托邦。

希腊哲学家注意的是推理、分析、追根究底、检验与掂量。中国古代哲学家注意的是想象、拔高、至善至美、激赏与匍匐。前者靠拢科学，后者靠拢文学，乃至神学。

《列子》假托黄帝所宣扬的华胥国，现实中难以做到，想象起来非常美好。文化包括了很多的衣食住行、修齐治平、大小实务成分，也包括了理想幻梦、神游心愿、仙道神思。如果不作为实践的纲领，而作为此心的愿望，《庄子》比《老子》谈得还华美，《列子》比《庄子》还神奇。《列子》强调的是主体的力量，不惧则无惧无险，不治则天下大治，不争则四海和顺，不求则皆大欢喜。这是主观唯心、唯我、唯心态论，说来说去，他干脆是主体思想的带头人之一。

再一想，他的主体最高境界是无主体，他的行为方式是无所为，他的感受是零感受，他的追求是无追求，一切随着自然走。这里的“自然”不仅是英语里的与文化、与上帝相对应的 nature——大千世界，更是与人为、与目的、与人的主体性相对应的客观的存在，绝不妄加干预。中心意思还是道法自然，这里的自之“然”，是谓语，大道就是让客观世界自己存在，自己运动，自己变化，自己寿夭，自己胜败，自己存亡，自己荣辱，自己周而复始。正是老庄列，看够了东周时期的急功近利、轻举妄动、缘木求鱼、南辕北辙、挖空心思、无所不用其极，而结果是自取其辱、自取灭亡。那么多诸侯，那么多“百家”，那么多精兵强将，最后全都灭亡，即使此后“席卷天下，包举宇内”，“囊括四海”，“并吞八荒”的秦始皇，他做的一切也是在自掘坟墓，有始无终而已。

中华文化的绝活之处是它的极端的主观性与客观性的结合，是心与物的合一，是物与理的合一，是道与德的合一，是哲学、神学、文学、美学、伦理学与政治学甚至是医药学、养生学、工艺学、天象学、水文学的合一。

孔子、孟子致力于提倡仁政王道，优化世道人心，道之以德、齐之以礼的辛苦。孜孜矻矻的儒家受到道家大师们嘲笑，但是孔孟的仁义道德的依据是人性，是天良，是良知良能，是天生天性，也是自然。他们同样也尚同、尚一，主张天下定于一、一以贯之，同样也做到了形而上的天地与形而下的自然的统一，先验性与文化性的统一，以及以上说的《列子》的一切合一，一即一切。

原文：

列姑射山在海河洲中，山上有神人焉，吸风饮露，不食五谷；心如渊泉，形如处女；不偎不爱，仙圣为之臣；不畏不怒，愿悫为之使；不施不惠，而物自足；不聚不敛，而已无愆。阴阳常调，日月常明，四时常若，风雨常均，字育常时，年谷常丰；而土无札伤，人无夭恶，物无疵厉，鬼无灵响焉。

故事大意：山上有位神仙。

这是说列姑射山上有位神仙，不食人间烟火，靠自然的风与露生存（如狐狸精是吸收日月之精华），内心深邃滋润，如深厚之泉水，外形美好绰约，如处女。他无亲无爱，仙圣跟随围绕；无威无怒，忠良服从听命；无恩无利，充足丰富；无聚无积，从不缺乏。他是阴阳调和，日月光照，四时合序，风调雨顺，生育合时，收成丰盛的神圣，而且他那里无病无灾，无人短命，无物灾异，鬼怪之类的东西也销声匿迹。

评析：《列子》中神仙的文学性。

一读到这里，我立马就想起了《庄子·逍遥游》上对于藐姑射山上的神人的描写，大同小异：

> 藐姑射之山，有神人居焉，肌肤若冰雪，绰约若处子，不食五谷，吸风饮露，乘云气，御飞龙，而游乎四海之外。其神凝，使物不疵疠而年谷熟。

比起《列子》，《庄子》的文笔更简洁，而且肌肤、绰约、乘云气、御飞龙、游乎四海之外的说法似更飘逸逍遥。神凝云云，则与《列子》的“心如渊泉”相匹配。

还有鲁迅《野草·雪》中的一段话：

> 江南的雪，可是滋润美艳之至了；那是还在隐约着的青春的消息，是极壮健的处子的皮肤……

在鲁迅的极精粹的散文诗中，在抒情与写景的结合中，我想起了姑射山上的神人故事与庄列的书写，或者说是神人的描绘使鲁迅想起江南的白雪，这说明了神人故事的文学性，中华文学的一脉相承。生活中，现实中，书本上有一些超越性的奇想，人生本来就是可以不太寂寞的喽。

原文：

列子师老商氏，友伯高子；进二子之道，乘风而归。尹生闻之，从列子居，数月不省舍。因间请蕲其术者，十反而十不告。尹生怼而请辞，列子又不命。尹生退。数月，意不已，又往从之。

列子曰："汝何去来之频？"

尹生曰："曩章戴有请于子，子不我告，固有憾于子。今复脱然，是以又来。"列子曰："曩吾以汝为达，今汝之鄙至此乎？"

故事大意：列子御风出行。

这里又讲起了列子乘风出行的事，是讲术、道、心三者的关系。说是列子师从老商氏，又有友人伯高氏，从这两个人身上学到道术，乘风出行回归。列子的学生尹生听说了此事，几个月跟随列子，不回家，希求得便时获取到乘风出行的本领，反复几次，列子都没有教授他。尹生怨恨，请求离去，列子不置可否。尹生走了几个月，不死心，又跟随上来了。

列子问尹生："你走了又来，怎么变动的频率这么快呀？！"

尹生说："原来我向您请教道术，您不教给我，我心情郁闷。后来，我摆脱了这种郁闷，也就没有什么计较了，就又回来了。"

列子说："我本来以为你很明白通达，没想到你是这样鄙陋……"

原文：

"姬！将告汝所学于夫子者矣。自吾之事夫子友若人也，三年之后，心不敢念是非，口不敢言利害，始得夫子一眄而已。五年之后，心庚念是非，口庚言利害，夫子始一解颜而笑。七年之后，从心之所念，庚无

是非；从口之所言，庚无利害，夫子始一引吾并席而坐。九年之后，横心之所念，横口之所言，亦不知我之是非利害欤，亦不知彼之是非利害欤；亦不知夫子之为我师，若人之为我友：内外进矣……”

故事大意：一切道术，都要从无我与克己修炼起。

于是列子跟尹生讲：“自从我拜师认友，师从老商氏、友好伯高氏以后，三年过去了，不敢自以为是，不敢说，也不敢想：什么是是，什么是非，什么是利，什么是害。三年的没有成见，没有臧否，没有得失计较，才获得了老师的一瞥。五年后，我无所谓地敢想也敢说各种是非利害了。老师这才向我随便一笑。再过两年，就是说跟从老师七年以后，我随意考虑计较是非与利害了，反而感觉不到有什么是非与利害的计较与分辨啦。这时，老师才让我与他并席而坐。又过去两年，也就是跟从老师九年以后，我放开来思考与言说各种是非利害，只是感觉不到是自我的是非利害还是他人的是非利害了，也不知道老师是不是我的老师，朋友是不是我的朋友了。身内也罢，身外也罢，进而化为一体了……”

原文：

“而后眼如耳，耳如鼻，鼻如口，无不同也。心凝形释，骨肉都融；不觉形之所倚，足之所履，随风东西，犹木叶干壳。竟不知风乘我邪？我乘风乎？今女居先生之门，曾未浃时，而怼憾者再三。女之片体将气所不受，汝之一节将地所不载。履虚乘风，其可几乎？”尹生甚怍，屏息良久，不敢复言。

故事大意：最高的境界是坐忘与混沌。

“这以后，眼睛也就跟耳朵一样，耳朵也就跟鼻子一样，鼻子也就跟嘴巴一样，五官七窍之间没有什么不一样的啦。这时我的心神凝聚，身形消失，骨肉融化，根本感觉不到身形要倚靠什么，脚要踩上什么，随东风就东去，随西风就西走，像是干枯的树叶或者干枯的果壳一样随风飘荡，甚至达到了闹不清是风乘着我走，还是我乘风走。现在你呢，没几天，就一再不高兴、郁闷地闹起来。你的身板，是大气所不能接受的，你的骨节，是大地所不能承载的，你还想行走于太虚，凌空于飓风，怎么会是可能的呢？”

尹生听了，深感惭愧，大气都不出，也不敢再说什么了。

评析：拼境界，奥妙无穷。

“列子御风”云云，我是先从《庄子》上读到的，后来才看到了《列子》上的这一段。

看来，当时“列子御风”的故事已经有所流传，但这里的讲述，更像是讲一种精神状态、心理体验、主观感觉，而不是讲一段发生过的奇异事件。

作为精神体验，比乘风飞行与否深刻得多的是：第一步，凝神静气，最大限度地约束主观，将一切主观的选择、判断、冲动、愿望压缩到近于零的程度。

第二步，放松主观精神，随它的自然与自由的体验，是非、利害、真伪、喜怒，随缘、随机、随意。

第三步，对于是非、利害、真伪、喜怒，不知其别，不知其意义与价值，茫茫然，昏昏然，达到了庄子所提倡的齐物的境界，即大道的境界、道枢的境界、尚同的境界，恍恍惚惚，齐不齐一把泥的境界，一切都真实存在，一切都恍若不存在。

第四步，自我肉身基本消弭，如落叶，如枯壳，如片羽，如无物，灵魂已经与大道合而为一，尤其消弭了物与我的距离。说自己乘风而飞行了，也许吧。说是风乘着自己飘飞，是自我承载了运转了风，是风载人飞还是人使风吹，也未尝可知、可区分、可叙讲。

第五步，万物混一，万物浑沌，万物混沌，五官七窍都不必区分了。飞行与不飞行也不必区分了。谁飞了，谁没飞，也浑然无区别了。

第六步，如果你想御风而行，你先得忘记御风而行的这个念想。你想学到点特殊本领，你先得消灭对于特殊本领的挂牵。

这段话乍一听有些荒谬，强词夺理，太过分了。按一般想法，御风而行的问题应属本领问题，第一，你的身体有了常人没有的乘风飞行功能，你有风功、飞功。第二，可能你借助于某种设备，现代的时髦说法叫飞行器，这是科技问题、空气动力学问题、制造工艺问题，比如说如今的人们可以乘飞机直至乘宇宙航行器进入高空，进入太空，进入根本没有空气也就没有风吹的地方。科学技术终于达到了庄子设想的无待风而飞行的地步。第三，也可能你一半有一半无，例如滑翔机运动，既是拼体育，又是拼科技，包括拼材料，更是拼体能体技。

你想不到的是，原来列子在这里教给你的是拼境界，拼体验，拼感觉，拼假作真时真亦假、无为有处有还无。既然你认为最高境界是飞如不飞，乘如不乘，风吹我如我吹风，那么御风而行而飞，恰如不行未飞，不知这些说法是不是中国古代的钝感力说？列子御风的事不能定其有亦不能定其无，列子其人不能定其有亦不能定其无，大道不能定其有亦不能定其无，此书不能定其有亦不能定其无，从荒谬而诡辩，从诡辩而自欺欺人，从经典而玄妙，从玄妙而悬空，从正常而神经，精神分裂了吧？

我们甚至可以联想到阿 Q 的精神胜利，既有精神胜利，便有“精神飞扬”“精神乘风”“精神御风”，直到庄子理想的“无待”起风的飞行，就是说无须空气的推力与升力的飞行，那就不是飞机，而是导弹火箭。哀哉，飞艇、飞机、宇航咱们都要学外边的，至于精神乘风，则是我们的发明与贡献。

如果认识仅仅到这一步，却又是一种糊涂了。此段讲的精神乘风而归，追求的正是中华文化的整体主义、根本主义、本质主义。中华文化具有一种文字崇拜、概念崇拜思路，尤其是大概念崇拜思路，也可以说是一种“正名”的思路，即选择最体现本质的命名以显示事物、显示世界本质的思路。君子不器，君子不是工匠，君子追求的是大千世界的唯一本质，对于老庄列来说，这个唯一本质就是道。他们认为，抓住了道这个大概念，这个牛鼻子，就能上天入地、长生不老，火里不烧、水里不沉，无为而无不为、无争而无不胜，一切的一与一的一切，都迎刃而解。就是说：道是根本的存在，根本的法则，是根源也是归宿，是本质也是万象，是天地也是人间，是无也是有，是形而下也是形而上，是我的主观也是物的客观，是一也是二与三与万有。道、一、终极，是至高也是至下，是无所不在——按庄子在《知北游》中的说法，叫作“在蝼蚁”“在稊稗”“在瓦甓，在屎溺”。

人得了道，叫作“天地与我并生，而万物与我为一”，就进入了终极，进入了神仙世界，进入了概念神、神概念，就是吾丧我，就是无寿无夭，无能无不能，无待亦无无待。就是进入了无穷、无限、永恒、无边界，进入了至大无外。至小无内，就是数学符号 ∞，而从无穷大（∞）的观点来看，其他一切区别都是 0。思想推理到极致，我们只承认道的存在，终极的意义，无等差的意义，形而上的意义。至于怎样乘风而又归来，根本不需要从操作、设备方面着意，更不用考虑飞行高度、速度、向度、安全等大小数据。

可能过度了一些，但列子的这种说法，仍然有其不凡处与可爱处。中国人的精神世界，弱乎强乎？智乎愚乎？糊涂乎难得乎？反正确是一绝。

原文：

列子问关尹曰："至人潜行不空，蹈火不热，行乎万物之上而不慄。请问何以至于此？"关尹曰："是纯气之守也，非智巧果敢之列。姬！鱼语女。凡有貌像声色者，皆物也。物与物何以相远也？夫奚足以至乎先？是色而已。则物之造乎不形，而止乎无所化。夫得是而穷之者，焉得而正焉？彼将处乎不深之度，而藏乎无端之纪，游乎万物之所终始。壹其性，养其气，含其德，以通乎物之所造。夫若是者，其天守全，其神无郤，物奚自入焉？夫醉者之坠于车也，虽疾不死。骨节与人同，而犯害与人异，其神全也。乘亦弗知也，坠亦弗知也，死生惊惧不入乎其胸，是故遻物而不慴。彼得全于酒而犹若是，而况得全于天乎？圣人藏于天，故物莫之能伤也。"

故事大意：守住元气，无所不能，无往不胜。

列子请教关尹："真正的有道者，能在水中走路不窒息，踏火而行不受热，高高走在万物之上而不战栗。他们是怎么样做到这一步的呢？"

关尹说："那全部是依仗对于元气的守持，而不是靠技巧、胆量之类。我要告诉你，凡是具有形象的——相貌、形象、声响、颜色等，都是外物。

为什么外物与外物区别这样大呢？这一切都是表面的色相等等造成的。只有（内核里的）大道，才是不拘形色，同时止于不化、深邃与恒久的。达到了这样的深邃与恒久境界的真正有道者，谁还能改变他呢？他恰到好处，藏于无端无迹可求之中，游走于世间万物的开端与结尾。得了道，便具有纯一的天性，涵养深厚的元气，体现出完备的德性。他们的天性完整无缺，他们的精神无懈可击，他们能够与万物相通，外物又如何能侵犯他们呢？

“一个喝醉了的人，即使从车上跌落，摔不死，他的骨节与他人完全一样，跌下来的损伤程度却大大不同，原因在于，喝醉的人精神是完整的，他既不知道自己乘了车，也不知道自己从车上跌落下来，生死与担惊受怕都伤不了他，遇到外物带来的危险也不慌乱。靠一点酒得到了精神完整的人都做到如此这般，何况是从天道中得到了精神的完整的至人呢？圣人的精神来自并保存于天地，外物如何伤害得了他们！”

这里，列子进一步展开与发挥中华文化的概念崇拜尤其是大概念崇拜：万物有现象也有本质，有形色也有精神，有表层也有深层，有形而下也有形而上。从现象、形色、表层、形而下角度看来，世界万象万物，琳琅满目、各式各样、千变万化、光怪陆离、浮皮潦草、身外神外、得失利害、障目蔽心、冤孽恩仇，顾此失彼。困顿在现象之中，人常常会履空落水、憋闷窒息、烤烤燎燎、毒火攻心，受到外物的荼毒，分散自己的元神纯朴，失落自身的道心天机，气血两亏，一败涂地。

评析：

人本来就是大道的产物，是天道的下载，如庄子所说：“夫大块载我以形，劳我以生，佚我以老，息我以死。”形、生、老、死，都是大道的运行，都是天心天意天道天行。人本来就是与万物、与天道难解难分的，而一旦人与道通，与天和，与物齐，与命运浑然为一，也就做到了“我们，火里不会燃烧，水里不会下沉”。列子此说则在不烧不沉以外还加上了走在万物之上却没有恐高反应。

列子所请教的关尹先生还有一段话值得注意：“是纯气之守也，非智巧果敢之列。”纯气之守，无形无色，有点介于形而下与形而上的意思，气在中华文化中有特殊重要的地位，由于它的无形性、无色性、抽象性与不确定性，“气”变得神乎其神，伟乎其伟，妙乎其妙，看来，早在列子时代人们就讲究气功了。而智巧属于雕虫小技，果敢属于血气方刚或匹夫之勇，与气不在一个量级上。国人喜欢抽象，喜欢神秘，认为抽象与神秘高于具象与明晰。

而讲到醉者坠车不伤的道理时，关尹的说法是：“……乘亦弗知也，坠亦弗知也，死生惊惧不入乎其胸，是故遻物而不慴。”四句话，一个弗知，又一个弗知，于是乎不入其胸，遇到外间世界发生了什么情况如猛烈撞击，他感受不到震慑，不伤神，不伤道，不伤气，于是“圣人藏于天，故物莫之能伤也”。这里讲解了“弗、弗、不、不、莫”的否定主义哲学，他认为人的软弱、易于受伤、有所惊惧损害，都是由于知道得太多、害怕得太多、忧虑得太多。这里已经孕育着非智主义、文化批判主义的元素，多少说明了华夏至人的智慧、早熟、别有天地，却也有某种华而不实、大而无当。

说是神一周全就不烧、不沉、不惧、不伤，并以潜行、蹈火、居高、坠车、御风等为例，这些可能过于物理，过于生硬，想说一切惊惧的负面心态的有害，但是用无知则无敌无畏来解决问题恐怕太靠不住了。正如想飞，想具备特异功能，想不受外物任何侵害，但是不去追求科学、技术、工具、设备，而是追求内心体验，这正是古老伟大有趣的《列子》这一段论述玄学多于科学、梦幻多于操作、夸张多于现实的原因。列氏的御风飞行更像神仙故事，它停留在神游乃至清谈阶段，无益于真正的飞行事业进益。

原文：

列御寇为伯昏无人射，引之盈贯，措杯水其肘上，发之，镝矢复沓，方矢复寓。当是时也，犹象人也。

伯昏无人曰："是射之射，非不射之射也。当与汝登高山，履危石，临百仞之渊，若能射乎？"

于是无人遂登高山，履危石，临百仞之渊，背逡巡，足二分垂在外，揖御寇而进之。御寇伏地，汗流至踵。

伯昏无人曰："夫至人者，上窥青天，下潜黄泉，挥斥八极，神气不变。今汝怵然有恂目之志，尔于中也殆矣夫！"

故事大意：定力比技术精湛更要紧。

列子列子，真能大言炎炎啊！说是列子的箭术已经尽善尽美，从容有定，自信已经是百分之百。稳定到什么程度呢？拉满弓弦，杯水放到肘上而不洒溅，连续射出弓矢，第一箭没到达，第二箭已经搭好，第二箭没有到达，第三箭已经搭好，后箭的箭头几乎与前箭的箭尾重合。这在射箭运动中甚至在当今的射击运动中已经是神技巅峰，或者是只能在想象中实现的顶级纪录了，但是一看姓名就知道是成仙得道的"至人""真人"的伯昏无人却指出列子这是有心有意使劲射箭，不是无心无意昏然随便地把箭玩出去。他问列子："我要与你同登高山，踩到危险的石头上，面临万丈深渊，那你还能射好箭吗？”

两人上了高山危石，伯昏大师倒着往深渊退。五分之一到三分之一的脚板已经踏空，把列子吓得趴在地上，冷汗一直流到脚后跟。

最后伯昏无人教导说：“真正得道的至人，道心到位的人，做人到家的人，往上看到的是青天，往下看透的是黄泉，神游八方，神色与气度不变。可你呢，已经吓得目光散乱，你离射箭之道还远得很呀！”

评析：定力高于一切。

心态比技术重要，修养比训练重要，人格定力比四肢定力重要，这是传统的中华文化。儒家也讲“知止而后有定”——目标明确才能精神坚定。从形式逻辑上说，这里伯昏无人大师确实是以昏灭明，以无胜有，却又妙不可言。敌情射箭的巅峰是射如不射，如孙子谈兵法，上上是不战而屈人之兵；如孔子赞天，天的特点恰恰是无言；老子论政，叫作“以无事取天下”；庄子则提倡“坐忘”“两忘”“全忘”，让人从有形的现象与有知的杂乱信息中，尤其是从自身的心理压力、思想负担中解脱出来。

我们很容易判定登山的胆量与射箭的技艺不应混淆，我们还可以质疑：伯昏先生的登山勇气与《列子》的射箭评价有什么关系？但是《列子》的含意在于精神品性是纲，其余全是目，技术是小道理，品性是大道理。中华文化认为小道理必须服从大道理，但西方传统则常常是细节决定成败，还有什么一枚鞋钉决定了一战的结局——我读初中时老师讲八卦，说是一战同盟国与协约国决战时，同盟国的情报军官因鞋钉扎脚使重要情报迟到，影响了取胜等。

原文：

范氏有子曰子华，善养私名，举国服之；有宠于晋君，不仕而居三卿之右。目所偏视，晋国爵之；口所偏肥，晋国黜之。游其庭者侔于朝。子华使其侠客以智鄙相攻，强弱相凌。虽伤破于前，不用介意。终日夜以此为戏乐，国殆成俗。禾生、子伯，范氏之上客，出行，经坰外，宿于田更商丘开之舍。中夜，禾生、子伯二人相与言子华之名势，能使存者亡，亡者存；富者贫，贫者富。商丘开先窘于饥寒，潜于牖北听之。因假粮荷畚之子华之门。

子华之门徒皆世族也，缟衣乘轩，缓步阔视。顾见商丘开年迈力弱，面目黎黑，衣冠不检，莫不眲之。既而狎侮欺诒，攩拯挨抌，亡所不为。商丘开常无愠容，而诸客之技单，惫于戏笑。

遂与商丘开俱乘高台，于众中漫言曰："有能自投下者赏百金。"众皆竞应。商丘开以为信然，遂先投下，形若飞鸟，扬于地，肌骨无䃰。范氏之党以为偶然，未讵怪也。因复指河曲之淫隈曰："彼中有宝珠，泳可得也。"商丘开复从而泳之。既出，果得珠焉。众昉同疑。子华昉令豫肉食衣帛之次。俄而范氏之藏大火。子华曰："若能入火取锦者，从所得多少赏若。"商丘开往无难色，入火往还，埃不漫，身不焦。

范氏之党以为有道，乃共谢之曰："吾不知子之有道而诞子，吾不知子之神人而辱子。子其愚我也，子其聋我也，子其盲我也。敢问其道。"商丘开曰："吾亡道。虽吾之心，亦不知所以。虽然，有一于此，试与子言之。曩子二客之宿吾舍也，闻誉范氏之势，能使存者亡，亡者存；富者贫，贫者富。吾诚之无二心，故不远而来。及来，以子党之言皆实也，唯恐诚之之不至，行之之不及，不知形体之所措，利害之所存也。心一而已。物亡迕者，如斯而已。今昉知子党之诞我，我内藏猜虑，外矜观听，

追幸昔日之不焦溺也，怛然内热，惕然震悸矣。水火岂复可近哉？”

自此之后，范氏门徒路遇乞儿马医，弗敢辱也，必下车而揖之。

故事大意：无知者无畏，从而无攻不破。

一个范姓大人物，名叫子华，以养士即供养各类人才而著名，举国无能与之匹敌者。尤其有趣的是，他没有任何像样的官职级别头衔，却能在朝廷上处于高位，其位置似比大官三卿还显赫。

第一，他“善养私名，举国服之”。他供养着一大批无任所精英人士，说明他财力、影响力、知名度都很高，而且胸有大志，说不定有点内圣外王的意思。内圣外王，关键在于内圣，是由于内圣才外王，内圣赢得了民心，赢得了威望，根本不需要职务、职称或级别待遇。第二，他是“有宠于晋君，不仕而居三卿之右”，如果范子华是内圣从而外王，而晋君是外王从而乐行王道，行王道则必须敬圣尊贤，礼贤下士，那就是晋国、晋君、晋民，特别是范子华本人的三生之幸。第三，说是范“目所偏视，晋国爵之；口所偏肥，晋国黜之。游其庭者侔于朝”，也就是说，范子华的政治影响力，尤其是人事上的影响力已经极高。

底下说到范氏让他供养的侠客相互欺凌，从中取乐，一下子降低了范氏给人的印象。此段故事叙述翻手为云，覆手为雨，春秋笔法，大开大阖。

然后是他的两位门客借住商丘开家时大吹主公之名势，说是“能使存者亡，亡者存；富者贫，贫者富”，简单地说，他能决定许多人的命运。这里用了“名势”一词，不是权势，因为他没有实职实权。也没说“声势”，因为他没有鼓噪闹腾，但有他的名义名字就能办事齐活。

底下的情节愈益接近民间故事。商丘开投奔范子华，他年迈体弱、黑不溜秋、衣冠不整，与美服、华车格格不入，他被原有众门客轻蔑侮辱。越是门客越对其他门客无良，好比“奴使奴，累死奴”，好比老移民更倾向于收紧移民政策。对他是“狎侮欺诒，攩拯挨扰”，耍笑、侮辱、欺压、欺骗、捶打、推搡、击背，无所不为。商丘开逆来顺受，面无愠色，倒是欺生的众门客感觉疲劳无趣了。子曰：“人不知而不愠，不亦君子乎？”商丘氏的格调儿很高啊。

然后商丘氏对这些格调低下、心术不端的门客包括范子华本人言听计从，说啥听啥。说从高台上往下跳就跳，而且跳得如同飞鸟，飘飘摇摇，肌骨无伤。然后潜入水潭，在河道弯曲处游泳，获得宝珠。再后大火中取锦缎，不沾灰尘，不受炙烤，胜任无忧。

这下子商丘开火了，牛了，范氏与他的门客们向他致敬求道认㞞。认为是自己一心耍笑商丘开傻，反而受到了商丘开的耍笑。

而当说破真相以后，傻子不傻了，无道行的无道行了，一切奇迹就此消失。倒是范氏的门客从此知道尊敬人，包括乞儿、马医了。

评析：大了还要更大，高了还要更高，这是中华传统文化的一个重要思路。

大处落墨，语出雷人，振聋发聩，大而化之。很好玩，很令人入迷的故事。

范氏无官职而名与势胜过了大官。可以解释为他是业余大臣，比专业大臣还牛。正如《红楼梦》上谈到请医，也是认为翰林学者太医比江湖医生高级。无职级而上朝廷，并且能影响政务人事升降，又不免令人想起韩国前总统朴槿惠的亲信干政事件，真是杀猪捅屁股，各有各的门道啊。

那么“不仕而居三卿之右”呢？仕了，有了官职了，对于范子华这样的人来说，权和位都具体化、局限化了，但他的特点不是一个官职、一个级别、一个待遇能穷尽的。

请看，商丘开则以他的无道行充分显示了他的超级道行，范氏的名势，商丘氏的道行，都是以无胜有。商丘氏无非是深信不疑——“诚则灵”，他相信门客们的一切蒙骗与妄言，说一不二，所以“不惑”“不忧”“不惧”（《论语·子罕》），心志完整专一，外物无伤无碍，于是他无往而不顺利。而当人们以为他有特殊的道行，反而促使他认识到了自己没有任何道行，惑、忧、惧从四面八方罩上来，他的奇迹就此结束。

故事很精彩，理论很高超，最高的技巧是无技巧，最高的道行是无道行，最高的境界是无境界，最高的智慧与本领是无智慧无本领。你只需要一种品格，一种诚笃，一种朴实，一种谦卑，一种克己，你就是大匠，你就是至人，你就是真神。这样的说法操作性很小，但启发性令人回味不已。

如果你干脆认为这是信口开河呢，那确实就是信口开河了；如果你认为这是在忽悠你呢，那就是忽悠你了；如果你认为这奥妙得很呢，也不能说没有任何奥妙啊。

原文：

周宣王之牧正有役人梁鸯者，能养野禽兽，委食于园庭之内，虽虎狼雕鹗之类，无不柔驯者。雄雌在前，孳尾成群，异类杂居，不相搏噬也。王虑其术终于其身，令毛丘园传之。

梁鸯曰：“鸯，贱役也，何术以告尔？惧王之谓隐于尔也，且一言我养虎之法。凡顺之则喜，逆之则怒，此有血气者之性也。然喜怒岂妄

发哉？皆逆之所犯也。夫食虎者，不敢以生物与之，为其杀之之怒也；不敢以全物与之，为其碎之之怒也。时其饥饱，达其怒心。虎之与人异类，而媚养己者，顺也；故其杀之，逆也。然则吾岂敢逆之使怒哉？亦不顺之使喜也。夫喜之复也必怒，怒之复也常喜，皆不中也。今吾心无逆顺者也，则鸟兽之视吾，犹其侪也。故游吾园者，不思高林旷泽；寝吾庭者，不愿深山幽谷，理使然也。”

故事大意：养虎有道。

这一段有新进展，说是周宣王时期，主管畜牧的官吏手下有个叫作梁鸯的仆役，他能在庭园之中饲养野生的飞禽走兽。不管什么样的猛禽凶兽，虎狼雕鹗，在他这儿都变得驯顺柔和，一改它们的凶恶野蛮本性。雌雄交配，雏崽成群，异类却能共生共处，相互之间绝无搏杀吞噬情况发生。于是梁鸯也被认为是有法术的奇人，并安排了一个叫丘园的人去学徒传承。

梁鸯则谦卑地说自己只是下等仆役，谈不上有什么法术，但又怕被君王误以为自己藏奸隐瞒，只能实话实说。例如养虎，顺着虎虎就高兴，呛着虎虎就生气，这是一切有气血的动物（王按：包括人）的秉性。那么梁鸯是怎么对待老虎，怎么处理他与老虎的关系的呢？

底下的意思就深了去了。怎么个做法呢？适当顺应，避免拂逆，不可刺激，不使兴奋，不使误解，不使混乱，也不使骄纵。不让它吃活物，免得杀死对象的血腥挑动它的怒火。不给它吃完整的大东西，免得撕碎对象的快感诱发它的暴烈心。人们应该及时把握老虎的饥饿或饱足，了解它的需要与情绪，避免与之发生矛盾，同时不要一味顺从、过分骄纵，使它兴高采烈。因为物极必反，太高兴了就该闹脾气了，怒火发作大了，又该变顺溜了。太喜太怒，都不中和，不正常。

梁师傅的经验是自己对老虎不存顺从或拂逆的成心，让鸟兽将自己视为同类，使来到他的生物园的鸟兽入园如归，进院如家，不再想高高的丛林，不想念阔大的湿地，不想深山，也不想幽谷，进入无等差无区别的境界。

评析：无心故能同心。

心理学家认为过喜过悲对心理健康的损害是一样的。例如，已经有许多病例证明过喜过悲都能诱发皮肤过敏。而在中国，早在《列子》中已经有类似的认识，不简单。

这位梁师傅讲的既是人与虎的关系，也是臣民与君王的关系，还是君王与臣民的关系。中华文化自古就有伴君如伴虎的说法，《周易·革》有“大人虎变”的说法，李白则有“大贤虎变愚不测，当年颇似寻常人”句。而《荀子·哀公》讲：“水则载舟，水则覆舟，君以此思危，则危将焉而不至矣！”君王或有虎性，百姓则有水性，养虎的道术也是治水的道术，要点在于危中求安，变中求定，逆与顺中求朴求中和求无事无咎无殆。

梁鸯饲虎，不逆拂，不讨好，使自己与虎同行同类同感同心，用毛主席对干部的要求话语就是与人民“同吃同住同劳动”，减少差异，求得同心。列子提倡的是众人一条心，黄土变成金；人虎一条心，禽兽顺又亲；君民一条心，江山万年春。梁鸯之道就是育禽兽管禽兽之道，也是御民之道，还是修齐治平之道，无为而治之道，道可道非常道。

唐代文学家元结有诗句云：“婴孩寄树颠，就水捕鷦鲈。所欢同鸟兽，身意复何拘。”复有句云：“湖上有水鸟，见人不飞鸣。谷口有山兽，往往随人行。莫将车马来，令我鸟兽惊。”诗意诗趣疏朗明达，告诉我们：梁鸯之道，不仅很辩证、很哲学，也很经验与老到，而且很艺术，很审美，很趣味隽永。

原文：

颜回问乎仲尼曰："吾尝济乎觞深之渊矣，津人操舟若神。吾问焉，曰：'操舟可学邪？'曰：'可；能游者可教也，善游者数能。乃若夫没人，则未尝见舟而谡操之者也。'吾问焉，而不告。敢问何谓也？"仲尼曰："噫！吾与若玩其文也久矣，而未达其实，而固且道与。能游者可教也，轻水也；善游者之数能也，忘水也。乃若夫没人之未尝见舟也而谡操之也，彼视渊若陵，视舟之覆犹其车却也。覆却万物方陈乎前而不得入其舍。恶往而不暇？以瓦抠者巧，以钩抠者惮，以黄金抠者惛。巧一也，而有所矜，则重外也。凡重外者拙内。"

故事大意：操舟若神也是道。

从纲与目、根基与结果、前提与目标的角度论述道术、技能与精神状态。说是颜回向孔子问起操舟的事情来。颜回说到他在觞深之渊乘渡船。觞是酒器，觞深是说水像饮酒器具一样深？不通，乃释为水域地名，但也可以理解为此渊的形状，水面面积或有限，但不无纵深。说是津人即船夫操舟若神。当颜回向船夫请教操舟道术时，船夫回答是游泳游得好就行。会游泳的人学操舟学得会，游得好的人学得快，会潜水的人不用学就会操舟。

孔子指出，他与颜回研习书本上的道理已经很久了，但还没有用事实来检验，所以哪谈得上掌握大道啊。能游泳的人就能够轻视水，不让水吓得紧张失常；善游泳的人忘记水，不受水的干扰，所以他们能较好地把握舟船，做到人驾驭水而不是水吓住人。至于能够潜水的人，在水中消遣轻松的感觉与陆上的感觉全无区别，对舟船的驾驭与对小推车的驾驭无区别。即使是百次千次此翻彼倒的现象出现在他面前，也不会惊动他的神舍心宅，他都能正常处理。孔子还举例，例如一种以手探物的（博彩？）游戏，如果探的是瓦片之类，你说不定做得非常巧妙；如果摸到的是钩子，就会有所忌惮、有所计较乃至紧张；而如果摸到的是黄金呢，就会紧张得昏头昏脑。一个人的智巧其实始终如一，但由于对象不同而有所顾虑，有所牵挂，而一旦心态为对象所左右，他内里的修持本事，就不会一样了。被外物左右的人，常常会失落内心的定力与巧妙。

评析：心态是不是永远重于技能？

学操舟，得先学游泳，这与今日的海事海军训练的思路大体一致，游泳等能力，中国人的说法叫作“水性”，是操作舟船或其他水上水边事物的前提，这是对的。说是泳游好了自然就会操舟，则不合逻辑，那叫把必要条件当成了充分条件。不会游泳的人学不好操舟，不等于游泳良好了就自动能操舟，奥林匹克游泳冠军也不等于能担任航空母舰的舰长。现代人对于专业分工与行业专门知识的认识已经大大地发展了，也明确了。

中华文化重视心态而有时不甚强调技能，至今余风犹存，尤其是对于体育比赛胜负的评点，往往是从心态上解释，而不去研究技能方面的专业知识。原因之一是人人可讲心态并好为人师，却做不到人人懂技术并教导旁人以技能。

这里还牵扯到德与才、红与专、动机与效果的问题。也许更应该强调德与才的一致性，红与专的一致性，动机与效果的一致性。你的美好心态应该落实在工作上，落实在生活中；应该落实为操作、践行、才能、技巧；最后落实为良好的成果。否则能检验吗？有实效吗？

原文：

孔子观于吕梁，悬水三十仞，流沫三十里，鼋鼍鱼鳖之所不能游也，见一丈夫游之。以为有苦而欲死者也，使弟子並流而承之。数百步而出，被发行歌，而游于棠行。孔子从而问之，曰："吕梁悬水三十仞，流沫三十里，鼋鼍鱼鳖所不能游。向吾见子道之，以为有苦而欲死者，使弟子並流将承子。子出而被发行歌，吾以子为鬼也。察子，则人也。请问蹈水有道乎？"曰："亡，吾无道。吾始乎故，长乎性，成乎命。与赍俱入，与汩偕出。从水之道而不为私焉，此吾所以道之也。"孔子曰："何谓始乎故，长乎性，成乎命也？"曰："吾生于陵而安于陵，故也；长于水而安于水，性也；不知吾所以然而然，命也。"

故事大意：水性在于道性。

这仍然是一个关于透辟地把握水性、在激流瀑布中得心应手的故事，从而讲起故（根本、自来）、性（特点、规律、趋势）、命（命运、完成）这三个重要的范畴。

说是孔子在吕梁观看瀑布，水高数十丈，汹涌三十里，龟、鼍、鱼、鳖也无法在这样的急流中游走，但是他与弟子看到一个汉子在这样的水中游泳。他们开始甚至认为那个汉子是为生活所苦求死自杀，后来看到他游了几百步上得岸来，披着头发唱歌。孔子向他请教游水之道，他强调游水无道，不必特意去讲究什么道术，他讲他是从根本、本原上开始，在熟悉水性、培育自性中成长，在命运的认同中自然而然、不知其然地获得与完成。他形容说，关键在于浪头打下来了他就跟着浪头进水沉潜，如果浪头涌上来了他就随浪上浮上升，随水起伏，以水性为己性，不较劲，不反潮流，一切顺其自然。如果讲道，这就是无道中的道。

评析：和谐与认同的哲学。

“故”是出发点，是环境与条件，首先是接受，而不是排斥与颠覆你的环境与条件，这里强调的是和谐与认同。其次是“性”，需要一个熟悉、亲昵与将特性、物性、悟性与自性相结合相一致的过程，也是与天地为一，与万物为一，与大道为一，与无为乃至无道为一。

中华文化的道家，同时不限于道家，太崇拜、太欣赏“无”这个概念了，“万物生于有”，但是更重要的是“有生于无”，“无”是道性的特色，叫作“道常无名”“圣人无常心”“非常道”“非常名”。有道、大道、天道，更上一层楼却是“无”道，不是造反派斥骂皇帝时所说的“无道昏君”中的“无道”，而是对道的不刻意追求，不刻意讲究，不执着费力，是“无”道，以无心求天心，以无意求道意，“以无事取天下”，以“无为”求“无不为”（老子），以“吾丧我”（庄子）求“万物皆备于我”（孟子），以“无争”求“莫能与之争”（老子），以“无可无不可”（孔子）求最最宽阔的空间与最最丰富的可能，求“不惑”“不忧”“不惧”（孔子），以“免成”求“大器”，以“无隅”求“大方”，以“无味”求“道之出口”（老子）。

原来不仅是道家，儒家也一样讲“无”的道理。不过，他们一方面讲安时顺命、无可无不可；一方面讲威武不屈、富贵不淫、贫贱不移，知其不可而为之，直到杀身成仁、舍生取义。

原文：

仲尼适楚，出于林中，见痀偻者承蜩，犹掇之也。仲尼曰：“子巧乎！有道邪？”曰：“我有道也。五六月，累垸二而不坠，则失者锱铢；累三而不坠，则失者十一；累五而不坠，犹掇之也。吾处也，若橛株驹；吾执臂若槁木之枝。虽天地之大、万物之多，而唯蜩翼之知。吾不反不侧，不以万物易蜩之翼，何为而不得？”孔子顾谓弟子曰：“用志不分，乃凝于神。其痀偻丈人之谓乎！”丈人曰：“汝逢衣徒也，亦何知问是乎？修汝所以，而后载言其上。”

故事大意：捕蝉神技，也是攸关大道。

同样的故事亦见于《庄子》，孔子到楚国去，经过一个树林，看到一个驼背老汉拿着长竿粘蝉，如同伸手捡拾一样方便。孔子向他讨教，他说他的道术就是专心练习，练了五六个月，竿端放上两个什么丸子练功用或粘蝉用，少有失手坠落。练到放上三个丸子都不会掉下来，那么粘蝉十次顶多有一次粘不上。等练到放五个丸子也不掉落的时候，粘蝉就和从地上捡拾一样容易了。

驼背老汉说的是，执竿如执枯树枝，整个世界不知有其他，只知有蝉翼，于是出神入化，从高高的树枝上粘蝉，做到了俯拾皆是的程度。

评析：不反不侧，无往不利。

粘蝉与在长竿端放泥丸，这本来不完全是一件事，但这也是一个中华思路，人必须稳稳当当、平平静静、踏踏实实，人必须时时事事平衡平静，才能精于某事某功某技。这和武侠小说讲师父传武艺，先让徒弟围着木桩转圈，转到徒弟感觉不到是自己在转，只感觉到自身一动不动，而木桩是围着自己飞转，才能正式学武艺。还有一种是先让徒弟学用筷子夹苍蝇，夹到得心应手、手到擒来，再学兵器拳术，就能百发百中。这些奇葩理论的用意都是同样的。中华文化重视整体精神状态，重视定力与静力，重视注意力的集中，具有一种对于精神力量的信仰崇拜，这很有特色。

故事性的渲染也许超过了哲理性的论辩，而成为文学虚构，成为童话、神话、奇闻逸事了。

至于提倡注意力集中，提倡凝神即聚精会神，也与此前讨论醉汉从马车上掉下来不受伤是由于“神全”的论说相联系，更有好心人将此故事发挥到对于敬业与敬的讲究上，认为做什么事，恭恭敬敬，兢兢业业，全神贯注，如果能“不反不侧，不以万物易蜩之翼”，也就能出类拔萃，出神入化了。

原文：

海上之人有好沤鸟者，每旦之海上，从沤鸟游，沤鸟之至者百住而不止。其父曰：“吾闻沤鸟皆从汝游，汝取来，吾玩之。”明日之海上，沤鸟舞而不下也。故曰，至言去言，至为无为。齐智之所知，则浅矣。

故事大意：邪念闪则天地不容。

故事可爱，用意善良，讲的是一个海上之人，可能是生活在海边的人，也可能是常常乘船在海上打鱼的人，他与鸥鸟为友，每天早上下海与海鸥玩耍。他爸爸得知此情，让他捉一只海鸥带到家里玩玩。有了此语此心，第二天再去海上，所有的海鸥都只在天上飞，不敢下来了。

分析一下，最到位的话是没有话，最到位的行为是不去行为，有点什么点子就急于表现出来，太浅薄啦。

评析：不要起意，不要轻率言行。

到此为止，列子做的文章很清楚：人不可有恶意、坏心、非分与不良、不妥的动机。这里主人公的父亲只是说带回来玩玩，尚无甚恶，但至少是不妥。海鸥云云，要的是大海与天空，要的是飞翔与游凫，要的是自主与自由，当然不会愿意也不能接受离开大海与天空去陪人玩耍。而人有恶，有不善不妥非分，或虽然本人未有异常，但受到非正常的意念困扰，就会造成人的心情、感觉、呼吸、皮肤汗毛、神态、五官表情失常，从而被对方察觉，被天地察觉，隔墙有耳，举头三尺有神明，就会陷于不义，陷于不良、不妥，而且会受到抵制与惩罚。是非善恶，因果报应，丝毫不爽。

但是《列子》有自己独到的思路与文风，他不满足于瓜熟蒂落、水到渠成的道德教训，不满足于《伊索寓言》式的篇尾结论，他要哲学化，他要让你费一点脑筋，他要你做一个脑筋三级跳。上一段所说的不良的意图带来不良的后果，是第一级跳跃。接着是第二级跳跃，即从语言、言语上找原因。他告诉我们，从海鸥的密友，效仿“闺密”的说法，我们可以称之为“海密”，堕落为“海奸”“海贼”，只是由于听到父亲的一句话，却没有立即将不当之言怼回去。话即言，言之为害，殆矣！比起善言之为善、良言之致良，也许列子与他的同时代人更多地看到了恶劣言说之扩大恶劣，荒唐言说之蔓延荒唐。所以要“至言去言”，真正地道、到家到位、精彩有价值的言语是不言语，英语的说法：Silence is golden——沉默是金。“至为无为”，最好的行为是无行为。也就是说，“好沤鸟……之海上，从沤鸟游”，喜欢海鸥，与海鸟同乐，尤其是跟随沤鸟嬉戏，这种随情随缘、任性任意的事情是不算“为”，不算行动、行为的，而一加上主观的为我的违背自然自性的动机、言语、某种行为的准备与策划，事情就会起变化，就会变美为丑，变善为恶，变和谐为提防，变共舞为互疑。“海密”被父亲的言语所污染，胸怀不良，群鸟舞而不下，终于变成“海奸”“海贼”了，呜呼哀哉。这是第二层意思。

那么，僭越的、不妥不良的言语与行为的动意，是从哪儿来的呢？恰恰是从自以为是的人类智力中产生出来的。列子这里提供的第三级的智慧跳跃就是对人类才智的批判，他的说法是：“齐智之所知，则浅矣。”什么意思？有的说是“局限于人类的智巧所知，其实还是浅薄的了”，有的说是“与他人比试智能，是浅薄的想法”。我则宁愿解读为仅仅依靠人类智能的分析判断能力，其深度远远不足以理解世界万物万象。仅仅从智能上看，你无法解释为什么人一有不测之心，鸟便有防范反应。这样的大道天理，仅靠人类智能靠因果分析、名学逻辑学是说不清楚的，你必须以超智能的想象力、感受力、信仰力接受世界的伟大光明奥妙深邃，去想象与感受信仰世界的唯一与最高的大道、天道、天心、人心，人与海鸟的一体化、混一化、终极化、哲理化、道德化，而上述这些一与化，是先验的，非智能的，信仰型的。

原文：

赵襄子率徒十万狩于中山，藉芿燔林，扇赫百里。有一人从石壁中出，随烟烬上下。众谓鬼物。火过，徐行而出，若无所经涉者。襄子怪而留之。徐而察之：形色七窍，人也；气息音声，人也。

问奚道而处石？奚道而入火？其人曰：“奚物而谓石？奚物而谓火？”

襄子曰：“而嚮之所出者，石也；而嚮之所涉者，火也。”

其人曰：“不知也。”

魏文侯闻之，问子夏曰：“彼何人哉？”

子夏曰：“以商所闻夫子之言，和者大同于物，物无得伤阂者，游金石，蹈水火，皆可也。”

文侯曰：“吾子奚不为之？”

子夏曰：“刳心去智，商未之能。虽然，试语之有暇矣。”

文侯曰：“夫子奚不为之？”

子夏曰：“夫子能之而能不为者也。”文侯大说。

故事大意：和而能，能而为，能而不为。

这里的关键词是和，和者，就是能够致中和、和顺万物万象、和合物我，用现代语言来说就是做到将主观与客观统一、将唯心与唯物和合为一的人。说是“和者大同于物，物无得伤阂者，游金石，蹈水火，皆可也”，所谓大道，所谓终极，所谓概念的神性与神性的概念，所谓“朝闻道，夕死可矣”的道之根本，所谓真人、至人、圣人的最高境界，人性的最高境界，天命的最高境界，在道家这里就在于主观与客观的统一。一个统一了主观与客观的人，与外物没有距离，与外物普遍大同，与外物没有隔阂、对立、阻碍。

人类的一大苦恼是主观与客观的分裂，想做的做不到，想得的得不着，想摆脱的摆脱不了。但是人可以设想，做不到、得不着、摆脱不了也可以设想，主观与客观干脆统一混一化一成一：想什么就有什么，需要什么就出现什么，不喜欢什么就没有什么。原因在于主观演变为无，无成见，无定见，无执着，无欲无求无得无失无争无咎无伤无念无为。

古人的设想能力与思维能力令人欢呼。于是主观上做的就是客观上不但可能而且必需的，包括游走于金石间，踩踏于水火之上，做到常人做不到的地步，得心应手。做了自己也不知道、不成功、不自居、不知不识。

故事是从晋国末年大夫赵简子的儿子赵襄子打猎说起的。他的狩猎声势浩大，随从十万人，践踏草木，焚烧山林，鸡飞狗跳，方圆百里内不得安宁。这时，一个人从燃烧着的大火与坚硬的石头崖壁中走出来，从烟火灰烬中从容出现，登高就低，上下盘旋，若无其事，大家都认为他是鬼怪。留下来察看，他的形貌、气色、五官七窍、呼吸言语却与常人无异。

于是就开始了一段兼具故事性、哲学性、虚构性的问答："你是用什么法术进入石壁，又用什么法术走出烟火的呢？"答者反问："什么叫石壁，什么叫烟火呢？"问："刚刚你的出现是破石壁而出，你的脚步是踩着烟火而来的啊！难道不是吗？"答："俺不知道哇！"如此神异的故事，这是第一部分。

第二部分则是思辨性的高论与巧言。到了魏文侯那里，他就此事请教孔子的学生子夏。子夏说那人是和者，是得了和之大道、和之神力、和之仙气的半仙之体，能做到常人做不到的事。接下去的问答则是欲穷千里目，更上一层楼。子夏说由于自己做不到刳心去智，挖空成心成见，去除俗智能、俗路子、俗条条框框，也就做不到游走金石、踏行水火。子夏以己之不行更衬托了此破石壁而出、踏烟火而行的异人之高蹈。

底下的问题令人捏上了一把汗。因为魏文侯追问孔夫子能不能做到游金石、蹈水火。想想看，这回麻烦了，说孔子做不到，圣人圣明，面对金石水火，败给了一个异人，你看他是异人，他自己浑然无觉。你说孔子也能做到，则超出了孔子的儒学空间，何况《论语》中的名言正是

“子不语怪力乱神”。这里，受到考验的其实不是子夏，而是记述这段故事的列子，与庄子相比，列子确实可能在后，他对孔子比对庄子多了几层敬畏，他不能把孔子拉到道家的至人、真人、仙人这边来，他又要保卫孔子的圣人形象圣人影响，于是他用子夏之口回答说：“孔夫子是能够做到上述和者做过的事情的，但是孔夫子同时又有能力不去做这些表面上怪异的事情。”

高！能做到，因为他是“圣人”，相比通俗一点的“和人”能做到的事，高大上的圣人难道会做不到？他当然能够做到。

但正因为他是圣人，他是“匹夫而为百世师，一言而为天下法”，虽说当时还没有宋朝苏轼的这样一句名言，但孔子已经走向这个位置。孔子的言教身教，必须具有道德内涵，必须具有可操作性，必须具有为民立极的方向性价值性引领性。与孔子的天下法、百世师，孟子的舍生取义、舍我其谁的担当相比较，如鬼如妖地穿行石壁踩踏烟火的行径太小儿科，也太江湖卖艺范儿了。

评析：不能、能、能不的三级跳跃。

世上诸事，一种叫作“不能”，一种叫作“能”，第三种叫作“能不”，即虽能而不为、“无为”。能，不是靠知识技艺，而是靠道，道的特色是无知识、无技艺；不能，也不是由于知识与技艺的缺失，而是由于道的缺失。而在成全了“能”以后，更伟大的是“能不”，能而不为，能而不炫、不显、不露，深藏深潜，无为而无不为。

一个有趣的命题，一个自足的诡辩，一个先验的优势：你视穿行踩踏石壁火灰为雕虫小技，但是你没有大道的修养，无论你如何孜孜以求，你做不到雕虫小技。有了大道天心的修养，你的境界居高临下、一览众山小了，这时的你当然不会去卖弄雕虫小技，不会去表演惊世骇俗的绝门杂技。就是说有一类事情，无道者不能为，有道者不为不屑为。不为已经够伟大了，能不为的“能”字加“不”字，即“能不”二字更伟大，因为世人的毛病不在于不能，不能而硬为，就会一败涂地，这叫作显而易见，不移之论。人一辈子，不能的事多了，有什么需要讨论的呢？人的悲哀在于不能而偏要为，不得而偏要要，不知而偏以为已知。那么人的伟大呢，不在于“能”什么，而在于“能不”什么。为什么呢？再厉害，你不能的方面仍然远远超过你能的方面，你的“能”与天地的“能”相比，不过是微乎其微。而你明明“能”了，却能经得住逞“能”示“能”炫“能”的诱惑，经受以求名、利、权、威的诱惑，能不以“能”去求自身贪欲的满足，能“知雄守雌、知白守黑、知荣守辱”，这样的人当然是进入了道的化境，当然是至人、真人、天人了。

“夫子能之而能不为者也”，妙哉此语！道家就是要宣扬这种能之而更能不为的高人。能之便为之，是诚笃之士，但有时缺少了某些提防超脱。知其不可不能而为之，是仁人义士，有时则是殉了信仰的烈士，如秋瑾、林觉民……但也有的是狂狷之士。能之而能不为者，则是高士。这种高士的例子也不少，世人对他们的评价或有不一，主体舆论则是赞佩有加，如钱锺书。

其实孔子的特点完全不是“能不为”者，孔子迫不及待地强调自己的态度是“沽之哉，沽之哉”，叫作待价而沽，不无急切。他当然是渴望有所作为的人，列子借子夏之口说孔子如何如何，而且此种说法令魏文侯大为满意，是信手拈来，以孔子的名义宣扬列子的倾向与道家的主张。他此说颇显口才，所说高妙，令人赞叹。魏文侯不是因孔子而喜悦，而是因子夏的辩才而喜悦。能够往高明里辩，往高明里不断提升，正是道家立论的一个特点，与简单的所谓口才，完全不是一回事。

原文：

有神巫自齐来处于郑，命曰季咸，知人死生、存亡、祸福、寿夭，期以岁、月、旬、日，如神。郑人见之，皆避而走。

故事大意：神巫算命遇高人。

这一节故事别开生面。说是一个神巫，一个相面与算卦的“大师”从齐国来到郑国，名叫季咸，能够预知人的死生存亡、祸福寿夭，可以测算出人的命运中的某些事件发生的年月旬日，测命运如神。郑人见到他吓得逃之夭夭。

评析：算不准骂，算得准怕，为什么？

第一，世界上为什么有这样的巫师？因为人们掌握不了自己的命运。天有不测风云，人有旦夕祸福，人们太需要了解与把握自己的命运了。第二，人们希望对自己的命运有所预测，以便对灾祸有所防范应对，能够逢凶化吉、遇难成祥。第三，一定程度的预测是可能的，从相貌外表上推测一个人的健康状况、精神状态、性格特征、心理素质、近日遭遇是可能的。不仅对于神巫是可能的，对于侦探如福尔摩斯也是有可能的。即使不完全准确，也还多少有所把握，有某种靠谱的可能的。第四，任何说出来的东西，都有一定的弹性，即使说错了，也还可以有曲为解释的可能，有将错就错的逻辑，有巧为矫饰的余地。例如巫师预告一对夫妇将得子，结果得的是女儿，仍然可以解释为下几次将连续得子，或者此女是女中豪杰、女中丈夫。第五，国人又深信天机不可泄露，天机只能深藏，过早地得悉天机乃至追求得知天机是危险的，是有罪孽的，是会受到上天、天道的惩罚的。第六，神巫、大法师、神人、妖孽、祸首、乱臣贼子，相互间不过失之毫厘，却能差之千里，结交神巫，与交通匪盗是极其相近的事情。第七，虽然人生难以绝对排除预测、命相、占卜、占星，虽然人人希望预知吉凶祸福，但人们同时又是胆怯的，他们不愿意事先得知自己的灾祸，特别是对于死亡的预判。第八，吹嘘自己是铁口、神算、通神的巫师很多，但吹嘘自己能够解决干预他人的厄运的人很少，他们多半是只能报丧，却无能为力的不受欢迎者，见到他们怎么能不避之唯恐不及呢？

这里还有一个问题，人们希望有点预见预判吗？是的，这是一个方面。算卦不准，会被骂作骗子，但是还有另一个方面：不确定性、悬念、意志与智慧的作用、运气概率的必然与偶然……是人生不可或缺的要素。不仅对于戏剧、小说、电影、足球赛与博彩游戏是必需的，是魅力所在，对于历史与人生也是如此。如果人生的种种故事都是可以预见、预判的，就与一场事先已经知道了结果，甚至知道了过程的足球比赛的录像重播一样，它怎么能与实况热播相比拟呢？

令人生厌、令人无法忍受的恰恰是准确无误的预判，而不是闪闪烁烁、吞吞吐吐、略知端倪、并无把握的分析与猜测。成、住、坏、空的真理其实是人类最感到恐惧的，算不准骂，算得准怕，这是多数人的怯懦与糊涂所在。

原文：

列子见之而心醉，而归以告壶丘子，曰："始吾以夫子之道为至矣，则又有至焉者矣。"壶子曰："吾与汝无其文，未既其实，而固得道与？

众雌而无雄，而又奚卵焉？而以道与世抗，必信矣。夫故使人得而相汝。尝试与来，以予示之。”明日，列子与之见壶子。出而谓列子曰：“嘻！子之先生死矣，弗活矣，不可以旬数矣。吾见怪焉，见湿灰焉。”列子入，涕泣沾衿，以告壶子。壶子曰：“向吾示之以地文，罪乎不誫不止，是殆见吾杜德几也。尝又与来！”明日，又与之见壶子。出而谓列子曰：“幸矣，子之先生遇我也，有瘳矣。灰然有生矣，吾见杜权矣。”列子入告壶子。壶子曰：“向吾示之以天壤，名实不入，而机发于踵，此为杜权。是殆见吾善者几也。尝又与来！”明日，又与之见壶子。出而谓列子曰：“子之先生坐不斋，吾无得而相焉。试斋，将且复相之。”列子入告壶子。壶子曰：“向吾示之以太冲莫眹，是殆见吾衡气几也。鲵旋之潘为渊，止水之潘为渊，流水之潘为渊，滥水之潘为渊，沃水之潘为渊，氿水之潘为渊，雍水之潘为渊，汧水之潘为渊，肥水之潘为渊，是为九渊焉。尝又与来！”

故事大意：壶子耍弄神巫季咸。

列子为季咸的神艺所陶醉，回到老师壶子壶丘子林这边吹季咸的神奇，甚至表示季咸的神奇超过了老师壶子。壶子说是，他教授给列子的东西还多半是表层的纹理，而没有点化到深层的道之关键，就好比有了一批雌性的卵细胞，却还没有雄性的精子，那么怎么可能形成一个产生新的生命的受精卵呢？以你的道行，应对世界，旁人一览无余，这样，你就很容易被季咸那种人把握了。你让季咸来一趟，给我相相面吧。

季咸第一次来给壶子相面，壶子深藏起一切生机，现出“地文”——土地的纹理，季咸说是壶子毫无生气，状如湿灰，全无续燃的可能，十天内将会死亡。搞得列子哭泣。

第二次相面，季咸看出壶子封闭中的一丝活气，称之为杜权，即杜绝中的权变，季咸乃有些沾沾自喜，似乎以为是自己救活了壶子。壶子自称是封闭中从脚踵发出了一点活气，已经不是地文，而是天与壤即天地互动乃有生机了。

第三次相面，季咸说是壶子变化不定，难以相面。季咸似乎已经感到了壶子异人的厉害，已经有且战且退的意向。而壶子已经意识到了自己的优势，趁机向列子大谈自己的心气生机的静、动、征、兆、蕴藏与资源。心气生机如流水，如渊薮。壶子在这里发表了重要的九渊之说。

九渊，就是说人的生机、心气、精神、力量的来源如高深博大的渊薮，这样的渊薮共有九种状态：一是旋渊，是鲸鲵盘旋之深水；二是止渊，不流动之深水；三是流渊，流动中的深水；四是滥渊，泛滥上涌之深水；五是沃渊，下注的深水；六是氿渊，侧流的深水；七是雍渊，壅塞回流之深水；八是汧渊，从底下往上冒的深水；九是肥渊，从多个水源汇合而成的深水。

评析：壶丘子林让你抓不住，摸不着。

这个故事与《庄子·应帝王》中所述一致。我在《庄子的享受》一书中，对壶子与季咸的斗法颇有微词。如果季咸不过是一个江湖术士，那么壶子完全用不着使出吃奶的力气，故弄玄虚，好像还动了真格。我以为，大道毕竟不是变戏法。

但再想一想呢，如果从成人之美的角度多多替庄周列御寇想想，不免会想到老子的说法：“鱼不可脱于渊，国之利器不可以示人。”中华文化强调深潜、藏拙、虚静、退让，自然不会接受季咸式的混迹江湖、招摇惑众。唯壶子的一套把戏要下来，未免降低了自己的档次。他又是

"地文"，又是"天壤"，还有"杜权""不齐""太冲"……完全是变戏法、耍花样。

这也是道家理论的悖论，你提倡"无为"，但是提倡的言语与行动表示的不是无而是有，不是无为，而是有为。你提倡"无争"，客观就是与"争"对立，与"争"相争。如果你见争不争，任争去争，那么你究竟是放任争，还是制止争并导向无争呢？如果你大讲"不争""无争"的道理，你算不算正在为自己的主张与成见，而与另一种主张与成见摆出争斗的阵势来呢？你是不是仍然参与了争执、争夺、争论了呢？你提倡"齐物"，你不同样是在与不齐、非齐论缠斗不休吗？

九渊之说具有文学的精彩生动与哲学的概括深刻。生命现象、生活现象、精神现象、心理活动，都像深水一样地流动着、静止着、蕴藏着、沉淀着与动荡着。这种说法其实很接近西方20世纪文学、电影艺术中人们喜欢用的"意识流""生活流"等词语。其为水文、水象也是相同的，其为渊也，比流更宏大深远多样，不但有流，也有旋转，有止静，有上涌，有下砸，有侧分，有决口，有回转，有汇聚。水是生命的前提，流或渊则是生命的动态，渊也同样重视生命的静态。妙极了。

问题还在于，壶子对这种心之渊、命之渊、神之渊的存在状态、存在与活动运转方式有所掌握，有所调配使用，叫作善用其心、善用其神，叫作出神入化、莫测高深，他摆出了心神大阵，他使季咸彻底崩溃。

原文：

明日，又与之见壶子。立未定，自失而走。壶子曰："追之！"列子追之而不及，反以报壶子，曰："已灭矣，已失矣，吾不及也。"壶子曰："向吾示之以未始出吾宗。吾与之虚而猗移，不知其谁何。因以

为茅靡，因以为波流，故逃也。”

然后列子自以为未始学而归，三年不出，为其妻爨，食豨如食人，于事无亲，雕琢复朴，块然独以其形立；忿然而封戎，壹以是终。

故事大意：神巫落荒而逃，列子五体投地。

终于，季咸第四次前来给壶子相面时，自己还没站稳，便受惊落荒而逃。壶子得意地解说，他隐藏了自己的心神生命的根本——宗本，不使对方看见摸着，他只是虚与委蛇，靡柔如茅草，顺应如波流，反而把季咸吓着了。

让列子去追季咸，没有追着，看来季咸吓了个不轻，此后的事没有说，按通俗武侠小说、功夫小说的套路，季咸从此只能退出江湖。故事好是好，忒通俗了一些，绝妙的渊深的哲学故事归于俗，略有憾焉。而后结在列子的心悦诚服、五体投地上，列子从而变成了宅男，三年不出家门，侍候老婆，烧火执炊，无情无思，冷漠呆木，封闭自我，算是得到了、守持住了一点点，叫作忿然而封，然后就有点真正的道行了。

评析：高下、深浅、神气与有无。

这一段故事有趣，想象力也有点意思，但是读起来不无遗憾。季咸浅薄低俗，江湖术士，与更俗的人相比是神巫，能知人之不知，测人之不测，相面如神，料事如神，列子的师父壶丘子林则与之不在一个量级，其高明、深邃在于不让季咸“相”明白自己的“面”；壶子的本事在于使之不能，在于遮蔽自面、阴碍己面为季咸所相，这究竟有多大意思呢？算得上什么大道？这样的“斗争”岂不如斗小气小技，令双方趋同？斗争的结果成为趋同，这其实是庄子最早发现与强调的。庄子早就指出，此与彼、生与死、寿与夭、黑与白、大与小都是相互依存而存在的。很简单，与一个浅薄者比深度，与一个魔术师较量花样，与一个牛皮大王比忽悠，与一个花花公子赛风流，与一个巫师比能为，那么你就把自己变成了同类的浅薄、伎俩、牛皮、轻浮、旁门左道的跑码头、走江湖、卖野药的可疑人物了。

同时，列子此段又反复宣讲知的高端状态是不知，道的高端状态是找不到道，超常的高端是寻常，精神活动的高端状态是深邃遮蔽止息，无影无迹。

原文：

子列子之齐，中道而反，遇伯昏瞀人。伯昏瞀人曰："奚方而反？"曰："吾惊焉。""恶乎惊？""吾食于十浆，而五浆先馈。"伯昏瞀人曰："若是，则汝何为惊已？"曰："夫内诚不解，形谍成光，以外镇人心，使人轻乎贵老，而其所患。夫浆人特为食羹之货，多余之赢；其为利也薄，其为权也轻，而犹若是。而况万乘之主，身劳于国，而智尽于事；彼将任我以事，而效我以功。吾是以惊。"伯昏瞀人曰："善哉观乎！汝处己，人将保汝矣。"无几何而往，则户外之屦满矣。伯昏瞀人北面而立，敦杖蹙之乎颐。立有间，不言而出。宾者以告列子。列子提履徒跣而走，暨乎门，问曰："先生既来，曾不废药乎？"曰："已矣。吾固告汝曰，人将保汝，果保汝矣。非汝能使人保汝，而汝不能使人无汝保也。而焉用之感也？感豫出异。且必有感也，摇而本身，又无谓也。与汝游者，莫汝告也。彼所小言，尽人毒也。莫觉莫悟，何相孰也？"

故事大意：受宠若惊，受惊若刑。

列子去齐国，走到半道上就返回来了。伯昏瞀人问他是怎么回事，他说是受了惊吓。什么惊吓呢？列子说他曾经去了十家饮食店吃喝，结果五家店一定要馈赠他。馈赠有什么令人惊吓的呢？列子解释说，这说明是他自己内心的追求欲望没有得到纾解，流露出来就显得光辉灿烂，对外界有一种刺激作用，使外界过分敬重自己，这样只会招致祸患。列子认为，开饮食店，小本经营，本小利薄，人微势单，居然为敬重某个人就做得那样过分。那么一个拥有万乘的大国君王呢？他会有多么大的权威！你遇到他该怎么办？他全身心地为国操劳，为事竭虑，如果他也因同样的敬重而要求你为齐国效劳立功，你可怎么办呢？列子因之而受惊了。

伯昏瞀人称赞列子的见识观点，祝愿他好自为之，相信他将能有成而且被跟随归附。

不久，伯昏先生前去看望列子，看到列子房间外边满满地放着宾客脱下的鞋子，伯昏先生向北面站立，用手杖拄着起皱的下巴，站了好大一会儿，没出声就要离去了。接待人员将此情况告诉列子，列子连忙提着鞋光着脚往外追，追到大门口，对伯昏先生说，先生既然已经来到了，怎么不给予我药石般的教诲呢？

伯昏先生表示不必了，他说他原来说过，列子将会有人跟随，现在果然有人跟随了。关键不在于你有能力令人跟随，而在于你没有能力不叫人跟随你。你何必感染他人呢？过分的感染力量并不正常而是出奇异，反过来他们也会感染你，使你心性变异动摇，这并没有什么意义。与你交往的人不会告诉你这些，他们的嘀嘀咕咕多是些毒邪之语。这种脱离大道的交际，不能帮助谁觉醒领悟，那又算是什么有教益的交往呢？

评析：十浆五馈的掂量与辨析。

此前，中华道家学派的辩证思维、逆向思维已经达到了出神入化、奥妙无穷的程度。作为成语的“十浆五馈”故事，首先会令人想到成功、威望、得到的爱戴。但是《列子》的主人公列子却认为这证明了自己没有修养，证明了自己类似沽名钓誉的欲望泄露于外，而且自己是“物超所值”，只能招灾惹祸。

这已经十分惊人了，名利之心，人皆有之。因为自己的学问德行而获得了名誉，获得了光耀，获得了尊敬、爱戴、馈赠，不是欢喜、得意、感激，而是忧心忡忡，其心态与凡夫俗子的距离已经不可以百米计了。伯昏瞀人对他夸奖是很自然的。

但是伯昏先生的夸奖肯定的静态却与夸奖肯定所认同的价值趋向恰恰相悖。如果列子见到饮食店主给他送吃喝他都困扰逃避，那么伯昏预告的列子“汝处己，人将保汝矣”，就是说列子会得到众人的拥戴与跟随，难道列子听从了伯昏的话，做到了这一点反而是灾祸吗？紧接着发生的事果然是“无几何而往，则户外之屦满矣”，天哪，这不是更闹心了吗？

或者可以解释为，这不是夸奖，不是祝福，而是警诫：“小心啊，你这样谦卑而又清高，只怕是名声益发震响寰宇喽。”这样解释，有牵强感。

然后是关于伯昏先生对于列子的宾客盈门的状况无法接受的叙述。伯昏先生反而显得小气，既然你判定列子会被粉丝所“保”、所跟随，见到列子门口的鞋子，又受什么刺激呢？

再一次提出“能不能不”比“能不能”更重要的思想，即逆向能力比正向能力更重要的命题，此段话的中心意趣也在这里。

还有一段话，应是苦口良药，那些与自己交游向自己示好的人，叫作“……感豫出异。且必有感也，摇而本身，又无谓也。与汝游者，莫汝告也。彼所小言，尽人毒也……”大意应是感到你有异于他人、向你致敬美言、忽悠你的话语，是没有意义的。那些与你交往的人不会告诉你他们的无聊与真心，他们向你说的闲言碎语、八卦九流，弄不好只会对你起毒害作用。此语确是有振聋发聩之功。

原文：

杨朱南之沛，老聃西游于秦，邀于郊。至梁而遇老子。老子中道仰天而叹曰：“始以汝为可教，今不可教也。”杨朱不答。至舍，进涫漱巾栉，脱履户外，膝行而前，曰：“向者夫子仰天而叹曰：‘始以汝为可教，今不可教。’弟子欲请夫子辞，行不闲，是以不敢。今夫子閒矣，请问其过。”老子曰：“而睢睢而盱盱，而谁与居？大白若辱，盛德若不足。”

杨朱蹴然变容曰：“敬闻命矣。”其往也，舍迎将家，公执席，妻执巾栉，舍者避席，炀者避灶。其反也，舍者与之争席矣。

故事大意：要谦虚谨慎，不要自吹自擂。

说是杨朱在梁地迎接老子，老子半路上仰天长叹，对杨朱说：“原来以为你是可以接受教导的，现在知道不行啦。”杨朱没有出声。迎接老子到了旅舍，杨朱给老子送来了洗漱用水和梳子，把鞋脱到户外，跪着前行到老子面前，说：“方才您叹息我是不堪造就的，我想问问您的意思，路上不敢造次。现在您有点空闲了，我想问问我的过失是在哪里。”老子说：“一见你，你是立目瞪眼、神气活现，谁愿意与你打交道呢？

你应该知道，越是纯洁阳光的人，越容易发现或被人发现自己的污秽，乃至受到轻蔑；越是高风大德的人越容易发现或被发现自己的不足，乃至使人失望……你想想这些话吧！”

杨朱受到震动，改容变色，说：“我恭恭敬敬地接受您的教诲了。”

杨朱去沛地的时候，人们对他毕恭毕敬，旅舍接引，老板邀请入席，老板娘递送毛巾梳子，旅客起身致意，靠近炉火的客人也让出舒适温暖的位置。而等到他从沛地返回的时候，人们对他就一般般，也敢于与他争席而坐了。

评析：大白若辱，盛德若不足。

杨朱从骄傲自大到谦虚克己的变化是有教育意义的。

老子《道德经》四十一章的原话似是“大白若辱，广德若不足”。“大白若辱”，往往可以理解为纯洁者，不装腔作势者，不武装到牙齿者，反而容易受辱。至于干脆把辱解释为乌黑，也并非定论。《道德经》的名言还有“知其荣，守其辱”，说明辱的反义词是光荣，光荣的反义词自然是屈辱，而不是污浊或乌黑。“广德若不足”，我宁愿理解为你的德行覆盖面越大，帮助的人越多，你越容易受到挑剔，引起不满，这是常见的事情。用到这里，则更多地从自我感觉与自我表现上说事儿。招摇过市，神气活现，到处摆出VIP的架势，于己于人，都只能是自找倒霉。中华文化的谦虚观，无与伦比。但如今的世界，似乎不太兴这个了，相反，到处是牛皮烘烘，牛气冲冲，此一时也，彼一时也，有什么话好说呢？

原文：

杨朱过宋，东之于逆旅。逆旅人有妾二人，其一人美，其一人恶；

恶者贵而美者贱。杨子问其故。逆旅小子对曰：“其美者自美，吾不知其美也；其恶者自恶，吾不知其恶也。”杨子曰：“弟子记之！行贤而去自贤之行，安往而不爱哉？”

故事大意：自美自恋，反为不美。

杨朱经过宋国，往东面走去住店。店舍老板有两个妾，一个长得好，一个长得丑。长得丑的那个女人地位高贵，长得好的那个女人地位低下。杨朱便问这是什么道理。开店舍的人说：“这个人觉得自己丑陋，但是我并不觉得她丑陋。另一个自以为漂亮，可是我也并没有觉得她漂亮啊。”

杨朱对学生们说：“你们要记住，一个品行良好的人，并不以好于旁人而自居，这样的人走到哪里能不被人喜欢呢！”

评析：自谦文化与自信文化。

这里的杨朱的总结是立得住的，自己有长处，但是不自居其长，旁人与他在一起没有自惭形秽的压力，会感觉良好。但是所讲的故事并不仅仅在此，故事往夸张化上走，一个丑女由于自知其丑从而谦虚谨慎，从而取得了较高的地位，就不是“行贤而去自贤之行”，不是行事贤良但不以己贤自居，而可能是行未必贤良，但善于表现自己的贤良了。

其实故事的主题是不管你品行如何，贤或者不甚贤，你自居其贤，你就讨人嫌喽！

自谦，是中华文化的一个重要特点。儒家提倡“吾日三省吾身”，提倡“闻过则喜”，提倡“见贤思齐焉，见不贤而内自省”，老子提倡“知其雄，守其雌；知其白，守其黑；知其荣，守其辱”。《三字经》中有“满招损、谦受益”的教导，还有“谦虚使人进步，骄傲使人落后”等名言。

这样的自谦修养，在曾经成为国策的“韬光养晦”的提法中有所体现。

与此同时，中华文化中也有许多鼓励人们立大志、增益自信、敢于担当的说法，如孟子讲：“如欲平治天下，当今之世，舍我其谁也？”孟子还提倡人们要以“仁义忠信，乐善不倦”的“天爵”，傲视公卿大夫的“人爵”。包括老庄，他们一面提倡着无为而治、以柔弱胜刚强，一面也流露了要治、要胜、要更强、要与大道合而不一，从而无往不胜的正面愿望。但总体来说，中华文化对自谦的强调比较突出。列子的这一段故事也是此意。

《庄子》中有同样的故事，我也说过，此节因谦丑而美，因满美而丑的情节不无牵强，但是仍有一定参考意义。今天的人更需要的是自谦与自信的平衡适度。

原文：

天下有常胜之道，有不常胜之道。常胜之道曰柔，常不胜之道曰强。二者亦知，而人未之知。故上古之言：强，先不己若者；柔，先出于己者。先不己若者，至于若己，则殆矣。先出于己者，亡所殆矣。以此胜一身若徒，以此任天下若徒。谓不胜而自胜，不任而自任也。

粥子曰：“欲刚，必以柔守之；欲强，必以弱保之。积于柔必刚，积于弱必强。观其所积，以知祸福之乡。强胜不若己，至于若己者刚；柔胜出于己者，其力不可量。”

老聃曰：“兵强则灭，木强则折。柔弱者生之徒，坚强者死之徒。”

故事大意：强弱、胜与不胜的辩证法。

“柔弱胜坚强”，这本来是老子提出的一个命题。这里解释说：柔弱是常胜之道，坚强不是常胜之道。这样解释就足够了，不须解释为坚强是常不胜之道，坚强当然也会有取胜的记录，但从更长远更广阔的视野来说，确实会引起是否柔弱胜于坚强的思索。

这里讲了一个深刻而且极有特色的道理：强势、坚强、刚强的前提是判定他人或对立面不如自己，是敌我力量对比大大有利于己方，一旦出现了对方力量增强乃至超过己方的情势，你就被动混乱了。而弱势柔性的前提判定是他人、对立面力量胜过了己方。于是一切从培养发展自己的力量的打算出发，你压根就没有指望过自身的压倒优势。从而也不会因为对方的强势而惊慌失措。

柔弱胜坚强，一个人，越是胜利者，越会像是胜得自然而然，好像不知道怎么回事就胜利了。一个国，它赢取天下也多半是自然而然，也是不知道怎么回事就胜利了。关键在于，刻意求胜、急于求成、拼命冒险求胜者们，常常不会胜利，而胸有成竹、进退有定、因势利导、道法自然的一方，却更有取胜的可能。最高的技巧是无技巧（巴金），最好的养生是不养生（周谷城），莫能与之争的是不争（老子），最重要的认知是认识到自己的无知（苏格拉底），最伟大的胜利是表面上的柔弱者对于咋咋呼呼的刚强者的胜利。

粥熊先生说："你想刚硬，就要以柔性态度与方法来坚守。你想强大，就要以弱势态度和方法来保持。柔性手段积累起来就会刚硬。弱势姿态积累起来，就会强大。看看一人一国积累了什么记录、什么物质与精神的资源，就知道他或它的前途是福是祸了。靠强大，你能够战胜力量不如你的对方，等到对方的力量赶上你了，就会是硬碰硬乃至吃败仗了。用柔性手段而取胜，那种力量就难以计量了。"

老子的说法则是，一味强势的兵力容易破灭，一味强硬的木材容易折断。老子还说柔弱是生的征候，坚强是死的征候。

评析：以弱胜强论。

如果列子在这里讲解的是老子的主张，如果老子的主张是弱了才能胜，强了只能败，这很难说服旁人。历史上倒是多有以弱胜强的事例，特别是战例。楚汉相争，军事上看项羽是强势，是主动进攻的一方，最后却败给了表面柔弱的另一方刘邦。第二次世界大战中，一开始，希特勒掌控的德国十分强势，英国、苏联处于被动挨打的地位，更不必说其他小国，但最后是苏联等反轴心国取得胜利。中国的抗日战争也是以弱抗强，以弱胜强。解放战争同样，是军力上较弱的人民革命力量战胜了所谓八百万国民党军。

这里也许不是柔弱本身如何如何优于祥于坚强。而在于历史的发展变化、政治社会的发展变化与各方的智慧与品质。弱与强，是一个变量，而不是一成不变的常量，恰恰在力量的较量中，合乎民心、合乎历史潮流的一方会出现得民心从而力量壮大的趋势，而与历史潮流对着干的一方一定会出现倒行逆施、日暮途穷、天怒人怨、孤家寡人的走向。

再说，柔弱一方总会加倍小心，妥为防范，注意争取盟友，不敢大意，力求万无一失。而强势的一方，则容易自吹自擂，轻敌麻痹，骄横放肆，自取灭亡。这也符合老子的另一句名言："物壮则老，是谓不道，不道早已。"就是说，你太强势了，你的羽翼丰满、力量壮大了，也就该衰老了，很快走向自己的反面了。

所以毛泽东的名言是："斗争，失败，再斗争，再失败，再斗争，直至胜利。"他们在"直至胜利"以前，是一连串的失败，而不是一连串的胜利，这正是柔弱者而不是强势者的历史经验。

另外，老子的《道德经》中有“人之生也柔弱，其死也坚强”的说法，读之一惊，那是由于“坚强”在今天是一个不容置疑的优秀品质，20 世纪的人民革命培育出来的革命者的首要品质正是坚强不屈。但古代中国，坚强在具有许多正面含义的同时也有固执的意思。《荀子·宥坐》中就有“行辟而坚”，即行为乖张偏颇，而且固执己见的说法，并将之列为五恶之一。

五恶的说法是荀子讲少正卯的恶德：心达而险，行辟而坚，言伪而辩，记丑而博，顺非而泽。说的是心智通畅却居心险恶，乖张偏颇而固执己见，说话虚伪而能言善辩，专记各种丑恶而且面面俱到，迎合谬误而且为之润色或从而得到滋润好处。荀子此说也可以与老庄列互文，原来荀子的解释是少正卯犯了智力邪恶罪。可以看出少正卯是个强人，而老庄列鼓吹的是强人该败。这是说事的角度之一。

原文：

状不必童而智童，智不必童而状童。圣人取童智而遗童状。众人近童状而疏童智。状与我童者，近而爱之；状与我异者，疏而畏之。有七尺之骸，手足之异，戴发含齿，倚而趣者，谓之人；而人未必无兽心。虽有兽心，以状而见亲矣。傅翼戴角，分牙布爪，仰飞伏走，谓之禽兽；而禽兽未必无人心。虽有人心，以状而见疏矣。

庖牺氏、女娲氏、神农氏、夏后氏，蛇身人面，牛首虎鼻：此有非人之状，而有大圣之德。夏桀、殷纣、鲁桓、楚穆，状貌七窍，皆同于人，而有禽兽之心。而众人守一状以求至智，未可几也。

黄帝与炎帝战于阪泉之野，帅熊、罴、狼、豹、貙、虎为前驱，雕、鹖、鹰、鸢为旗帜，此以力使禽兽者也。尧使夔典乐，击石拊石，百兽

率舞；萧韶九成，凤皇来仪：此以声致禽兽者也。然则禽兽之心，奚为异人？形音与人异，而不知接之之道焉。圣人无所不知，无所不通，故得引而使之焉。禽兽之智有自然与人童者，其齐欲摄生，亦不假智于人也：牝牡相偶，母子相亲；避平依险，违寒就温；居则有群，行则有列；小者居内，壮者居外；饮则相携，食则鸣群。太古之时，则与人同处，与人并行。帝王之时，始惊骇散乱矣。逮于末世，隐伏逃窜，以避患害。

今东方介氏之国，其国人数数解六畜之语者，盖偏知之所得。太古神圣之人，备知万物情态，悉解异类音声。会而聚之，训而受之，同于人民。故先会鬼神魑魅，次达八方人民，末聚禽兽虫蛾，言血气之类心智不殊远也。神圣知其如此，故其所教训者无所遗逸焉。

故事大意：人与禽兽、形状与心智的异同。

说是有时候人与其他存在是形貌相同而心智相异，有时候反过来是形貌相异而心智相同。遇到这种情况，圣人看重的是心智，忽略的是形貌；俗人看重的是形貌，忽略的是心智。人们常常喜爱形貌与自身相同或接近的人，疏离形貌与自己不一样的人。七尺身躯，手脚功能与形状互异，头发披在头上，牙齿长在口腔里，直立行走的叫作人，但是人未必没有兽心。身上长翅，头上生角，牙齿龇裂，脚爪张开，飞飞走走的叫作禽兽，其实禽兽未必没有人心。禽兽有人心也没用，因为它们的形貌不同，常常被人类所疏离。

然后讲了一些传说故事，说是庖牺氏、女娲氏、神农氏、夏后氏，蛇身人面，牛首虎鼻，虽然与人有形貌相异之处，但他们具有大圣贤的功德。而到了夏桀、殷纣、鲁桓、楚穆那里，形貌七窍和正常人一样，却有禽兽残酷血腥与喜怒无常、非理性、不讲任何道理的心。

然后说到传说掌故，黄帝能够使用禽兽战胜对手，唐尧能够通过音乐凝聚禽兽。这说明禽兽之心与人相通，古圣先贤能与禽兽交流通话。所以圣人能够引领使用禽兽。禽兽的心智有自然而然与人相同的方面，它们也要想办法活下去，这一点用不着人心人智的教导。禽兽也是雌雄交配、亲子相亲，依靠地势险峻保护自身，寻求温暖避寒的地区生活；有的禽兽有群居的生活方式，行走起来则成行成列；幼小禽兽靠里，强壮者靠外；饮水时候互相依扶，吃东西互相鸣叫招呼。太古的时候，禽兽与人同处，与人并行。后来，人间有了帝王，有了权力争斗，世道不好，禽兽才担惊受怕，东奔西窜，避祸藏匿。

至今东方介氏国，那里的人们勉强懂得禽言兽语，这也是他们的特异禀赋。上古时期神圣的人，是汇集鬼神魑魅通话，再招致四面八方的人类，然后聚来禽兽虫蛾通话。有血气的生物其实彼此相差不远。上古神圣之人懂得这一点，所以他们的教训关注，对于有生命者一个也没落下。

评析：道通为一，一个不落。

在这一段中读出了传说神话中的远古历史，其后这样的历史传说反而少见了。先秦诸子中，孟子是明确否定禽兽的，所谓“人之所以异于禽兽者几希”，是说没有圣人教化人类就会堕落成禽兽。但是列子的说法是圣人，尤其是神圣之人，能够通神、通鬼、通人、通禽、通兽、通虫、通蛾，这正是庄子的主张“道通为一”，庄子对禽兽的看法也比较尊重友好，他书写过当年人与鸟兽和睦亲密相处的情状。庄子的“道通为一”的原意可能更多的是强调相对立的概念美丑、寿夭……的同一性，但也包含着万物的整体性、道性即同一性的含义。人与禽兽虫蛾，人与鬼神魑魅，也有通而为一的一面，这也是一种对于道的追求与体味。

这里还强调，远古圣明、远古圣贤、远古神圣，越是远古，人众越是离道近，离万有近，离共同性、同一性近，离差异性、对立性远。那么，今天的圣贤，千辛万苦地努力着的正是回到远古，回到泰初。

有趣的是，原来禽兽与人类共处无碍，有了帝王以后各种烂事出来了，倒霉的不仅是帝王与臣民，还有各种飞禽走兽，帝王们争权夺利，搞得鸡飞狗跳，民不聊生，禽兽虫蛾四散逃逸。这话里甚至有黑色幽默的味道。

于是回忆怀念人类文明的初起时刻，简简单单，糊糊涂涂，禽言兽语，部落宗亲，求生避死，求温避寒，牝牡交媾，将雏携幼，最后各有一死，死也随它去，其实是不知所始，不知所终，不知所喜，不知所悲。何必要区分人与兽、悲与喜、富与贫，尤其是闹得天昏地暗的得失荣辱！然后进化复杂化，有了权与利的观念，有了争与私的观念，有了胜与负的分野，主与奴的身份……孟子辛辛苦苦，只怕人回到禽兽的水准、禽兽的状态与方式。庄子列子则宁愿幻想鲲鹏、羡慕鱼鸟……悲夫，人不如禽兽矣！

原文：

宋有狙公者，爱狙；养之成群，能解狙之意；狙亦得公之心。损其家口，充狙之欲。俄而匮焉，将限其食。恐众狙之不驯于己也，先诳之曰："与若芧，朝三而暮四，足乎？"众狙皆起而怒。俄而曰："与若芧，朝四而暮三，足乎？"众狙皆伏而喜。物之以能鄙相笼，皆犹此也。圣人以智笼群愚，亦犹狙公之以智笼众狙也。名实不亏，使其喜怒哉！

故事大意：

宋国养猴者爱猴懂猴，与一群猴子相通。因为资源匮乏，所以要了一点花招，先是早晨给每只猴三枚橡子，傍晚四枚橡子，众猴怒而起立（作抗议乃至抗争状）；后来改为早晨供应四枚，傍晚才供应三枚，众猴闻之变得踏实，高兴地趴下了。

然后分析说，世界上有许多东西可以用低级的办法笼络，大体上就是这种朝三暮四的手段。为什么圣人能用智慧笼络、操纵许多愚人呢？用的也是宋国老人养猴子的办法，名实都没有变化，却可以使之喜，使之怒，掌控于手心之中。

评析：弹性、活力、手段。

成语词典多认为故事出自《庄子·齐物论》，庄子的故事叙述比此段更简单，更像是提起一个在当时已经广为流行的寓言故事。

齐物，含义之一也就是如列子所言："名实不亏，使其喜怒哉！"这里的列子认为朝三暮四与朝四暮三名与实相互比较，哪一方都没有差失，但前者引起愤怒，后者引发喜悦，说明了猴子们的愚蠢，而人们常常与这一帮猴儿的智商一个水准，往往为了名实无亏的事情争拗不休，俱败俱伤。

故事相当耐咀嚼。还可以从中体会到养猴人的奸诈手段，把猴儿们戏耍了一番。也可以质疑：三而后四与四而后三这样的程序问题果然是没有意义的吗？交战两方，要谈判了，大多数情况是战况不利的一方要求先停战再谈条件，而战况顺利的一方则常常是要求先谈判再停战。从程序上说，中国人的经验是夜长梦多，对自己有利的事情先落实一分钟就好一分钟，需要自己付出代价的事情则慢慢磨蹭，能推迟一分钟就推迟一分钟。时间的先后怎么可能是“名实不亏”的呢？

故事还有一个滋味，值得品一品。条件、实力、资源其实是有限的，难以变化增减的，就好比养猴人的橡子拥有量，早晨吃多了晚上自然就得少吃点，晚上吃多了早晨就得减一减。人生难道不是这样吗？你就那点橡子，闹得再大也吃不上更多的量，除非大吃两个月，准备接下来挨饿。

而目前国人的心目中，朝三暮四是缺少定力、没有主心骨、办事靠不住的意思，甚至是投机跟风、机会主义的意思。这样的理解不过是望文生义，比故事本身，比庄子、列子讲的浅薄了一大截。许多成语都是如此，普及、大众化的结果是成语内涵的简约化或浅薄化，咋说呢？

原文：

纪渻子为周宣王养斗鸡。十日而问：“鸡可斗已乎？”曰：“未也；方虚骄而恃气。”十日又问。曰：“未也；犹应影嚮。”十日又问。曰：“未也；犹疾视而盛气。”十日又问。曰：“几矣。鸡虽有鸣者，已无变矣。望之似木鸡矣。其德全矣。异鸡无敢应者，反走耳。”

故事大意：呆若木鸡颂。

同样是一个流行的成语故事，一般认为出自《庄子·达生》。故事说的恰恰是培养一个喜欢打斗的鸡，或名打鸡、军鸡、咬鸡。培养这样的鸡，虚骄恃气、趾高气扬的状态不行，易于急于对外界信息作出反应来也不行，浮躁迅疾火气未消的不行，只有呆呆木木，像木头做的鸡模型一样，对外界事物无感觉无反应无活气儿了，才是功德圆满、真正能无敌于众鸡的英雄之鸡！这样的鸡精气神不缺不损，完整强大，别的斗鸡见了吓得回头就跑。

评析：不露不急不反应。

为什么中华文化专走这一经这一径呢？还得从老子的“鱼不可脱于渊，国之利器不可以示人”说起，也与传统主流文化强调“不愠”“谦谦君子”“文质彬彬”等有关。孔孟老庄都是生活在东周天下大乱的情势下，生活在征战连年、国无宁日的状况下，他们看够了以逞强始、以覆灭终的闹剧，他们更欣赏的是不动声色、出其不意、攻其不备的兵法，他们珍重的是以弱胜强、以柔克刚、以谦胜骄、以退为进的胜利。他们幻想的是呆若木鸡的高手。

今天由于更多的竞争，更大的格局，更尖锐的求胜心理，“呆若木鸡”的评语就只能代表弱智、弱能、萎缩、病态了。

原文：

惠盎见宋康王。康王蹀足謦欬，疾言曰：“寡人之所说者，勇有力也，不说为仁义者也。客将何以教寡人？”惠盎对曰：“臣有道于此，使人虽勇，刺之不入；虽有力，击之弗中。大王独无意邪？”宋王曰：“善；此寡人之所欲闻也。”惠盎曰：“夫刺之不入，击之不中，此犹辱也。臣有道于此，使人虽有勇，弗敢刺；虽有力，弗敢击。夫弗敢，非无其志也。臣有道于此，使人本无其志也。夫无其志也，未有爱利之心也。臣有道于此，使天下丈夫女子莫不驩然皆欲爱利之。此其贤于勇有力也，四累之上也。大王独无意邪？”宋王曰：“此寡人之所欲得也。”惠盎对曰：“孔墨是已。孔丘墨翟无地而为君，无官而为长，天下丈夫女子莫不延颈举踵而愿安利之。今大王，万乘之主也；诚有其志，则四竟之内，皆得其利矣。其贤于孔墨也远矣。”宋王无以应。惠盎趋而出。宋

王谓左右曰："辩矣，客之以说服寡人也！"

故事大意：请君莫急。

说的是一个名叫惠盎的人靠步步升级的方法说服了宋康王。与宋王一见面，君王就一副急躁不安的样儿，又是跺脚，又是咳嗽，似乎说不下去。君王抢到头里，说是讲讲勇武实力的事儿，我可以听听，少跟我说什么仁义道德那一套。惠盎便说："听了我的主张，有勇武之人，持刀相刺也扎不进来，有实力强大之人，攻击过来也打不着自己。这样的道理您也不听一听吗？"

然后是惠盎四级跳：第一级，要让对方刺而不入，击而不中，但仍然可能使己方受辱受惊。第二级，要让对方不敢对己方行使敌对攻打。但是不敢攻打不等于没有攻打敌对之心。第三级，连攻打敌对之心也消除了，但仍然没有爱你利你之心。第四级即最高级，是让天下男女爱戴你，效劳你。这就比勇武实力高出了四级啦！

到这时候再说出孔墨之学，仁义道德之学。说明孔丘、墨翟没有地盘，没有职位，却得到了民心，如今宋康王是具有兵车一万辆的大国君王，获得民心的手段资源比孔丘、墨翟强大多了，为什么不能用孔丘、墨翟的道术赢得天下民心呢？赢得了天下民心，哪里还用得着勇武实力呢？

是不是宋康王也服了呢？宋康王称赞的话是"辩矣"，是惠盎的口才，其意义还是有限的。

评析：这段话更像是孟子的主张。

老庄常常批评孔孟的说法，仁义道德，使得本来道法自然的事情变成了刻意为之的矫情造作，"失道而后德，失德而后仁，失仁而后义"，这是老子振聋发聩的名言。孔孟则以自己的“为政以德、道之以德、齐之以礼”的王道、仁政学说批评法家提倡的“道之以政、齐之以刑”，靠强力为政的霸道。这里的宋康王，强调的是用实力强力说话，是以勇武强力治国取天下，而惠盎强调的是得民心才能得天下。这更像是孟子的主张。从根本上说，民心的向背是本，勇武强力是手段；从见效上来说，政权背后的枪杆子立马有效。而且掌握了政权后，说不定易于扭转人心。例如清军入关后，要求关内以汉族为主体的人民中的男性蓄发留辫，最初是很不得人心的，后来时间长了，全体臣民也就接受了被洋人称为“猪尾巴”的这种发型。问题在于，为什么突然出了一段宣扬仁义道德的孟子式的立论戳在这里？也许是后人选编得乱了套，谁知道呢？

周穆王第三

此篇在《列子》中篇幅最短，但内容别致，扑朔迷离又夺心迷魄。半仙之体的旅行家周穆王的故事，即使李商隐的《瑶池》对之语含讽刺，仍然冲刷不了它的美丽情貌。至于随后的梦境幻境化境等奇闻高论，更是前无古人，后无来者。亦文亦哲，亦神仙亦忽悠，亦俗亦雅，亦庄亦谐。读多了似有不经，不读，又未免白识了方块中国字，白当了自信的中国识字人。

原文：

周穆王时，西极之国有化人来，入水火，贯金石；反山川，移城邑；乘虚不坠，触实不硋。千变万化，不可穷极。既已变物之形，又且易人之虑。穆王敬之若神，事之若君，推路寝以居之，引三牲以进之，选女乐以娱之。化人以为王之宫室卑陋而不可处，王之厨馔腥蝼而不可飨，王之嫔御膻恶而不可亲。穆王乃为之改筑，土木之功，赭垩之色，无遗巧焉。五府为虚，而台始成。其高千仞，临终南之上，号曰中天之台。简郑卫之处子娥媌靡曼者，施芳泽，正娥眉，设笄珥，衣阿锡，曳齐纨，粉白黛黑，佩玉环，杂芷若以满之，奏承云、六莹、九韶、晨露以乐之，

月月献玉衣，旦旦荐玉食。化人犹不舍然，不得已而临之。

居亡几何，谒王同游。王执化人之祛，腾而上者，中天乃止。暨及化人之宫。化人之宫构以金银，络以珠玉；出云雨之上，而不知下之据，望之若屯云焉。耳目所观听，鼻口所纳尝，皆非人间之有。王实以为清都、紫微、钧天、广乐，帝之所居。王俯而视之，其宫榭若累块积苏焉。王自以居数十年不思其国也。化人复谒王同游。所及之处，仰不见日月，俯不见河海。光影所照，王目眩不能得视；音响所来，王耳乱不能得听。百骸六藏，悸而不凝。意迷精丧，请化人求还。化人移之，王若殒虚焉。

既寤，所坐犹嚮者之处，侍御犹嚮者之人。视其前，则酒未清，肴未昲。王问所从来。左右曰："王默存耳。"由此穆王自失者三月而复。更问化人。化人曰："吾与王神游也，形奚动哉？且曩之所居，奚异王之宫？曩之所游，奚异王之圃？王閒恒有，疑蹔亡。变化之极，徐疾之间，可尽模哉？"王大悦。不恤国事，不乐臣妾，肆意远游。命驾八骏之乘，右服骅骝而左绿耳，右骖赤骥而左白𣚍。主车则造父为御，𥚃𦫼为右；次车之乘，右服渠黄而左逾轮，左骖盗骊而右山子，柏夭主车，参百为御，奔戎为右。驰驱千里，至于巨蒐氏之国。巨蒐氏乃献白鹄之血以饮王，具牛马之湩以洗王之足，及二乘之人。已饮而行，遂宿于昆仑之阿，赤水之阳。别日升于昆仑之丘，以观黄帝之宫；而封之以诒后世。遂宾于西王母，觞于瑶池之上。西王母为王谣，王和之，其辞哀焉。西观日之所入，一日行万里。王乃叹曰："於乎！予一人不盈于德而谐于乐，后世其追数吾过乎！"穆王几神人哉？能穷当身之乐，犹百年乃徂，世以为登假焉。

故事大意：化人与周穆王的传奇故事。

化人应该是指出神入化之人，能够掌握幻化道术的人，也可以说是魔术大师之类，具有超凡俗、超人间道法的半仙之体。而周穆王是周朝的第五代帝王，他留下的传奇故事极多，说曾经乘着八骏宝车出游，与王母娘娘在西极相会，两人饮酒唱歌，活了上百岁。这里的《列子》则把周穆王的事迹归因于来自西极即极西之国的化人大师。

这位化人大师能进入水火自由行动，能够穿过金石硬体，能够搬运倒转山脉河流，能够让城市商邑迁移地点。他走在空虚之中而不坠落，他走在实体之中而不磕碰阻碍，千变万化，无穷无尽，他能够改变事物的形态，还能够改变人们的所思所虑。他获得了周穆王的超级崇敬与侍奉待遇。但是这位魔术大师看不上周穆王的宫殿、膳食、嫔妃……穆王只好专门为他大兴土木，建造宫殿楼台，赐他锦衣玉食美色，无所不至其极。光是对于周穆王给魔术大师提供的生活条件就写了个五光十色、美轮美奂。但是大师仍然不满意，半推半就地接受了穆王的好意。看来自古就有这种不无招摇撞骗色彩的大师。

然后是大师带着穆王飞行旅游。穆王只拉住大师的衣袖便腾云驾雾，直上天宫。接下来极尽神妙、天花乱坠地描写了这个修建在白云雷雨之上的用金银珠宝建筑装饰的天上宫殿。穆王认定自己已经到达了清都、紫微、钧天、广乐这些天帝的居处。从这里看自己的俗世宫殿，只觉如土块叠放，茅草堆积，不堪入目。穆王在天宫，真正感到了乐不思地气的滋味。

继续观光游乐下去，愈益如醉如痴，头昏脑涨，意乱神迷，抬头不见日月，低头不见江河，光影重叠，眼花缭乱，音响合鸣，找不着北，五脏六腑，抖颤散落，意识情绪，空空荡荡，穆王由乐不思归一个筋斗转化为请求回家了。这个转化写得好。

于是大师一动，穆王坠落虚空。醒过来，一切照旧。问一问，周围侍候的人说是只过了一小会儿，酒未清，菜未干。周围的人告诉穆王他不过是沉默了一会儿罢了。为此，穆王三个月魂不附体，不知道是咋回事。

黄粱一梦，邯郸一步，是缩写了现实，为了让你看透现实，超越现实。穆王一梦，则是缩写仙境，鼓励出游。

后来大师告诉穆王，是他引领了穆王的灵魂出游，所见所知，本来与人间的一切相距不远，但又都是模模糊糊，无法较真。（真即是幻，幻即是真。）于是穆王不再较劲，一心豪华出游。

底下描写出游盛况，最好的八种神骏驾车，三个驾车手，到了巨蒐氏国，饮白鹄血，洗牛马乳，登昆仑山，宿赤水，进黄帝宫殿，受西王母娘娘宴请，听朗诵，唱和歌谣，观太阳落山，虽然有愧政事，仍然享尽半人半神的快乐，逾百岁而死。

穆王出游的故事，说不定也可以最终解释为告诉你不必出游，游来游去一场空罢了。

评析：穆王何事不重来?

李商隐《瑶池》诗曰：“八骏日行三万里，穆王何事不重来？”讲的也是穆王的故事。故事的文学性很强，是说人的愿望幻想，是说有生之年追求高大上而非低滥俗，是使人使帝王飞跃成神成仙，是幻想曲、狂想曲、逍遥颂，却也不无困惑，所谓“於乎！予一人不盈于德而谐于乐，后世其追数吾过乎”，等于说：“哎哟，我的德行并不圆满，我的快乐却十分充足，只怕后世会数落我的不是啊！”

当然，还可以做各种别样解释，你周穆王既有大师伺候，又有八骏飞驰，还有王母招待，最后你怎么来不了呢？啊哈，毕竟你的阳寿有限，人一死，全完蛋！那么，如果李商隐此诗确是替王母抒情，永远的神仙等不来自己的友宾，也是不无伤感乃至孤独的喽。还可以如许多《列子》专家所解读的，这里吹的是幻相高于本相，是幻化高于现实的道家乃至道教的一种说法。列子是要人干脆生活在幻想幻象幻觉幻梦、主观精神的另一个世界之中？这倒颇有大艺术家的资质。问题在于艺术家是既能入乎其内又能出乎其外。而这里周穆王干脆对于人生对于现实移情别恋，令人觉得不大可能。

人生是现实的，生命是有限的。精神是能动的，幻想、幻觉、幻象、愿望是无穷的。这一段故事是中华文化的精彩段子，横看成岭侧成峰，有意思得很呢。

原文：

老成子学幻于尹文先生，三年不告。老成子请其过而求退。尹文先生揖而进之于室，屏左右而与之言曰："昔老聃之徂西也，顾而告予曰：有生之气，有形之状，尽幻也。造化之所始，阴阳之所变者，谓之生，谓之死。穷数达变，因形移易者，谓之化，谓之幻。造物者其巧妙，其功深，固难穷难终。因形者其巧显，其功浅，故随起随灭。知幻化之不异生死也，始可与学幻矣。吾与汝亦幻也，奚须学哉？"

老成子归，用尹文先生之言深思三月；遂能存亡自在，憣校四时；冬起雷，夏造冰。飞者走，走者飞。终身不著其术，故世莫传焉。

子列子曰："善为化者，其道密庸，其功同人。五帝之德，三王之功，未必尽智勇之力，或由化而成，孰测之哉？"

故事大意：大哉，幻化！

这一段令人想起《黄帝篇》中写尹生向列子学习乘风飞行不得，埋怨老师列子，被列子教训了一顿的故事。这回是老成子向尹文先生学幻化之术，尹文历时三年也没有传授给他。老成子追问尹文，尹文乃给他讲幻化的根本意义，即幻化的本质性与重要性。他说当年老子西行时就给他讲过：一切有生机的气息，有形体的状态，都是主观的幻觉。天地造化开始，阴阳二气变化，于是有了我们所知道的生，我们所知道的死，我们所感到的定数、穷尽、通达、变易、随形转移，这些都是变化，也都是幻觉幻影。世界的创立，万物的存移，其中包含的巧智神妙，其中所包含的功力深厚，你永远不可能弄通透、弄明晰。平常人们所感知的变化，多是一些明显的表层现象。只有感受到幻化是具有生死存亡一样的分量与意义，你才通晓了什么叫幻，什么叫化。而通晓了幻化的本质性与重要性以后，也就应该想明白，包括你与我也不过是一种幻觉幻象，你即幻即化，我即幻即化，何必再去学什么幻化的特殊道术呢？

老成子回家思考尹先生的话达三个月之久，于是他掌握了幻化之道。他能够自主地存在，又能够自主地消失，他能够随意翻转、调整四季，他能够让冬天打雷、夏天冻冰，他能够让飞禽飞虫行走，让走兽飞向天空。他终生不显示、不卖弄自己的道术，所以他的道术也就没有传承下来。

列子先生说，善于运用幻化道术的人，他的道术隐藏于平凡，他的功力影响于人众，五帝大德，三皇伟业，不见得都是智慧与勇敢的产物，说不定他们也运用了幻化的道术，谁能查证得准确明白呢？

评析：真欤，幻欤？化耶，梦耶？道乎，巧乎？

我们周围的一切，看得见、听得见、摸得着、撞得着，分明是真实的，同时我们还时时有某种幻觉、幻梦、幻想，似真似幻，似有若无之感。此外，一切物质性的坚硬存在，一切实有性的分明又时时处在变化之中，小而大，弱而强，盛而衰，兴而亡，壮而老，无而有，有而无，真实得几乎可以说是唯物的世界却有幻化感，而幻化的林林总总同时具有真实感。道家学者、道教道士，对此有一种敏感与夸张。夸张到极致，就会将唯物与唯心、客观与主观、真实与幻化的区别抹杀，使幻化观感与实存齐物。他们还将幻觉、想象、追寻、自慰、睡梦与失落看成一种超人间超世俗的道术、方术、异禀乃至神仙飞升一类升华、飞升的境界与修养。悲乎，人而思神仙，人而思飞天，人而思超越生死与阴阳定数。

这样的境界与修养在俗人当中会被理解为一种异方邪术，一种魔术幻术，一种奇技淫巧，越是不理解就越要学到手，越要学到手就越是学不到。

从来不想，也不会想这些终极与奇妙的人太薄太浅，整天想这个的人则是走火入魔、邪魔外道。

但世间似乎又当真存在这样的幻化之术。至少从古至今有没结没完的关于幻化术与幻化现象的故事传说或段子在传播。而《列子》这里，竟然说到了三皇五帝身上，说是：“五帝之德，三王之功，未必尽智勇之力，或由化而成……”着实令人一惊。比较起来，老庄是敢于对圣人有所保留的。庄子曰：“圣人不死，大盗不止。”庄子借盗跖之口，从黄帝一直批判到后世：“然而黄帝不能致德，与蚩尤战于涿鹿之野，流血百里。尧舜作，立群臣，汤放其主，武王杀纣。自是之后，以强陵弱，以众暴寡。汤武以来，皆乱人之徒也。”而列子干脆提出三皇五帝不完全是靠智与勇取得那么大的成绩，那么大的名声，他们未必没有用过幻化之术。这话乍一听似乎虚无轻薄，但是也不妨想一想，封建社会有些君王历史评价不甚高，但也曾大大地红火过、膨胀过，他们靠的不是品德，不是智慧，不是境界，而是靠手段，靠毒辣，靠谎言，硬是指鹿为马、颠倒黑白、背信弃义，也结出奇葩异果，那些手段是不是也算一种幻化之术呢？这话相当刺激，表现了道家对于圣王圣贤祖宗的逆反心理。

或者更容易接受的解释是，三皇五帝的伟大事迹当中，说不定会有当年与后世臣民们的幻觉与梦想掺和在里边。大家喜欢三皇五帝，当然很容易将期待赞许化为事迹，然后广泛传诵，梦里醉梦，好上加好，锦上添花，美妙化境。

这么多幻化之说，说是说有，说不清楚，说无说非，明明那么多高低贵贱的人在说在传在议。也许可以这样分析：

第一，世界是与时俱化的，当世界的变化完全超出人们的预判时，人们会对世界产生幻化感。

第二，人们对于变化中的自己的主观反应，自己的心理状态也是没有足够的自知之明的。不同的心理状态，不同的应对能力，不同的甘苦、胜负、真伪感受，带来了不同的结果，不同的命运，使人们夸张了主观感受，反超了环境的客观真实性，硬是醉于幻化而忽略了事物的客观规律。

第三，一些能人发现了他人感受的可影响可操控的可能。现代心理学对于条件反射、暗示、催眠、意识替代等的研究颇有幻化说的科学化意图。心理医生会很好地利用暗示与催眠治病救人。野心家、政治狂人也会使用暗示催眠的武器来制造奇葩。就是说这种催眠也会发生在社会生活乃至政治生活中，例如 20 世纪 30 年代希特勒与纳粹德国的兴起，就让人看到了类似暗示与催眠的群体现象。

第四，类似幻化的故事可以成为极好的文学素材，成为童话、神话、传说素材，而且幻化的文学化会使幻化之说最大地美好化与无害化。例如周穆王的故事，当作文学作品来读，不是很美好吗？如果你真的去修炼幻术，那是自找没趣了。

第五，孔子讲人可以，或人时而应该知其不可而为之，就是说，有些时候即使客观条件不具备你也应该有所争取、有所奋斗、有所表现，人一辈子不能只是顺水推舟、随波逐流。那么人更加可以，更加需要知其不能而思之：永生、复活、咸鱼翻身、人间天堂、呼风唤雨、料事如神、百战百胜、飞升成仙……人们知其不可而思之，有的只是幻想，有的间接实现了一部分，飞行、登月、千里眼、顺风耳、无线电等，人类不是已经把握了一些过去只有在幻化之术中才设想过的东西吗？

原文：

觉有八征，梦有六候。奚谓八征？一曰故，二曰为，三曰得，四曰丧，五曰哀，六曰乐，七曰生，八曰死。此者八征，形所接也。奚谓六候？一曰正梦，二曰蘁梦，三曰思梦，四曰寤梦，五曰喜梦，六曰惧梦，此六者，神所交也。

不识感变之所起者，事至则惑其所由然；识感变之所起者，事至则知其所由然。知其所由然，则无所怛。一体之盈虚消息，皆通于天地，应于物类。故阴气壮，则梦涉大水而恐惧；阳气壮，则梦涉大火而燔焫；阴阳俱壮，则梦生杀。甚饱则梦与，甚饥则梦取。是以以浮虚为疾者，则梦扬；以沈实为疾者，则梦溺。藉带而寝则梦蛇，飞鸟衔发则梦飞。将阴梦火，将疾梦食。饮酒者忧，歌儛者哭。子列子曰：“神遇为梦，形接为事。故昼想夜梦，神形所遇。故神凝者想梦自消。信觉不语，信梦不达；物化之往来者也。古之真人，其觉自忘，其寝不梦；几虚

语哉？”

故事大意：梦与觉。

《列子》说的梦有八种征兆，可以解释为八种意味，八种内容，八种题材。一是过往、事故、缘起，二是正在、期望、现实，三是需求、获得，四是丧亡、失落，五是哀痛，六是欢乐，七是生，八是死。这八种梦境，意味着来自日常的身体感官的接触与经历。而六候，是六种征兆，六种类型，六种属性：一是顺着生活体味经验而做的正常梦，二是令人惊吓的噩梦，三是思虑之梦，四是似醒非醒的难以排遣之梦，五是心想事成的喜乐之梦，六是心惊肉跳的吓人之梦。这六种类型，来自精神体验与汇集。

《列子》希望人们懂得自己的梦境感应变化的来由，说是知道了来由就不会惊慌恐惧，不知道来由就会大惑不解，疑神疑鬼。人身的充盈或者虚弱，动态或者趋势，都与天地外物相关联相适应，阴气太足了会梦到涉足大水因而惧怕，阳气太过了会梦到涉足大火而且有烧燎之感。阴阳二气过度则会梦到死生一类的极端事件。吃得太饱了会梦到给出去，太饥饿了会梦到拿过来。脉象轻飘飘了会梦到飞扬，脉象沉实了会梦到沉溺。压着衣带入睡也许会梦见蛇，飞鸟衔了你的头发则梦见飞起。天气变阴晦时，人会梦见烤火，将生病的人会梦见进食。喝了酒会有忧愁的梦境，跳舞唱歌后入睡会梦中哭泣。

《列子》的说法是，精神的际遇会成为梦寐的缘起，形体的触动会造成事件的疑似。不论是白天的思念还是晚间的梦寐，都是形体与精神生活的一种体验与经历。如果精神凝聚得好，也就不会有什么思念梦寐出现。明朗自信的清醒不需要语言的说明，正常分明的梦境不需要传播解释。它们都是内外感应变化的正常表现。至于说做到了通透高明的得道之高人，他们清醒的时候会忘却自我，入睡的时候也不做梦，那难道是空话吗？

评析：幻梦与生活。

用不着过于仔细地分析列子所讲的八征六候。这位强调主观感觉的道家代表人物，这里对于人的梦境，思念思虑幻想状态的分析其实相当朴素平实，更接近唯物论。比起神鬼入梦、天意谶语入梦、《乌盆记》的冤魂入梦告状、《三国演义》中被杀的道人于吉入梦夺孙策命、《红楼梦》中秦可卿托梦，《列子》此段就很平易近人了。

梦幻遐想，对于人来说，称得上“事出有因，查无实据”。列子说的压上衣带了会梦到蛇，比较容易理解，其他说法稍稍隔膜一些，应该说是“不一定”，列子讲的只是一种可能性。还有一个与庄子相同的说法，就是古之真人，“其觉自忘，其寝不梦”。自忘，确实有它的妙处，也是一种难能的功夫。不梦，也未必都是好事。精神病学的分析说，抑郁症患者在病情发作前往往会有一段时间全然无梦，这恰是病情严重的前兆，而有点梦，除了精神不够集中以外，也还起着某种心理发泄与自我平衡的作用，所以我们不能否定它们的好处。

原文：

西极之南隅有国焉，不知境界之所接，名古莽之国。阴阳之气所不交，故寒暑亡辨；日月之光所不照，故昼夜亡辨。其民不食不衣而多眠。五旬一觉，以梦中所为者实，觉之所见者妄。

四海之齐谓中央之国，跨河南北，越岱东西，万有余里。其阴阳之

审度，故一寒一暑；昏明之分察，故一昼一夜。其民有智有愚。万物滋殖，才艺多方。有君臣相临，礼法相持，其所云为不可称计。一觉一寐，以为觉之所为者实，梦之所见者妄。

东极之北隅有国曰阜落之国。其土气常燠，日月余光之照。其土不生嘉苗。其民食草根木实，不知火食，性刚悍，强弱相藉，贵胜而不尚义；多驰步，少休息，常觉而不眠。

故事大意：不同的条件，不同的活法。

绝了！这位列大爷设想，极西部的南部边角上有一个古莽国，那里的阴阳之气，无缘交汇，所以该国没有寒暑冬夏之分，日月光辉照不到那里，所以该国没有昼夜早晚的区分。这也就罢了，列子沿着这个思路发展下去，说是那里的人们的活法是以睡觉为主，以清醒为辅，不吃不穿，一睡就是五十天。这也有它的逻辑，既然一直在睡，能量消耗近于零，吃穿全免。

位于四海的肚脐（中心）位置的是中央国。这里地域广大，品类功能诸如阴阳、寒暑、昼夜、智愚、物种、才艺、礼法、君臣、话语、行为……都很齐全。他们是又睡觉又清醒地交替，而以清醒时期的经历为实为准，以睡梦中的经验为辅助为虚幻。

而极东部的北部边角有一个国家叫作“阜落”。那里靠日月的余光照耀，土地乌里乌涂。那儿不长庄稼与其他有用的禾苗，老百姓吃草根林果，不知道取火，不知道熟食。他们性格强悍，他们以强凌弱，求胜而不求义理。他们经常忙于奔命，很少休息睡觉。

评析：列子的多元智慧。

貌似荒诞，言之有理。他说的第一种国家，西极南隅，有部分像南北极各自的冬季，无昼夜之分，也很难讲什么寒暑冬夏。讲得过头的地方是一睡五十天。但是列子想到了，人类可能不止一种，不止一种条件一种活法。显然列子并没有越洋旅行的经验，他靠想象就能想到那么奇特而且不无道理，令人钦敬。

第二个国家，当然是自家，主要是黄河与长江流域的经验，由于文化自信而发展为地理位置自信，相信自己的国家处于四海即世界的肚脐部，可爱，却也天真活泼。地球是圆的，各国都可以算作某个球面的中心点。因才艺、礼法，尤其是君臣之道而自信，则说明了文化自信才是根本的自信。

第三类国家，我宁信"燠"字是一种"乌里乌涂"的气温，有些北方人对待所谓四季如春的地区就有这种批评。这个第三类型也有与第一类型做对比的含意。第一类型差不多整天处于黑夜，一觉睡五十天，以睡梦为生活，以起床清醒为调剂休闲；第三类国家呢，则是天天疲于奔命，而且好斗争强。

列子设想人有多种，国有多样，地有多貌，气候与时间的计量也是千奇百怪。这在原则上是对的，他的设想甚至使笔者想起了当今世界对于外星生物、外星生活的遐想。知之为知之，不知为不知，是知也？是不知也！

原文：

周之尹氏大治产，其下趣役者侵晨昏而弗息。有老役夫筋力竭矣，而使之弥勤。昼则呻呼而即事，夜则昏惫而熟寐。精神荒散，昔昔梦为国君，居人民之上，总一国之事。游燕宫观，恣意所欲，其乐无比。觉则复役。人有慰喻其懃者。役夫曰："人生百年，昼夜各分。吾昼为仆

虏，苦则苦矣；夜为人君，其乐无比。何所怨哉？”尹氏心营世事，虑锺家业，心形俱疲，夜亦昏惫而寐，昔昔梦为人仆，趋走作役，无不为也；数骂杖挞，无不至也。眠中啽呓呻呼，彻旦息焉。尹氏病之，以访其友。友曰：“若位足荣身，资财有余，胜人远矣。夜梦为仆，苦逸之复，数之常也。若欲觉梦兼之，岂可得邪？”尹氏闻其友言，宽其役夫之程，减己思虑之事，疾并少间。

故事大意：醒与梦，甘与苦的互补。

这样的故事妙哉善哉！辛辛苦苦、起早贪黑、加班加点、唉声叹气的老仆役，苦累熟睡，夜梦自身当了国君，高高在上，主管一国，宫殿中游玩宴饮，荣华富贵，吃喝玩乐，享受已极，醒过来照样苦役。他是用夜梦的美好安慰自己终生的劳苦。他甚至十分满意自己的“夜生活”，其乐无比。

而他的东家尹大财主，正好反过来，白天忙于经营，思虑家业，入夜也是累乏入梦。夜梦成了老仆，苦苦劳役，受到数落责骂，棍打鞭抽，睡梦中呻吟痛苦，整夜至天明。朋友以此事劝导他，你的地位荣耀，资产有余，已经好于他人，梦里浸染仆役，受点劳苦，也就算是够合适的了。你还想醒梦同欢，没有门儿啊。东家从此受到了些许启示，对雇工的态度有了一些改善，自家的思虑也减轻了一些。

评析：互补与平衡。

人间诸事，总结一句就是“人生常恨水长东”，就是人间多不平。更俗一点的话就叫“人比人，气死人”。怎么办？就得争斗革命起义，如陈胜吴广所言：“王侯将相，宁有种乎？”但这样的王侯将相换位，仍然会是新的不平代替旧的不平，还会产生新的争斗征战。于是《列子》有一手绝妙好活，让那个白天受苦受累的老仆役夜间在睡梦里享福，让白天大富大贵的东家老财在夜梦中吃苦。多少有点换位思考、阶级调和的意思。当然，到了今天，我们应该思考的是消灭阶级、承认差别。先富起来的一部分人，仍然要换位思考，尤其是多多为弱势群体思考，还要精准扶贫脱贫，强化共同富裕的思路。

原文：

郑人有薪于野者，遇骇鹿，御而击之，毙之。恐人见之也，遽而藏诸隍中，覆之以蕉，不胜其喜。俄而遗其所藏之处，遂以为梦焉。顺涂而咏其事。傍人有闻者，用其言而取之。既归，告其室人曰："向薪者梦得鹿而不知其处；吾今得之，彼直真梦矣。"室人曰："若将是梦见薪者之得鹿邪？讵有薪者邪？今真得鹿，是若之梦真邪？"夫曰："吾据得鹿，何用知彼梦我梦邪？"薪者之归，不厌失鹿。其夜真梦藏之之处，又梦得之之主。爽旦，案所梦而寻得之。遂讼而争之，归之士师。士师曰："若初真得鹿，妄谓之梦；真梦得鹿，妄谓之实。彼真取若鹿，而与若争鹿。室人又谓梦仞人鹿，无人得鹿。今据有此鹿，请二分之。"以闻郑君。郑君曰："嘻！士师将复梦分人鹿乎？"访之国相。国相曰："梦与不梦，臣所不能辨也。欲辨觉梦，唯黄帝孔丘。今亡黄帝孔丘，孰辨之哉？且恂士师之言可也。"

故事大意：梦与真串联在一起。

又一个绝妙故事，令人慨叹。说是郑国有一个人去砍柴。碰到一头受惊的鹿，追杀了鹿，藏到干涸的水沟里，用柴草掩盖住，十分高兴。

不久，他记不清藏鹿的地方了，心想藏鹿之事说不定只是自己做的一个梦。他念念叨叨，被别人听到，依他说的去寻找，果然找到了死鹿，拿回家中。获鹿者告诉妻子，他是按一个人说的关于梦的不着边际的话语找到了猎物死鹿的，想不到那个人的梦还如此可靠。（王按：你说你是做梦，我也就坚信你是做梦，梦成了真，仍然是梦，叫作梦虽真而非真也。）

接着，获鹿者的妻子说，也许是你做了一个真实的梦吧，也许是你梦到了一个打柴的人获鹿吧，谁说得清是不是真有这样一个获得了鹿的打柴人呢？现在鹿倒是挺真实，也许说明你的梦真实可靠吧。获鹿者说，反正是我们获鹿了，管什么那个藏鹿之梦到底是我的梦，还是他的梦呢。

而最初那个猎鹿者念念不忘此鹿，终于梦到了藏鹿之地，而且梦到了得鹿之人，按照梦中的启示，他找到了获鹿者。两个人争此鹿，一直争到了士师——法官那里。

法官说猎鹿者，开始是你得了鹿，你妄说那是梦；后来你做梦找到了鹿，你又妄说那是真实。那位获鹿者呢，他是当真找到了、获得了鹿，因此他与你就此鹿的归属争执起来。他老婆又说过是获鹿人在梦中找到了鹿。这样说起来，没有哪个人果真是鹿的所有者。既然如此，你们二人将此鹿平分了吧。

郑国君王闻听此事，说："怎么法官也像是在做着梦分鹿啊。"他为此事去找国相，国相说："什么是梦，什么不是梦，我也分辨不清啦。能辨析梦与不是梦的，只有黄帝与孔丘啊，如今没了黄帝，也没有了孔丘，谁能辨析得清楚？姑且按法官的话来处理就行了。"

评析：人生如梦感带来难分难解感。

人生的短暂，个体生命的终将死亡，使中外自古便有人生如梦的说法。这种说法未必有什么实际的意义，倒是宣泄了一下人生的短促感、凄凉感、苦涩感。这个说法发挥下去，也就会产生梦如人生的思路。黄粱一梦，邯郸一梦，庄生梦蝶，都是一种梦如人生的逆推演。而本故事的人物，恰恰个个都沉醉在人生如梦、梦即人生的感受里。猎鹿者，获鹿者，获鹿者的妻子，都在人生的真实性与梦境的虚幻性上感到迷惘、困惑，无言以对。君王碰到这种事，也没有办法了。

这种迷惘对于士师断案来说，恐怕有点添乱。对于文人来说，倒也是有情有景，有思有叹，可诗可小说可散文。文学的尤其是诗的语言，变成了叙事题材，乃嫌过分；再发展一步，像是精神出了毛病了。

但可以从不同的角度把握《列子》梦与非梦、藏鹿争鹿故事。庄子与列子，尽力夸大主观感受的作用、精神胜利的作用，他们的故事竭力把梦与人生等同起来。不管现实是多么恶劣闹心悲惨，只要神乎其神地去想象去以为，只要使自己进入痴迷状态，于是无可以有，有可以无，真可以幻，幻可以真，超然于世，飘飘欲仙。反过来说，人生种种，尤其是不如意种种，也不妨以小梦而已视之，《金刚经·应化非真分》："一切有为法，如梦幻泡影，如露亦如电，应作如是观。""事无恒久，时无永远，灾不全然，祸非铁定"，这也是古代释道合一的一种前阿Q主义吧？噫！

原文：

宋阳里华子中年病忘，朝取而夕忘，夕与而朝忘；在涂则忘行，在室则忘坐；今不识先，后不识今。阖室毒之。谒史而卜之，弗占；谒巫而祷之，弗禁；谒医而攻之，弗已。鲁有儒生自媒能治之，华子之妻子以居产之半请其方。儒生曰："此固非卦兆之所占，非祈请之所祷，非

药石之所攻。吾试化其心，变其虑，庶几其瘳乎！”于是试露之，而求衣；饥之，而求食；幽之，而求明。儒生欣然告其子曰：“疾可已也。然吾之方密，传世不以告人。试屏左右，独与居室七日。”从之。莫知其所施为也，而积年之疾一朝都除。华子既悟，乃大怒，黜妻罚子，操戈逐儒生。宋人执而问其以。华子曰：“曩吾忘也，荡荡然不觉天地之有无。今顿识既往，数十年来存亡、得失、哀乐、好恶，扰扰万绪起矣。吾恐将来之存忘、得失、哀乐、好恶之乱吾心如此也，须臾之忘，可复得乎？”子贡闻而怪之，以告孔子。孔子曰：“此非汝所及乎！”顾谓颜回纪之。

故事大意：忘记是境界也是快乐。

说是宋国有个叫什么阳里华子的人，中年时候得了健忘症，早晨拿了什么，晚上就忘了；晚上给他什么，第二天早上就忘了。在路上忘记走，进了房间忘记坐下；此刻记不住此前，此后记不住此刻，全家都为他的这个病而苦恼。请求史官为他占卜，算不出个结果；请求巫祝替他祈祷，改变不了他的情状；请求医生给他治疗，也不中用。

一个儒生给他们讲，病人的病靠占卜、祷告、医药都是没有用处的，他愿意试试精神方面、心理方面的帮助与治疗。家属拿出家产的一半做报酬求治。他试了试病人的心理反应，裸露了懂得要衣服，饥饿了知道要食物，黑暗了懂得要光亮。儒生断定他的病将可以治愈。

后来神神秘秘，儒生与病人单独共处了七天，病人治好了病。可是形势急转直下，关键在这里，病人治好了健忘症却十分愤怒，训斥老婆，处罚儿子，抄家伙驱逐儒生。病人回忆自己健忘症发作的时候，觉得无忧无虑，空荡荡忘记了天与地的存在。而病一旦治愈，人生的诸种挂牵烦忧焦虑从四面八方袭来，叫作“既往数十年来存亡、得失、哀乐、好恶，扰扰万绪起矣”，还有叫作“吾恐将来之存忘、得失、哀乐、好恶之乱吾心如此也，须臾之忘，可复得乎”，他十分痛苦，怒火中烧。

说是子贡理解不了这件怪事，孔子也认为这样的事不是子贡的水平所能达到的，他要请颜回将之记载下来。

这一类说法是道家极喜欢立的怪论。庄子提倡“坐忘”，后人强调“忘机”，指应该忘记人间的机巧心机诸事。

评析：忘与记的道与通。

求学、做事，记忆力好是好事，人脑如电脑，只有数据丰富，长期存盘，调出方便，触类旁通，整理有序，用起来才好使，才能迅速地做出智能判断与反馈。但是正如电脑内存需要某种清理，垃圾数据需要清除，病毒、黑客入侵、有害信息需要扫描与杀毒一样，人脑的选择性忘却功能也是极其重要的。

近三十年前，我写过一篇散文：《忘却的魅力》，结尾处我写道：“感谢忘却：人们来了，又走了。记住了，又忘却了……谁，什么事能够永远被记住呢？世界和内心已经都够拥挤的了……幸亏有忘却，还带来……一点莫名的释然和宽慰。待到那一天，我们把一切都忘却……那就是天国啦。”

一个女编辑读了这篇文字后，说她哭了一夜。害怕忘却，则是一种年轻人的心理，我早在六十多年前的处女作《青春万岁》中，就写到了这种眷恋往事的心理。

原文：

秦人逢氏有子，少而惠，及壮而有迷罔之疾。闻歌以为哭，视白以

为黑，飨香以为朽，尝甘以为苦，行非以为是：意之所之，天地、四方，水火、寒暑，无不倒错者焉。杨氏告其父曰："鲁之君子多术艺，将能已乎？汝奚不访焉？"其父之鲁，过陈，遇老聃，因告其子之证。老聃曰："汝庸知汝子之迷乎？今天下之人皆惑于是非，昏于利害，同疾者多，固莫有觉者。且一身之迷不足倾一家，一家之迷不足倾一乡，一乡之迷不足倾一国，一国之迷不足倾天下。天下尽迷，孰倾之哉？向使天下之人其心尽如汝子，汝则反迷矣，哀乐、声色、臭味、是非，孰能正之？且吾之言未必非迷，而况鲁之君子迷之邮者，焉能解人之迷哉？荣汝之粮，不若遄归也。"

故事大意：谁迷糊？谁清醒？

秦国逢家儿子，小时聪慧，长大成人之后得了一种迷迷糊糊的精神病，听见歌曲说是哭泣，看到白颜色说是黑色，闻到香气说是很臭，尝到甘甜说是苦辣，错事说是做对了。只要是他的意识接触到了，不论是天地、四方、水火、冷热，没有说起来不颠三倒四的。一位杨先生对他父亲说："鲁国的君子技多识广，他们也许能治好孩子的病，你何不去求访一番呢？"

逢先生决定去鲁国，路过陈国，碰到老聃（老子），把自己儿子患的病告诉了老子。老子说："你从哪里知道你儿子是迷糊了呢？召集天下之人，与你儿子同病的迷糊于是非利害的人多了去了，只不过没有几个人深究自己是病了。再说，一个人病了，也不会倾倒（坑害）全家；一家子病了，也不会坑害一个乡；一个乡的人全病了，不会坑害全国；一国的人全病了，也不会坑害天下。如果天下之人全病了，又有谁会被坑害呢？如果全天下的人判断事物都与你孩子一致，那就不是你孩子有病，而是你自己犯了迷糊病了。何悲何乐，何声何色，何臭何味，何是何非，（各说各的呗，）谁能纠正谁呢？至于鲁国君子，他们的迷糊病症更比别人厉害，他们又能给谁治病呢？背上你的干粮，赶紧转回家吧。”

评析：相对、齐物与迷糊。

这是对价值观念的质疑，也是对绝对的相对主义的夸大其词，更是对于东周社会、对于中央政权式微与各诸侯邦国群雄并起、争夺天下、百家争鸣、莫衷一是的局面的尖锐讽刺。尤其是对儒家欲挽狂澜于既倒、恢复仁义礼乐、重新规范天下的讽刺。斯时礼崩乐坏，弑父弑君，纵横捭阖，阴谋诡计，任何一种努力都有不同的评价、不同的解读，任何一种价值的宣扬都会被不同的人所利用，所扭曲。老子的主张是：“天下皆知美之为美，斯恶已；皆知善之为善，斯不善已。”还有“失道而后德，失德而后仁，失仁而后义，失义而后礼”。就是说越细细地讲仁义道德礼法规范，人们的争拗就越多。当时的道家的价值虚无主义，“彼亦一是非，此亦一是非”，逆向思维有惊世骇俗，别样雷人，别有洞天，却难以操作。

其实老庄列也是在欲挽狂澜，意在匡正。以为大家回到婴儿状态，尚愚抑知，抱朴归一，无为而治，就会天下太平，而他人都是心劳日拙，自取灭亡。

原文：

燕人生于燕，长于楚，及老而还本国。过晋国，同行者诳之；指城曰：“此燕国之城。”其人愀然变容。指社曰：“此若里之社。”乃喟然而叹。指舍曰：“此若先人之庐。”乃涓然而泣。指垅曰：“此若先人之冢。”

其人哭不自禁。同行者哑然大笑，曰：“予昔绐若，此晋国耳。”其人大惭。及至燕，真见燕国之城杜，真见先人之庐冢，悲心更微。

故事大意：哭错了地方。

燕国一人，出生在燕，生长在楚国，等到老迈了才打算回本国。路过晋国时，同行的人哄骗他，指着城墙说：“这是燕国的城墙。”那人悲凄地为之面色一变。同行的人指着土地庙说：“这是你乡里的土地庙。”那人感慨长叹。同行的人指着民居房屋说：“这是你先人的房屋。”那人泪水突然流下。同行的人指着墓地说：“这应该是你们先人的墓地了。”那人禁不住大哭。同行的人失声大笑说：“我是在哄骗你，这儿（还没到燕国）是晋国啊！”那人大为惭愧。等当真到了燕国，真的见到了燕国的城墙和土地庙，真的见到先人的房屋和墓地时，他悲伤的心情便少了。

评析：第一与第二信号，本能与文化。

巴甫洛夫（俄国生理心理学家，1849—1936）认为，大脑皮质的信号活动，可将条件反射区分为现实的具体的刺激，如声、光、电、味等，称为第一信号系统；另一类则是现实的抽象刺激，即语言文字，称为第二信号系统。第一信号系统，是动物和人共有的。而第二信号系统，是人类所特有的。第二信号系统的活动，产生对现实的概括化，出现了抽象思维，并形成概念，进行推理，不断扩大认识能力。从而能更深刻地认识自然，认识世界规律。

也许我们能够更通俗地说，一种生理心理反应出自本能，对于饥饿、疼痛、寒暑、水火……会有本能的反应，而对于文化，对于风习、舆论、集体无意识、社会地位变迁、价值判断、宗教与其他信仰也会造成强烈的生理心理活动，并影响世道人心、人生态度、社会发展程度、幸福指数、稳定程度，等等。

孟子明确地提倡人的文化性，即第二信号性。他说：“人之异禽兽者几希。”全靠仁义的力量，仁义的运行。没有文化的引领，人就变成了禽兽，用现代语言来说，没有仁义道德，世上就只剩下了丛林法则、本能法则，也就没有人类的一切了。

但是道家挑战了这种文化至上主义，道家认为，文化是靠不住的。文化有时会成为戏仿、玩笑、耍弄乃至诓骗的手段。儒家重视慎终追远，感念祖宗故旧，但这些文化，这些第二信号系统，是嘴说笔写的符号，谁知道它们的真伪度与确切指数呢？《列子》这里讲了一个小小不足与言的故事，就颠覆了慎终追远的情怀，太可怕了。道家的逆向思维确有朱熹所讲的“最毒”的一面。而儒家的仁义道德文化立国与第二信号系统论，确也有“儒者博而寡要，劳而少功，是以其事难尽从”（《史记·太史公自序》）的一面。

当然，只讲本能，只讲第一信号系统，搞什么文化虚无、历史虚无、价值虚无，也只能带来最最荒谬的后果。

仲尼第四

至今人们认定，孔子是讲乐天知命、乐以忘忧、坦荡荡、乐山乐水，孟子更是有浩然之气、有王者兴的自诩。但是作为道家——常常是儒家的对立面的老庄，要做反面的文章，于是，以仲尼为篇名的处置仲尼的《列子》文字出现了，其实《庄子》中更不少这样的文笔，以仲尼的现身说法，宣扬道家比儒家更高明，乃“更上一层楼”也。

本篇讲了大量悖论，有精彩，有高端，有片段，也有混杂，不清不楚的地方不少，可以慢慢推敲，不必强作解释。

原文

仲尼閒居，子贡入侍，而有忧色。子贡不敢问，出告颜回。颜回援琴而歌。孔子闻之，果召回入，问曰：“若奚独乐？”回曰：“夫子奚独忧？”孔子曰：“先言尔志。”曰：“吾昔闻之夫子曰：‘乐天知命故不忧。’回所以乐也。”孔子愀然有间曰：“有是言哉？汝之意失矣。此吾昔日之言尔，请以今言为正也。汝徒知乐天知命之无忧，未知乐天知命有忧之大也。今告若其实：修一身，任穷达，知去来之非我，亡变乱于心虑，尔之所谓乐天知命之无忧也。曩吾修诗书，正礼乐，将以治

天下，遗来世；非但修一身、治鲁国而已。而鲁之君臣日失其序，仁义益衰，情性益薄。此道不行一国与当年，其如天下与来世矣？吾始知诗书、礼乐无救于治乱，而未知所以革之之方。此乐天知命者之所忧。虽然，吾得之矣。夫乐而知者，非古人之所谓乐知也。无乐无知，是真乐真知；故无所不乐，无所不知，无所不忧，无所不为。诗书、礼乐，何弃之有？革之何为？”颜回北面拜手曰：“回亦得之矣。”出告子贡。子贡茫然自失，归家淫思七日，不寝不食，以至骨立。颜回重往喻之，乃反丘门，弦歌诵书，终身不辍。

故事大意：孔子是快乐的还是忧愁的？

孔子忧愁，子贡不敢随便问，看来孔子有相当的威严。他转请孔子爱徒颜回出面，颜回弹琴唱歌，乃有了颜回与孔子关于乐与忧问题的对话。列子乃称孔子的“乐天知命”是“昔日之言”，带有某种轻飘感与未成熟感。这样的表述后来其实已经渐渐被生活所提醒所修正，孔子乃向前发展了一步。说是孔子后来有了今言新意，认为乐天知命有可能带来通达顺畅忘忧之乐，也可能带来无能为力、无计可施的忧愁与痛苦。在周穆王一节说了不少惘然、错乱的精神现象之后，这里似乎又谈到苦恼的儒家精神的分裂与悖论。

孔子与颜回谈话，先不无悲凉地承认现在自己已经不像当初那样乐观了。然后他说过去他虽然讲乐天知命，但是他的门徒们只知道独当一面知命是无忧，却不知道乐天知命中包含了大忧虑。他认为，修养好一己，也就能做到任随自己或穷或达，去来死生，反正这一切命运的表现都不是自己做得了主，懂了这一点，也就不会因外物变乱而焦虑，这就是所谓乐天知命使人无忧。但是还有另一面。孔子说他原来志向远大，修诗书，正礼乐，平天下，惠来世，有所抱负，有所志向。结果现在，谈什么天下？仅仅一个鲁国也是走下坡路。叫作君臣失序，仁义道德衰微，人们的性情风气日益浇薄浮躁。孔子说他终于明白了诗书礼乐挽救不了风气走向，治理不了乱世，而且也没有别的改变现状革新求治的办法。

然后说是孔子向老子学说投降了，孔子终于认识到，乐天知命并不是真乐真知，只有无乐无知（无有无为），才能无所不乐，无所不知，无所不有，无所不为。这样的话，诗书礼乐既不需要丢弃，也不需要改变了啊。

然后说是子贡听了颜回的传达，茫然无措，思想混乱，形销骨立，最后在颜回的帮助下回到孔子身边，弹琴读书，一辈子（还不错）。

评析：对于乐观的一种独特透析。

孔子的许多论说全面、恰当，总体来说相当健康，而且非常周到。

《论语》开宗明义，讲的就是“学而时习之，不亦说乎”。学习最喜悦，这已经透露了他的人生观的健康性、向上性与平实性。多数情况下，学习是最不需要特殊条件、特殊环境与特殊地位的。能学习的人就能快乐，多么鼓舞人！

他的“君子坦荡荡，小人长戚戚”“知者乐水，仁者乐山”“发愤忘食，乐以忘忧，不知老之将至”的说法；他的“三人行，必有吾师”“十室之邑，必有忠信如丘者焉”的说法，对世界与社会充满期待与善意。这一类说法很有说服力与感染力。

《列子》在这里挑战，即孔子也有忧愁的时候。尤其是他提出来乐观、乐天知命、无忧的背后可能隐藏着无可奈何，隐藏着认灰放弃，隐藏着自我安慰、自我消弭。正是悲到极处，才能做到无为、无欲、无忧、无乐、无差别、无等级、无进退、无巨细、无生死之差别。这是一个天才的说法，这是一个深刻的动人心魄的发现，具有很大的片面性。《列子》揭露乐观、豁达、坦荡荡的基础是看得透、想得通、忍得住、放得下、耐得烦。“却道天凉好个秋”的基础是“而今识尽愁滋味”，而且是饱经“欲说还休，欲说还休”的尴尬与窝囊，才终于深度地快乐了起来。这也就是张承志的名言：“只有最彻底的悲观主义者才有权利乐观。”因为，只有彻底的悲观主义者才会放弃自己不切实际的幻想、不切实际的美梦，才接了地气，才懂了人生，才能做到“九层之台，起于累土；千里之行，始于足下”（《道德经》），才懂得“我所知道的只有一件事，那就是我什么也不知道”（苏格拉底）。

老庄列与苏格拉底的话也有些极端，针对世界的无涯无穷无尽无限，人生的有涯有穷有尽有限，我们可以说我们什么都不知道，我们甚至可以不承认我们有坚实的生命与认知。但是我们毕竟有了生命，有了一些认知。即使仅仅以已有的与可能有的有限生命与认知为依据，我们有理由坦荡荡，有理由乐天知命，有理由乐观。即使从务实的、功利的观点出发，我们无法从悲观中得到任何积极的收获，而乐观比悲观好，乐观比悲观有可能改变我们有生之年的生命质量。难道不是这样的吗？

彻底的失败主义可以使人做到绝对的无为，绝对的无为可以使人得到楚狂人接舆、《楚辞》中的渔父式的快乐，唱一唱“凤兮凤兮，何德之衰”与“沧浪之水清兮，可以濯吾缨。沧浪之水浊兮，可以濯吾足”，表现了超脱，更体现了消极。

也可以是儒家式的相对积极的乐观，“尽人事知天命”“知其不可而为之”“反求诸己”“五百年必有王者出”，等等。

也许更多的人处于顺境的时候取法于儒，处于逆境时倾心于道。另外人们都会渐渐觅得调整自身、鼓舞自身的思路。例如一个方面是你的不走运比较起更坏来说它还是好的，你本来可能命运更悲惨，但是你没有晦气到那般田地，证明你其实够幸运了。你的一个友人因交通事故横死，另一个朋友因癌病变死于盛年，你六十岁患了血栓症，你不必怨天尤人，反而不妨沾沾自喜。第二个方面是考虑遇难成祥、将失败转化为成功之母的可能。任何的负面境遇都还不是极负，任何负面的境遇都有转化为正面的可能。这样想了还不行，那么人类精神的撒手锏则是，面对忧患，你毫无办法，你只能是零对应、零反应，恶极困极穷极悲极之时，对于你来说，知命就是一切，乐天与悲天并无区别，痛哭与大笑并无区别，饮泣与微笑并无区别，空尢呆傻与老辣并无区别。这就是齐物论，这就是我四十年前的一个发现和表述："泪尽则喜。"泪尽而喜，是深喜亦深悲，是认命的零处置，比起因噩运而疯狂自戕冒险一掷来说，当然是最佳处置。

原文：

陈大夫聘鲁，私见叔孙氏。叔孙氏曰："吾国有圣人。"曰："非孔丘邪？"曰："是也。""何以知其圣乎？"叔孙氏曰："吾常闻之颜回曰，'孔丘能废心而用形'。"陈大夫曰："吾国亦有圣人，子弗知乎？"曰："圣人孰谓？"曰："老聃之弟子有亢仓子者，得聃之道，能以耳视而目听。"鲁侯闻之大惊，使上卿厚礼而致之。亢仓子应聘而至。鲁侯卑辞请问之。亢仓子曰："传之者妄。我能视听不用耳目，不能易耳目之用。"鲁侯曰："此增异矣。其道奈何？寡人终愿闻之。"亢仓子曰："我体合于心，心合于气，气合于神，神合于无。其有介然之有，

唯然之音，虽远在八荒之外，近在眉睫之内，来干我者，我必知之。乃不知是我七孔四支之所觉，心腹六藏之所知，其自知而已矣。”鲁侯大悦。他日以告仲尼，仲尼笑而不答。

故事大意：心与形，精神与感官。

这一段故事极有趣，但不易准确把握。说是陈国大夫访问鲁国，与大贵族叔孙氏非正式见面时问到鲁国的圣人孔丘，叔孙氏说，孔子的特点是只用耳目感官形体，废弃心思心术心机。陈国大夫于是说陈国也有圣人，是老子的弟子亢仓子，他将老子的大道学到手，此人能用耳朵看，用眼睛听。鲁侯闻知此事后大惊，用重金聘请亢仓子到鲁国来，向他请教道术。亢仓子说，陈国大夫所传有误，他能做到的不是用此感官代替彼感官的功能，不是颠倒视听，而是不用耳目感官视听。鲁侯听了更觉怪异，继续请教的结果是亢仓子称：“我体合于心，心合于气，气合于神，神合于无。”形体结合于心思，心思结合于精气，精气结合于神志，神志结合于虚无。如此，就算是极隐蔽的物体，极细微的声音，不管它出现在八方远地，还是眉睫之内，只要是干预了人的虚无感，马上就会有所知晓，至于它是经由七窍四肢还是五脏六腑所知觉，我也弄不清楚，反正我能知觉。鲁侯听了十分高兴。后来鲁侯将此事告诉仲尼，孔子笑而不答。

评析：感觉与思维。

太妙了。这里实际上讨论了感官与头脑（心思）、直观与抽象、感觉与思维、感性认识与理性认识、知与行、有与无的问题。这里所说的孔子的“废心而用形”，表述的是孔丘做得到理念融化在血液里，价值充沛于细胞中，学问知识智慧渗透于他的生命，诚于中而形于外，也有韩愈的“秀外慧中”一词所描写的轻盈；他靠直觉就能判断，百分百无误，真理已经成为中枢神经的条件反射。也就是说，孔丘能够做到苦练内功、求仁得仁、正心诚意，心化为形、感觉与理念吻合，跟着感觉就达到跟着真理走的高度。常人是以形体把握形体，以感官把握现象，而孔子是以形体把握精神，以感官把握本质。孔子用不着心思，他的心思已经充沛在形体与感官中。

至于道家的亢仓子，则虚静缥缈，内外混一、神人通一、物我全一、心形浑一、知行合一、有无成一、动静皆一、用废如一、一即一切、一切即一、终于忘一。

笑而不答云云，表现了孔子不以为意，不以为谬，不以为佳，他的判断可能是亢仓子姑妄言之，他只能姑妄听之，也可能是亢仓子说得有点意思。何况他并没有直接与亢仓子交谈接火，除了莞尔一笑以外，又能说什么呢？

孔子的笑而不答极好，这里出现了儒道互补、大而化之的兆头。笑而不答是中华文化的表情，是中华风度的标志，是中华哲学、中华诗学、中华美学的结晶，是中华君子、中华绅士的常见表情乃至无表情。

原文：

商太宰见孔子曰：“丘圣者欤？”孔子曰：“圣则丘何敢，然则丘博学多识者也。”商太宰曰：“三王圣者欤？”孔子曰：“三王善任智勇者，圣则丘弗知。”曰：“五帝圣者欤？”孔子曰：“五帝善任仁义者，圣则丘弗知。”曰：“三皇圣者欤？”孔子曰：“三皇善任因时者，圣则丘弗知。”商太宰大骇，曰：“然则孰者为圣？”孔子动容有间，

曰："西方之人有圣者焉，不治而不乱，不言而自信，不化而自行，荡荡乎民无能名焉。丘疑其为圣，弗知真为圣欤？真不圣欤？"商太宰嘿然心计曰："孔丘欺我哉！"

故事大意：究竟什么人才是圣人？

周朝时期的商地宋国，它的太宰——类似现今的办公厅主任之类的职位，问孔子是不是圣人。孔子说他哪里敢把自己摆在圣人的位置上。太宰问夏禹、商汤、周武王三位开国君王是不是圣人，孔子说只知道他们是有智有勇的强者，不知他们是不是圣人，含意是不宜由于看到他们追求智勇就承认他们的圣人性质与地位。再问黄帝、尧、舜等五帝是不是圣人，答复是五帝是善用仁义之人，也不能肯定是圣人。三问更古老的神话人物天皇、地皇、人皇（或伏羲、燧人、神农）三皇，孔子说，他只知道他们是善用因应时势的人，并不肯定他们是圣人。

连三王、五帝、三皇是不是圣人，孔子都抱极慎重、偏保留的态度，太宰大惊，他追问，那么到底什么人才是圣人呢？孔子也为之激动变色，最后他说听说有个圣人在西方，他不治理但是不混乱，不立言但是有威信，不教化但是应该教化的一切道理道义都自动实行着，他的宏大是难以用言辞来命名的，孔子怀疑这样的人到底是圣人呢，还是并非圣人呢？太宰听了没出声，想的是：孔子是不是唬我呢？

评析：圣人不圣论。

注意：从道家的观点来看，无是有的前提与本质，否定是肯定的前提与本质。无为才是无不为，无争才是莫能与之争，无私才能成其私，无圣才能成其圣。

什么叫无圣才能成其圣呢？使出吃奶的力气求圣为圣的人圣不了，咋咋呼呼、滔滔不绝地鼓吹圣人圣明圣贤的人圣不了，智勇双全、耽于功业的人圣不了，仁义道德、耽于教化的人圣不了，耽于谋略、注意时机、因时而动的人圣不了。真人不露相，露相非真人，无为而治，不圣而圣，才或有可能沾得上圣人的边。反正不要随便肯定圣人的封号。

圣人论述上也要注意韬光养晦、保持低调，这样的人生经验至今被人们有所认同。大规模高调宣扬圣人，认为自己有权力宣布圣人的出现或尚未出现，归根结底是借圣人之光环宣扬自身，中华文化称这种高调为“大言欺世”。

这里所讲的孔子对“圣人”一词持极其保留的态度，是有根据的，《论语》中孔子更多地强调的是对圣人的敬畏以及与圣人的差距。“子曰：‘圣人，吾不得而见之矣！得见君子者，斯可矣。’”还有“君子有三畏：畏天命，畏大人，畏圣人之言”，这些话都是有意义的。至于说到“西方某人”，则是往道家主张上拉，后来结束到太宰对孔子的反感心理上，是对一直表现得高深莫测的所谓孔子的回马枪，突然出手，一波三折，余音袅袅，不绝如缕。到底是孔子的无圣论有理呢？还是太宰的孔子欺人论有理呢？《列子》一书不表态，读者也看不大明白，没有结论，文章写得够高明的啦。

原文：

子夏问孔子曰：“颜回之为人奚若？”子曰：“回之仁贤于丘也。”曰：“子贡之为人奚若？”子曰：“赐之辩贤于丘也。”曰：“子路之为人奚若？”子曰：“由之勇贤于丘也。”曰：“子张之为人奚若？”子曰：“师之庄贤于丘也。”子夏避席而问曰：“然则四子者何为事夫

子？”曰：“居！吾语汝。夫回能仁而不能反，赐能辩而不能讷，由能勇而不能怯，师能庄而不能同。兼四子之有以易吾，吾弗许也。此其所以事吾而不贰也。”

故事大意：道理有几个侧面。

说是子夏向孔子提问：“颜回的为人怎么样啊？”孔子说：“他的仁爱胜于我呀。”又问：“子贡的为人怎么样呢？”孔子说：“他的口才胜于我呀。”再问：“子路的为人怎么样呢？”回答是：“他的勇敢胜于我啊。”最后问：“那么子张的为人怎么样呢？”答：“他的严谨庄敬胜过我哟！”子夏听到这里，离开座席，起立恭恭敬敬请教道：“既然他们四人都是胜于您、超过您的，为什么他们还要奉先生您做老师呢？”

孔子说：“请坐，请听我说。颜回确实是仁爱的，但是他不明白有时候不能仁爱，而是要分清是非，弃恶扬善。子贡确实是雄辩的，但是他不明白有时候需要的是沉默寡言，静观等待。子路也非常勇敢，但是他不懂得该退则退，息事宁人。子张确实是庄敬严谨的，但是他不会必要时随和妥协，争取多数。这样，就是四个人的优点全给了我，我也不能接受与他们换个个儿，这就是他们忠心不贰地以我为师的原因喽。”

评析：孔子的妙理玄机。

大哉斯言！这就是中华文化的玄机妙理，相反相成，互悖互补，有无相生，阴阳和谐。老子说：“天下皆知美之为美，斯恶已；皆知善之为善，斯不善已。”只有一个正面是不够的，还要看到、理解到、有办法应对各种的负面。仅仅欣赏迷恋美不足为训，你关注不关注、理解不理解、有没有办法帮助引领不够美的人士，包括残疾人、畸变人、由于丑陋而找不到配偶的人、整形失败毁容的人、羡慕嫉妒恨别人的美丽并因此愤愤不平、仇视社会、仇视美好的红眼病人的生活、权益或者病态呢？仅仅提倡善德也是不够的，你有没有力量与智慧应对伪善、不善、凶恶、极端、分裂、恐怖势力呢？你有没有办法对一切丑恶虚伪凶残提供感化教育直到管理控制打击消而灭之呢？

仁者不是好好先生，不是“妇人之仁”，不是多愁善感的酸秀才，不是机会主义，不是空谈抒情。仁者更要有杀伐决断、原则底线、刚正不阿、疾恶如仇这一面，还要有惠民亲民的执行力、操作术、“恭，宽，信，敏，惠”（《论语·阳货》）的务实一面。

辩者尤其不能成为夸夸其谈、巧言令色的牛皮大王。要同时能够谨言慎行，聆听对方，换位思考，“邦有道则知则辩则仕，邦无道则愚则讷则卷而怀之”。尤其是咱们的文化传统，常常怀疑能说会道的人的人品与担当，挑剔他们的言与行、名与实的距离。英国人也懂得，“好话是银，沉默才是金”。

勇的含义在传统文化中更是极为有趣。古语：“知耻而后勇”“知耻近乎勇”，还有“勇者无惧”。就是说首先对自己勇。孟子还谆谆教导，要明白匹夫之勇、敌一人之勇，与“文王之勇”、一怒而安天下之勇、敌万人之勇的区别。“有勇无谋”，历来受到传统文化的嘲笑贬低。老子甚至于提出“勇于不敢”。而孟子所说的“好勇斗狠”更是全然的贬义。这里列子所说的孔子讲的知“勇”还要知“怯”，无非是说该进则进，该退则退。“打得赢就打，打不赢就走。”“敌进我退，敌驻我扰，敌疲我打，敌退我追”的意思。毛泽东的战略，自有玄机！

“庄”是好话，中华文化讲究的是“庄敬自强”，庄敬是对人，更是律己，要自爱自敬自尊自律。同时，除了庄敬的一面，传统文化讲究的是和谐，是亦庄亦谐，是和光同尘，是知白守黑，适当低调，不要刺目，不要脱离大众、截断地气。自古以来，中华圣贤就主张既不要尾巴主义，也不要先锋主义。老子说："我有三宝，持而保之：一曰慈，二曰俭，三曰不敢为天下先。"这里的"不敢为天下先"，不是不敢发明创造，而是说治国理政的君王权力系统，不要提出过于超前的口号目标，不要脱离人民百姓。至于理论创新、制度创新、科技创新、文化创新，正是我们后人所要强调的，不要忘记老祖宗提倡的"苟日新，日日新，又日新"这一面，更不能忘记"庄"的重要性。庄，让我想起毛泽东的名言："世界上怕就怕'认真'二字，共产党就最讲认真。"

正是中华文化传统的"既要这样又要那样"的思维模式，一生二、二生三、三生万物的思维玄机，还有《尚书·大禹谟》的"人心惟危，道心惟微，惟精惟一，允执厥中"十六字心传，十六字玄机，保住了中华，保住了人民共和国，保住了改革开放的成功，保住了发展的奇迹与大局的稳定，而不是像某些社会主义国家一样改革得稀里哗啦，一去不返。难道我们不应该好好琢磨琢磨吗？

再发挥一下"允执厥中"的十六字心法。相传这是虞舜向他的继任人夏禹传授的修身养性、治国理政的"万世之法"。舜告诉禹，旦夕祸福，人心难测，归心离心，人心是靠不住的，顷刻巨变，万不可沉醉在自己的政绩与一片赞扬声中。而这一切取决于天道天心，道心（天意，也就是我们说的玄机、规律）精微，把握非易，失之毫厘，差之千里，玄而又玄，全在专注与小心翼翼。做君王的，只能公允诚恳，掌握分寸，不偏不倚，老老实实，中正周全，恰到好处。

或谓此十六字是后世伪造的，这是另外的问题，这里谈的是中华传统文化的一个重要思路。

原文：

子列子既师壶丘子林，友伯昏瞀人，乃居南郭。从之处者，日数而不及。虽然，子列子亦微焉。朝朝相与辩，无不闻。而与南郭子连墙二十年，不相谒请；相遇于道，目若不相见者。门之徒役以为子列子与南郭子有敌不疑。有自楚来者，问子列子曰："先生与南郭子奚敌？"子列子曰："南郭子貌充心虚，耳无闻，目无见，口无言，心无知，形无惕，往将奚为？虽然，试与汝偕往。"阅弟子四十人同行。见南郭子，果若欺魄焉，而不可与接。顾视子列子，形神不相偶，而不可与群。南郭子俄而指子列子之弟子末行者与言，衎衎然若专直而在雄者。子列子之徒骇之。反舍，咸有疑色。子列子曰："得意者无言，进知者亦无言。用无言为言亦言，无知为知亦知。无言与不言，无知与不知，亦言亦知，亦无所不言，亦无所不知；亦无所言，亦无所知。如斯而已，汝奚妄骇哉？"

故事大意：无即是一种有。

说的是列子以壶丘子林为师，以伯昏瞀人为友，他住在城南。跟列子相交往的人很多，列子对此态度淡定。他与这些学界大人物争论切磋，为周围的人所知。他与南郭子隔一道墙，邻居二十年，相互没有来往。路途上碰见了，目光抬也不抬，好像彼此看不见。列子的生徒与仆人都以为列子与南郭子互抱敌意。有一个从楚国来的人，问列子说："先生与南郭子之间有什么敌意吗？"列子说："南郭子外貌充盈而内心虚无，有耳不听，有目不看，有口不言，有心不知，有形没有反应变动，我到他那里去又干什么呢？话虽然这样说，我还是与你一起走一趟吧。"

列子选了四十个弟子同行。见到南郭子，果然南郭子和一个泥人一样，无法与他交流。再看看列子，也是一副魂不守舍的样子，没法与他人交往了。过了一会儿，南郭子与列子学生中比较不重要（站末排）的一人交谈起来，谈得很自信也很来劲儿。列子的弟子颇感惊奇。返回后列子对他们说："你掌握了真意，就不需要再说什么话了，什么都知道的人也无须说话。其实无言（零言语），也是一种语言，正像无知、零知，也是一种认知范畴。没有言说与不作言说，没有所知与不作有知状，也是言说与所知的一种表现，它等于无所不说与无所不知，还等于无所说，等于无所知。如此而已，你们有什么要妄自惊扰的呢？"

评析：从真人到神人的飞跃。

《列子》一书中的列子，与孔孟老庄不同，孔孟老庄四人在各自的典籍中，是成熟的主角，而列子在《列子》中始终是成长中的角色，这使人感到亲切。

列子与他的师友壶丘子林、伯昏瞀人，切磋琢磨，是正常的有道之人，更是求道求真理之人，他们最多是真人，但南郭子大大超出了正常范畴，他高明高明再高明，超越超越再超越，已经如疯如魔，如醉如痴，成为失常超常的神人了。他夸张到失态，高明到傻呆，空灵到虚无，伟大到白痴的程度了。

关键在于从孔孟的反求诸己，到老子的无的哲学，然后到庄子与列子都强调自我救赎、主体意识、不受外物困扰、不信外物的真实。这可能与东周时期的环境恶劣有关，那个混乱争斗、朝秦暮楚、风云不测、吉凶旦夕的时代，谁敏感于机遇，谁先发疯；谁因应于变故，谁早找死；谁适应于外力，谁不成人样；谁善于合群随大流，谁失足落水，都会是聪明反被聪明误。所以列子与庄子设想的神人呆若木鸡、身如槁木、心如死灰，全须全尾的貌，无求无避的心，视而不见的目，听而不闻的耳朵，说了等于没说，知道了等于没有知道，这里应该加上，活着等于没活，注意，只有你做到了活即不活，你才能达到死而不死的境界。身心可以分家，有无可以通感，喜怒可以一致，用废可以一色。这令人想起周谷城教授招致大批判的所谓“无差别境界”说。

中国人是有两下子，一切对立的东西到了中国人这里都相通相同相一致，中国人的玄机你杀不死、砍不断、砸不烂、压不扁，可刚可柔，可张可弛，可伸可屈，可有可无，可此可彼，它叫作颠扑不破，无往不胜，可以是“克己复礼，天下归仁”的圣贤，可以是“玄而又玄，众妙之门”的太上老君，可以是“留取丹心照汗青”的英雄烈士，可以是“十年生聚，十年教训”“吃得苦中苦，能为人上人”的勾践，也可以是“不战不和不守，不死不降不走”的叶名琛，还可以是气功血战八国联军的大师兄们。

原文：

子列子学也，三年之后，心不敢念是非，口不敢言利害，始得老商一眄而已。五年之后，心更念是非，口更言利害，老商始一解颜而笑。七年之后，从心之所念，更无是非；从口之所言，更无利害。夫子始一引吾并席而坐。九年之后，横心之所念，横口之所言，亦不知我之是非利害欤，亦不知彼之是非利害欤，外内进矣。而后眼如耳，耳如鼻，鼻如口，口无不同。心凝形释，骨肉都融；不觉形之所倚，足之所履，心之所念，言之所藏。如斯而已。则理无所隐矣。

故事大意：混沌一体的学问之道。

说是列子求学于老商氏，学了三年以后，心里不敢挑剔是非，嘴上不敢谈论利害，这时能得到老商的侧目一看。五年以后，似乎自己懂了点是与非，口头上也能分析一下利与害了，老商也开始对他放松地一笑了。七年以后，随意想想，本无所谓是与非，随意说说，也无所谓利与害。老商先生开始让列子与他并排坐一坐了。到了九年以后，任凭纵横思考言说，还真闹不清是在思考言说自己的是非利害呢，还是他人的是非利害，内内外外，各种事物对象，似乎都已穷尽，连眼睛、鼻子、嘴巴的功能也混合为一，再无不同了。心思凝聚统一，形体消解散失，骨肉融化合一，再不觉得形体需要有什么倚靠，腿脚需要有什么踩踏，心中需要有什么念想，言语需要有什么内涵，一切不过如此而已，那么多玄机妙理，也就全部出现于眼前了。

评析：从必然王国到自由王国的飞跃。

东学西学，都是讲从必然王国到自由王国的飞跃的，但是古老中华的庄子列子，认为这个飞跃是一种心功心传心课心法，是一种内功，是靠着内心修炼完成的。这个修炼过程大致有四个阶段：

第一个阶段，这里没有正面说，应该是就学之前，常有是非之辨与利害之争，其实又是是非不明，利害不清，是表面片面浅薄粗率的是非利害之庸人自扰，枉费心机。

第二阶段，不敢存是非与利害之心之念，不敢妄言何者为是，何者为非，何者为利，何者为害，得到老师斜眼一顾，这一顾就把旧我格式化了，从零开始，从头学起做起。

第三阶段，开始随心所欲不逾矩了，有了一定的深度，有了一定的辨别能力，有了相当的清明头脑，公正心术了。

第四个阶段，超越阶段，超越是非，超越利害，超越物我，超越内外，超越五官，超越形体，超越心灵，超越世界，进入混沌，进入大道，进入天地，进入自由逍遥的王国了。

这也是高山仰止，景行行止，虽不能至，心向往之。

原文：

初，子列子好游。壶丘子曰："御寇好游，游何所好？"列子曰："游之乐所玩无故。人之游也，观其所见；我之游也，观其所变。游乎游乎！未有能辨其游者。"壶丘子曰："御寇之游固与人同欤，而曰固与人异欤！凡所见，亦恒见其变。玩彼物之无故，不知我亦无故。务外游，不知务内观。外游者，求备于物；内观者，取足于身。取足于身，游之至也；求备于物，游之不至也。"

于是列子终身不出，自以为不知游。壶丘子曰："游其至乎！至游者，不知所适；至观者，不知所眡。物物皆游矣，物物皆观矣，是我之所谓游，是我之所谓观也。故曰：游其至矣乎！游其至矣乎！"

故事大意：怎样旅游才到位？

这里又一次相当极端地强调主观唯心主义。列子喜欢出门游览，并且自吹他的游览比较敏锐精细，他是个有心人，旁人出门，看到的是诸种对象，他出门，看到的是诸对象的发展变化。他得出万物无故旧，时时有新变的结论，似乎有几分得意。他甚至流露出外出游览观看可分三六九等，而他属于上等的自夸心态。

他的老师壶丘子就敲打起他来了，老师认为万物时时刻刻变化不足为奇，人皆知也，列子注意到对象变化，也无甚高过人处。更重要得多的不是万物的变化，而是主体的变化。对象无故旧，主体同样无故旧可言。一个人不应该只注意观察外物，更应该观察自身，游览内心，把握内心，体验内心，自省内心。钻到内心里去游览，才是游览的顶级水平，被外物外观牵着鼻子走，只是初等水准。

列子受到指点，非常惭愧，再不出门瞎逛。老师继续发挥：真正把游览做到极致的人，并不注意外物，他不知道自己是到达了哪里，不知道自己看到了什么，其实呢，他哪里都去到了，什么都看全了。这种高端状态的旅游，正是如我所说的游览。所以壶丘子要一再提问，游得到位了吗？游出境界与高度了吗？

评析：炼出神仙的感觉来。

古代，尚无旅游行业，可能那时的生产力发展程度不够。但李白已经声言自己“一生好入名山游”了。游览的愿望，其实是与生俱来的，这里边有好奇心，有扩大视野、知晓世界的求知欲，似乎还有一种寻找，寻找这个突然出现在自己身上的生命感觉与环境感觉、对象感觉即世界感觉的内涵，当然也包括寻找新的环境与新的人生道路的可能性。这是观览外界的需求，也是滋养丰富内心的需求。李白的“庐山秀出南斗傍，屏风九叠云锦张。影落明湖青黛光，金阙前开二峰长，银河倒挂三石梁……”所写的都是“外物”，却也显示了李白的观览能力、审美心怀、敏锐反射，应该说还有对世界的无所不至的爱。郦道元、徐霞客等人自然也是关注观览名山大川之类的地貌风情。屈原的《离骚》，李商隐的“无题”系列，则侧重于内心，侧重于心化的，即灵性化、文学化、内视化的世界。李义山的“沧海月明珠有泪，蓝田日暖玉生烟”，与其说写的是物境，不如说是心境，更正确一点来说是物境与心境的统一：浩渺，幽深，珍惜，伤痛，亲切，温馨，静穆，悠长，一直到现代人喜欢说的“终极眷注”，均在其中。

壶丘子的说法夸张有趣。与上面所说的文学的内视外视不同，它是讲哲学的内外。他提倡的是苦练内功，他试图将儒家的“反求诸已”精神、正心诚意精神演变成一门修炼神仙的自我提升法术，估计未必有谁炼成了御风飞行，但是完全可以达到飞升揽月的感觉。炼感觉而成仙得道，往好里说是修炼精气神，差一点说是修炼巫术妖术，再差一点说就是修炼阿 Q 精神了。

列子听了壶丘子老师的教导便再不敢外出旅游了，又是自我消弭的窝囊路子。夸张至此，过犹不及，不免成为败笔。

原文：

龙叔谓文挚曰：“子之术微矣。吾有疾，子能已乎？”文挚曰：“唯命所听。然先言子所病之证。”龙叔曰：“吾乡誉不以为荣，国毁不以为辱；得而不喜，失而弗忧；视生如死；视富如贫；视人如豕，视吾如人。处吾之家，如逆旅之舍；观吾之乡，如戎蛮之国。凡此众疾，爵赏不能劝，刑罚不能威，盛衰、利害不能易，哀乐不能移。固不可事国君，交亲友，御妻子，制仆隶。此奚疾哉？奚方能已之乎？”文挚乃命龙叔背明而立，文挚自后向明而望之。既而曰：“嘻！吾见子之心矣：方寸之地虚矣。几圣人也！子心六孔流通，一孔不达。今以圣智为疾者，或由此乎！非吾浅术所能已也。”

故事大意：病非病。

名医文挚，被龙叔请了去治病，龙叔说自己的病症是：受到全乡里的人们赞誉却不觉得荣耀，受到举国毁谤，也感觉不到耻辱。有所获得，并不喜悦，有所失去，也不觉得忧愁，看着生活觉得与不生而死没有多大差别。看到富裕，觉得与贫穷也相差无几。看着一群人，觉得如同在看一群猪。反观自身，觉得如同在观看他人。住在自己家里，如同客居旅舍。住在自己故乡，如同处在边远的蛮夷番邦。这样一些症状，加官晋爵、赏赐利好，不能有所推动；刑罚惩处不能有所遏制；前景的兴旺或者没落，对自己有利还是有害，都不能改变心态；悲哀或者是喜乐，都不能转移我的注意。这样的情况下，既不能服务国君，也不能交往朋友，还不能驾驭妻子，又不能管理仆役。这算是一种什么疾病呢？又有什么药方能够治好这种疾病呢？

名医文挚于是让龙叔背对光源站立，文挚站到龙叔背后察看，他说："我看到你的心啦，你的心脏区域附近，方寸之地，已经是完全空虚的了，真是圣人一样的状况呀。心上的七窍，六窍都是通畅的，只有一个窍，是着实真正不通的，你把圣贤与智慧视为疾患的病感可能就是（因为有一窍不通）这样才产生的吧。那已经不是我的浅薄医术所能处理的了。"

评析：冷淡是不是一种高级修养？

龙叔所说的病，应该属于精神性冷淡症。文挚大夫则认为他的冷淡是修养功力接近圣贤的表现。不以誉荣，不以毁耻，不以得喜，不以失忧，齐生死、齐贫富、等人豕、等物我、同家舍、同乡国，赏罚利害哀乐皆不可入，无父无君，无亲无友，无妻无子，无仆无隶，可以解释为天马行空、独来独往的英雄神圣，也确实可能是一种精神疾患。作神圣伟大解，原因在于自身精神的高大上达到了无穷，成为∞（无穷大），然后，外物的一切，世上的一切，相应地变成了 0：宠辱无惊，刀枪不入，得失无别，胜负不分，他的精神力量与高度无穷无尽，他面对一切不值一顾，在外物的挑战面前他所向披靡；其实不需披靡，因为在 ∞ 面前 n 本来就是 0。

但是，在这种情况下，无穷大的精神主体自身的一切实有经验感觉体会，也因为与总体伟大精神的对比或无法比较而沦落为 0。气象符号将含水量在 80% 以下的霾标示为“∞”，在常人的精神体验中，无穷大的功力带来的是埋进了雾霾的体验。这就成了龙叔的病症，这就成了七窍通了六孔，空了六孔，还剩下未通的一孔。文挚声明，这已经不是医药所能解决的问题了。

某种意义上，列子的这个故事，发展了延伸了庄子的齐物论。庄子的齐物论，发展到这里或者思考到这里，其实已经是中国特色的数学思维。恰恰是数学的无穷大思维领域，在 17 世纪到 19 世纪的“英雄时代”，有过以康托尔（G.Cantor）为代表的天才数学家被攻击为“有病”的不幸经历，无穷大的思想也引起过某些数学家的恐惧，而且康托尔最后患精神分裂症去世。当然，他的病也是文挚之类的医师，不论多么伟大的医师，所无法给予医疗帮助的。

太高深高明的课题会被人研究疯，研究病，研究死；而另一方面会被研究成神仙圣贤真人至人大师法师。

这时候倒不如孔子讲的实在，未知生，焉知死？既已病，安知非病？既非病，安知非非病、非非非病？生非生、非非生，死非死、非非死，知非知、非非知……

一路非下去，伊于胡底呢？这等于说，人们的任何认知，任何价值判断，都是未必靠得住的，而任何的靠不住，任何的自我质疑，本身又是靠不住的，把相对绝对化以后，人们到底应该如何用相对的魔棒，去处理相对自身的绝对性呢？

原文：

无所由而常生者，道也。由生而生，故虽终而不亡，常也。由生而亡，不幸也。有所由而常死者，亦道也。由死而死，故虽未终而自亡者，亦常也。由死而生，幸也。故无用而生谓之道，用道得终谓之常；有所用而死者亦谓之道，用道而得死者亦谓之常。季梁之死，杨朱望其门而歌。随梧之死，杨朱抚其尸而哭。隶人之生，隶人之死，众人且歌，众人且哭。

故事大意：生生死死，幸或不幸，都是天道。

不需要什么因由（依仗、道理、观念、信仰）而存活着的，无条件地作用着一切的，这是天道。生而生之，生生不已，（生命乃至现有的一切）终结了，生生不已的天道也还存活着，这是恒常正常之理。活着的生命，由活变化为死，是不幸的，有因有由地不断死去，是天道。生生不已的另一面是死死不已，哪怕是还没有终其天年也死了，仍是常理常事。把握着顺随着总是要死的天道向死而去，却没有死而活下来了，这是幸事。没什么因由说法却活下来了，这又是天道。符合天道（有板有眼）地活到老，这是常理。反过来说，很有板有眼地跟随天道而生，却死了，这还是天道，符合天道，后来死了，也是常态常理。

季梁死了，杨朱看着他的房门唱歌。随梧死了，杨朱摸着死者的尸体痛哭。普通人生了又生了，死了又死了，有为生与死而唱歌的，也有为生与死而痛哭的（这都是正常的）。

评析：安时顺变的生死观。

先秦诸子，大谈生死的并不太多。一个是庄子，鼓吹生死的齐物，死了人不足为悲，正像丽姬一样，先是为自己的命运而哭泣，后是为自己的哭泣而懊悔。庄周甚至是妻子死了，他敲着盆唱歌。

比较起来，列子的说法更容易让人接受。生，一直到老而没死，是道与常，既然生下来了就活着，却未必说得清活着的用处、意义、道理和因由。生与活本来就不是人们选择的结果。但一般说来，生下来就每天好好地活着是正常的，生下来就不想活、就闹着要死是不够正常的。然后，长寿不死，是正常的，长寿而死当然也是正常的，活得意义重大，用处巨大，很好，未必就能活得长，不长也是正常的。活得没有什么意义、用处、道理或缘由，还是正常的。列子论述，不同的生、活、终、死、俗人认为当死而未死，或认为不当死而死……都是天道而不是人事的表现， 我们都应该一切顺其自然，就是道，这就是常态常理常事。

再简单一点说，生死都是道与常，善于摄生而长寿、养生而未能长寿、入于死地（如犯罪或重病而死亡、入于死地而侥幸未亡、长寿了好久最后还要死亡……这都是天道的表现，都是有常有定有理的表现。人无须为自己的生死而焦虑经营较劲。

当然，这样说太抹杀人的主观能动性的意义，太否定主体意识了。合情合理地说，最初生下来，未必明白生的意义与价值，但是如果正常地活下去了，再受到一定的文化的熏陶，人们会日益认定应该活得更有意义更精彩一些，人们会为自己的活一遭而寻觅说法。即使不同的时代，不同的地域，不同的处境，人们对于意义，对于来由，对于使命的把握会有很大的不同。人要用尽努力使自己的有生之年过得更有作为一些。人应该有这样的干劲与信心。

这一段的结构，很像是“偏义复词”，生与死都是道的体现，都是常态，但重点是说死。人生就是如此，生生、生生不已的说法流行于世，但是生生的结果必然是死死，生生不已的另一面恰恰是死死不已，正如一枚硬币必然是正反两面，生命的两面也正是生与死。生也是道，死也是道，生也是常，死也是常，说到幸与不幸，也同样皆道皆常。

道与常的说法有趣，我要说道与常两个字都是极富说服力的概念。道与常是汉语的概念神祇，道是最最高大上，用道而生，或者用现代汉语我们说是因道、循道、沿道而生是道与常；常是道的性质与特点，是道的功能与力量。那么同样，用道、因道、循道、沿道而死也正是常与道。生死之大，除了道与常，还有什么词可以说明，可以认同，可以令古往今来的生者与死者平和地哪怕是哭哭唱唱地接受呢？

在这里道与常已经靠拢为一，老子那时候更强调“道可道，非常道；名可名，非常名”“圣人无常心”。看来老子原本是想突破乃至干掉这个所谓“常”的范畴的。但是这个范畴，这个汉字太厉害了，它反败为胜。到了列子这儿，它变成了道的同义语了。

原文：

目将眇者，先睹秋毫；耳将聋者，先闻蚋飞；口将爽者，先辨淄渑；鼻将窒者，先觉焦朽；体将僵者，先亟犇佚；心将迷者，先识是非：故物不至者则不反。

故事大意：物极必反。

眼睛快瞎了，先是看得见（他人看不见的）秋天的细小毫毛；耳朵快要聋了，先听到（他人听不见的）小蚊子、小飞虫的飞翔声音；口腔味觉快要出现变异了，先是辨得清（他人弄不清的）淄、渑两条河的水的口味差别；鼻子快要堵塞失灵了，先闻到（别人闻不到的）烧燎的气息；身子快要呆木了，反急于跑跑跳跳；心灵快要迷糊痴呆了，先是（抖擞机灵）识别分析论辩是非：所以事物没发展到位，是不会走向反面的。

评析：物极必反的灾难到底出在哪里？

老子在《道德经》中指出“物壮则老，是为不道”，后来，人们渐渐悟出了物极必反、相反相成的道理。但这里的例子太具体也太临床，你很难接受凡一个人要生病，器官功能要衰退就一定先活跃高峰一番的规律。失明，有先天的，有一次疾病造成的，有灾害形成的，未必先是发一阵子疯或者邪作（阴平）一回才出现。我接触过夏衍这样的老人，九十几岁仍然一清二白，绝不糊涂，直到临终，一切交代安排，条理清晰。也接触过另外的人，没到七十就丢三落四，口齿含糊。清晰的人清晰到底，迷糊的人也迷糊始终。

但列子此段落的含义并不迷糊。他的用意是劝诫，人不可太过，太能，太尽兴，乃至太成功，万物成事过犹不及，物极必反，逞强好胜，往往自取其辱，聪明反被聪明误，“机关算尽太聪明，反误了卿卿性命”，则是不足为奇的。《列子》这里讲的是，如果只是官能超强，耳聪目明，不足为患，怕的是走了邪道与沉迷在自己的所谓先与强里。

还有一个问题，你的立意大体是对的，但是为此讲的事例并非完全经得住推敲，这也是可能的与本该注意避免的。

原文：

郑之圃泽多贤，东里多才。圃泽之役有伯丰子者，行过东里，遇邓析。

邓析顾其徒而笑曰："为若舞，彼来者奚若？"其徒曰："所愿知也。"邓析谓伯丰子曰："汝知养养之义乎？受人养而不能自养者，犬豕之类也；养物而物为我用者，人之力也。使汝之徒食而饱，衣而息，执政之功也。长幼群聚而为牢藉庖厨之物，奚异犬豕之类乎？"伯丰子不应。伯丰子之从者越次而进曰："大夫不闻齐鲁之多机乎？有善治土木者，有善治金革者，有善治声乐者，有善治书数者，有善治军旅者，有善治宗庙者，群才备也。而无相位者，无能相使者。而位之者无知，使之者无能，而知之与能为之使焉。执政者，乃吾之所使；子奚矜焉？"邓析无以应。目其徒而退。

故事大意：贤与才，谁养活了谁？

郑国圃泽地区有许多贤良的好人，东里那边有许多有才干的能人。一次圃泽的列子门徒伯丰子走过东里，碰到才学过人的邓析，邓析想戏耍他一番，给自己的弟子取乐。他对伯丰子说："你懂不懂得被养活与养活他人的含义？被养活而不能自食其力的人，是犬呀猪呀之类的活物。而养活他人或其他活物，以便使役这些被养活的东西，这才是人的能力。像你们这些人，能吃饱饭，能穿上衣服，能有所歇息，都是执政的才人的功劳。你们三一群两一伙地聚集在一起，就像牲畜一样地住在栅栏棚圈里，与猪狗又有什么区别呢？"

伯丰子未予搭理，伯丰子的门徒抢在前面对邓析说："大夫，您知道齐鲁地域，有许多能人巧匠吧，有的善于土木建筑，有的善于制造兵器甲胄，有的善于使用乐器声响，有的善于书写计算，有的善于带兵作战，有的善于宗庙大典，各种人才齐备。他们当中并没有达到高位相位的人，也没有人想去使役对方。真正有智慧的人不追求位置，真正有能力的人不追求役使他人。正是有智慧与能力的人才，常常被无智慧与能力的人所使役。高位并不需要高才高贤。执政的人，其实也可以说是为我辈所使役的，您又有什么可自夸的呢？”

这话说得邓析无言以对，看着伯丰子的门徒，退缩回去了。

评析：尊重专门知识，尊重公共管理。

这一节，我们可能会想起在革命的发轫时期多有类似早在我国《诗经》中已经激情控诉过的“不稼不穑，胡取禾三百廛兮？不狩不猎，胡瞻尔庭有县貆兮？彼君子兮，不素餐兮！”这一类的呼声。就是说，我们要控诉剥削，赞美劳动，我们要批判所谓执政者养活了专家贤人的说法。

但同时，我们也无法不承认公共管理的意义，我们不能认同《孟子》中的农家代表人物许行，要求所有的人都自己种粮，“养活”自己。

到了《列子》这里，一边是贤（其实可能是与权有关的人士），那个历史时期，至少口头上人们常常认为贤德是执掌权力的依据。另一面是才，才干方认为己方才是有特长的，是己方的才干养活了官员和政府。才干的一方嘲弄侮辱贤德的一方，这个故事相当古怪。我们已经习惯了听取有才干而无权力的人的诉苦与非议，越是有才就越容易认为自己郁郁不得志。这里却听到了较易处于掌权地位的贤德之人被轻蔑被污辱的故事。不知是不是越是贤德之人越容易进入执政系统，进入高低贵贱阶级明晰的行政系统，而不像才干之人直接用才干交换物质的财富，所以较易于被攻击为被豢养的猪狗。

《列子》这里的角度有所不同，它强调了各行各业的专家贤人、能工巧匠，都是自食其力而且贡献社会的。同时，越是高明的才人贤人，越是不常常钻营指挥他人管理他人的地位，真正的才干与贤德，如何会孜孜于级别地位？根本用不着勉强地争执谁养活了谁，谁役使了谁。

反过来说，高高在上的地位所需要的未必是具体与专门的才能或贤淑与纯洁的品德，那是另外的学问修养品格，列子此处无意多说。

最后通过伯丰子学生之口说：“执政者，乃吾之所使，子奚矜焉？”是说执政，也是靠贤德来役使的，还多少有点执政者是我们的公仆的含义。才干，同样也是靠贤德来役使的，权力与才干都是服务，你使役我正是我使役你。

中华传统文化最喜欢这种A—B亦即B—A的推断模式。不太明晰，需要咀嚼，这话是代表贤德一方的伯丰子的学徒所说的，无形中升拔了伯丰子的分儿。

原文：

公仪伯以力闻诸侯，堂谿公言之于周宣王。王备礼以聘之。公仪伯至；观形，懦夫也。宣王心惑而疑曰：“女之力何如？”公仪伯曰：“臣之力能折春螽之股，堪秋蝉之翼。”王作色曰：“吾之力能裂犀兕之革，曳九牛之尾，犹憾其弱。女折春螽之股，堪秋蝉之翼，而力闻天下，何也？”公仪伯长息退席，曰：“善哉王之问也！臣敢以实对。臣之师有商丘子者，力无敌于天下，而六亲不知；以未尝用其力故也。臣以死事之。乃告臣曰：‘人欲见其所不见，视人所不窥；欲得其所不得，修人所不为。故学眎者先见舆薪，学听者先闻撞钟。夫有易于内者无难于外。于外无难，故名不出其一家。’今臣之名闻于诸侯，是臣违师之教，显臣之能者也。然则臣之名不以负其力者也，以能用其力者也；不犹愈于负其力者乎？”

故事大意：有力气不如善用力气。

公仪伯以力气大而闻名于各诸侯邦国，堂谿公将这事告诉了周宣王。周宣王以币帛礼物去聘请他做官。公仪伯来了，宣王一看他的形象，像个窝囊的人。宣王疑惑地问道：“你的力气怎样？”公仪伯说：“我的力气能够折断春螽大腿，刺穿秋天蝉翼。”宣王变了脸色，说：“我的力气撕得开犀牛的皮，拖住九头牛的尾巴，还嫌自己力气小。你折断春螽大腿，刺穿秋天蝉翼，怎么能以力大而闻名天下呢？”公仪伯叹了口气，离开座席，站立起来说：“君王问得好！我大胆地把真实状况报告给您。我的老师当中有个叫商丘子的，力气大得天下无双，但是连他的父母妻子兄弟也不知道，因为他有力气却从来没有表现出来。我死心塌地去服侍他，他才告诉我真相：‘人们想见的是自己没见过的，想看的是别人不去看的，想得到的也是自己无法到手的，想修炼的是别人所不修炼的。是以学眼力的往往先看满车的木柴，练听力的往往先听撞钟的声音。这样，内心觉得容易，对外做起来也不会有难色。做起来没有难色，名声也就出不了自家。’现在我的名声传遍了各诸侯国，是我违背了老师的教导，显示了自己能力的缘故。那就是说，我的名声不是由我自己实有的力气得到的，而是由于我善用自己的力气得到的，这不是比倚仗实有力气的人更好一些吗？”

评析：力与力之运用。

这个词儿抠哧得令人晕菜。力气大了，不足为奇，因为世界上真正有力气的人常常不愿意外露，不愿意显摆，宁愿将自己的力气藏于天地，藏于深渊，和光同尘，藏于平淡无奇之中。道家的这一主张有趣，带几分韬光养晦的老到与阴险。

一个窝囊人如果运用得当，能成为天下闻名的大力士。不免令人想起传媒时代的某些事宜。一个著名电视节目主持人说过，如果他的专栏节目中每次带一只狗出镜，那只狗也可以成为中华名狗。传播手段制造明星，制造学者，制造名人，制造奇葩，制造大师，似乎能够为列子的“力能折春螽之股,堪秋蝉之翼”的懦夫力名天下的故事提供解读思路，列子太厉害了。

第一，有点能力，第二，但重要的是，不滥用能力，而是善用能力。什么叫善用能力呢？列子没有细说，应该是用的时间、地点、场合、机遇，用的程度与神态，用力的表演性、诚恳性、可信性、传播效果，等等。反过来说，名声不一定靠得住，但名声也不能等闲视之，列子此段，意味深长。

原文：

中山公子牟者，魏国之贤公子也。好与贤人游，不恤国事；而悦赵人公孙龙。乐正子舆之徒笑之。公子牟曰：“子何笑牟之悦公孙龙也？”子舆曰：“公孙龙之为人也，行无师，学无友，佞给而不中，漫衍而无家，好怪而妄言，欲惑人之心，屈人之口，与韩檀等肄之。”

公子牟变容曰：“何子状公孙龙之过欤？请闻其实。”

子舆曰：“吾笑龙之诒孔穿，言：‘善射者能令后镞中前括，发发相及，矢矢相属；前矢造准而无绝落，后矢之括犹衔弦，视之若一焉。’孔穿骇之。龙曰：‘此未其妙者。逢蒙之弟子曰鸿超，怒其妻而怖之，引乌号之弓，綦卫之箭，射其目。矢来注眸子而眶不睫，矢隧地而尘不扬。’是岂智者之言与？”

公子牟曰：“智者之言固非愚者之所晓。后镞中前括，钧后于前。矢注眸子而眶不睫，尽矢之势也。子何疑焉？”

乐正子舆曰：“子，龙之徒，焉得不饰其阙？吾又言其尤者。龙诳魏王曰：‘有意不心。有指不至。有物不尽。有影不移。发引千钧。白马非马。孤犊未尝有母。’其负类反伦，不可胜言也。”

公子牟曰：“子不谕至言而以为尤也，尤其在子矣。夫无意则心同。无指则皆至。尽物者常有。影不移者，说在改也。发引千钧，势至等也。白马非马，形名离也。孤犊未尝有母，非孤犊也。”

乐正子舆曰：“子以公孙龙之鸣皆条也。设令发于余窍，子亦将承之。”

公子牟默然良久，告退，曰：“请待余日，更谒子论。”

故事大意：公孙龙的奇谈怪论。

说的是中山聪敏的贤公子魏牟与乐正子舆关于名家公孙龙的理论学的一番辩论。

说是魏牟不在意国事治理，而喜欢与人谈论，大体属于智力飞扬而非务实操作型的谈玄论道的人物。

乐正子舆注意的则是经世致用。所以他指出公孙龙是那种没有受过正规老师教导的人，没有和同学正经切磋过，花言巧语不着边际，泛漫推移没有依傍（不接地气、人气），标新立异，狂言妄说，扰乱人心，他只有折服人的口舌之谈。和韩檀（桓团）一类人物同类，都是瞎忽悠。

魏牟认为乐正子舆说得太过分了。要对方举出实例。

乐正子舆说：“公孙龙蒙骗孔子的后人孔穿，说什么善于射箭人能够做到后箭射中前一支箭的尾巴。看上去一支支射出去的箭接成一大支长箭。他的夸大其词令孔穿骇异。公孙龙还进一步夸大其词，说什么过去射箭名手逢蒙的徒弟鸿超发怒了，想吓唬他妻子，遂拉开良弓名箭，向着妻子的眼珠射去，箭矢射到了，妻子的眼睛眨也不眨，箭矢到了她的眼前，（力量用尽，轻轻）落到地上，尘土也不会扬起。这种忽悠也算什么明智的言语吗？”

魏牟说：“智者的言语傻子当然不能理解。射出去的许多箭连到一起，是因为后箭的箭头正好瞄准了前箭的箭尾，箭射过来连眼珠都不动，是因为知道那箭的力量到眼前为止。（道理都是站得住的，）这又有什么可疑惑的呢？”

乐正子舆说：“你是随了公孙龙一伙儿了，所以为他的胡言乱语辩护。他还有更过分的呢。他骗魏王说：‘有了意念就没有（清澄中正）之心了；有了指要（旨意、大义、定向）反而得不到标的，理解不到位了；任何的东西，都是分割不尽的。所有的影像，都是不可能挪移的。一根头发丝，却可以经得住千钧重量。白马并不能算是马，是因为白马的形色已经脱离了“马”字的含义。孤畜犊子，从来也没有母亲。’这样的抬杠逆说，说也说不完。”

魏牟说：“是你自己听不懂，我反而认为公孙龙说得对，其实错在你这边。（你想想，）如果谁也不抱意向成见，心与心之间也就容易相通。不强调指向的含义，也就容易到位得其意旨。分割外物的，有的人总是拥有外物而不会穷尽；影子不能移动的，是因为许许多多影子本身处在不断的更替生灭之中；发丝力负千斤，是因为重量均匀平衡（不增加发丝的额外负担）；孤犊无母（更简单），是说有母亲的小畜怎么能叫孤犊呢？”

乐正子舆说：“您以为公孙龙的言语都是条理分明的吗？他的言论从肛门中释放出来你也接受吗？”

魏牟没有说话，等了好久，告辞说：“再等等，过几天吧，我再请教您好了。”

评析：对于逻辑悖论、语言悖论的接触与探索。

东周时期的名家，或称刑名之家、形名之家的玄谈，对于人脑是极有启发意义的。孔、孟、老基本上没有注意到名家或他们的时代尚没有有影响力的名家。庄子在《齐物论》当中，提出了与“逍遥游”中的区分大小、高低、长短的观念相悖的齐物观念，又在有用无用的问题上遭到弟子的质疑，临时提出了“有用与无用之间”带有诡辩性的命题。《列子》这一段就算是给予了相当的注意了。

公孙龙的悖论令人想起欧洲的著名数学悖论。孔子讲“名”，是要求名实的统一，要求秩序与价值的明朗化。公孙龙讲名，则是通过对概念符号的探讨指出了语言符号、概念符号带来的思想与逻辑上的困惑。公孙龙的思路没有走数学的精准、图式、纯粹化的路子，没有走欧洲哲人“上帝的语言、上帝的真善美”（指数学）的路子，而更多地显示了中国东周时期辩士的特点。公孙龙等的辩驳提醒了国人，绝对化是做不到的，是天生自相悖谬的，名称与名称的参差覆盖，语词与语词间的连通，必然带来相悖谬的命题。一搞绝对化较劲，就损坏了中华传统文化的灵活性与玄妙性。例如白马与马，既相通，又相悖。一般认为白马也是马，这是相通。一般人也明白马之名称，完全不包含白的含义，这是相悖。

客观的外物，被主观的人的精神所命名，所定义，便已经在某种意义上脱离了原生态的外物的纯客观存在，脱离了它们的混杂与随机性因素的多端影响，而加上了人的主观的意向与主旨、指要，用马克思喜欢说的话是已经开始了人的本质化。语言符号是物的反映，同时语言符号又是物的抽象化、普泛化、清晰化，带来的是纯粹化与不可免的绝对化。例如，从纯理论的角度探讨，最佳弓箭手箭箭首尾相接相连，是完全可能乃至完全应该的。但实际上难以相信能够做到这样毫无变化地百分百完美。名与名之间，例如，这里提到的白马与马，物与影，孤犊与母，坚与白，意与心，指与旨，通与达，神箭手的技艺与机遇的绝对性（中的）与非绝对（射中）的机会性、偶然性，动与静，多与一，细弱与细而不弱，这些“名”，本来出现在实际生活中，并没有任何困难与混乱，而彻底“名”化符号化概念化之后，它们互相顶撞起来。原因很简单，任何时候名比实更绝对，语词比生活更纯粹，数学比世界更准确和真理。

阿基米德认为从数学的意义上他永远追不上一只乌龟，因为当他追赶到乌龟此前到达了的一个点上的时候，此乌龟必然又向前挪移到了另一个点上。这与公孙龙认为影子本身并没有移动，而世界上只有人（物）的移动造成的无数个影子的重叠连续与分开，阿基米德与公孙龙有共同点。公孙龙的理论本来应该使中国成为电影的发源地，可惜他的钻牛角尖只被认作奇谈怪论。中国的经世致用传统远远胜过了符号思维、逻辑思维、数学化思维的传统。公孙龙的一些思考可以说是抽象空洞自我矛盾的奇葩，也可以说是对于更深刻的命名、符号、思维、逻辑、语法乃至数学的纯洁性与准确性的追求。至少是对于智力的极佳训练。

适可而止，不做结论，这也是《列子》一书的重要特点之一。

原文：

尧治天下五十年，不知天下治欤，不治欤，不知亿兆之愿戴己欤，不愿戴己欤。顾问左右，左右不知。问外朝，外朝不知。问在野，在野不知。尧乃微服游于康衢，闻儿童谣曰：“立我蒸民，莫匪尔极，不识

不知，顺帝之则。”尧喜问曰：“谁教尔为此言？”童儿曰：“我闻之大夫。”问大夫。大夫曰：“古诗也。”尧还宫，召舜，因禅以天下。舜不辞而受之。

故事大意：唐尧的清醒与寂寞。

唐尧君临天下五十年了，不知道自己是不是把天下治理得很好，不知道庶民众人到底是不是拥戴自己的治理。他问问身边左右，众臣不甚了了，问问外朝政务官员，也是不知道。问问四野百姓，还是不知道。于是尧微服私访，到了四通八达的大路口，听到儿童的歌谣，说是：“治理我们老百姓，都是您确立的标的与规矩。百姓在不知不觉之中（或百姓不必使用自己的智谋，也不必增加自己的见识），也就顺应了您立下的法度（天下也就治理有成了）。”

唐尧一听很高兴，便问儿童，是谁教导你们这样的歌词呢？

回答是大夫。问大夫，大夫说是出自古诗。唐尧回到宫里，召见了虞舜，把治理天下的大位禅让给了舜，舜没有推辞，接受了尧的禅让。

评析：古诗与为政的理想主义。

这个故事极妙。堂堂上古贤明君王唐尧治天下五十年，太长了，反而不知道自己的治理是好是差，对自己没把握。不但自己不知道，内宫外朝谁也说不清。以至于尧微服私访，自察得失。这表明：第一，政治得失，不易判断；第二，尧相当谦虚谨慎，愿闻客观评价，臣子也并不一味说好听的。如习惯于自吹自擂，根本不需要察访。

然后是在地方听到了歌颂拥戴的歌谣，尧圣也爱听这样的歌谣，有趣，可爱。人们认为谣是“无根之言”，甚至认为是天意，但近现代社会也有出自心理战神经战企图的造谣生事，谣言惑众。

问清了，这些好听的话出自古诗古语。是国人的习惯言语，是天下太平的常态言语。这说明：一、天下大治也罢，圣人唐尧也罢，他的治理成功也是有历史根源的，是长期积淀的结果。二、任何追求天下大治的贤君，都应该注意历史的范例，注意先人的经验，注意治理的初始化的纯洁与认真，理想与信念。三、先贤在前，榜样确立，还要看自身的兢兢业业，符合正道。唐尧听到正面的古诗感到快乐，是正常的，自然的，是令人放心的。

这样，就好解释他的禅让了。天下大治，可以自信与踏实了。古诗表明，天下早有大治的经验与榜样，唐尧可以对未来抱比较乐观的态度。他的这种“历史乐观主义”心态，对于虞舜显然也有正面的影响，使唐尧虞舜的交接成为历史美谈。

至于古诗的文本，有可玩味处。其实并没有多少感恩的动情话语，只是说立了极，立了则，大家都听古代圣贤帝王的。但也可以从中得出认识，帝王圣贤的主要使命是立极定则，而有极有则，必然天下太平，无叛无乱，无凶无恶，如此蒸民，各得其立，各得其所，至于如何春耕夏耘秋收冬藏，如何父慈子孝夫妻和睦兄弟友善，让老百姓自己去努力。极与则是圣贤君王管，福与祉则是蒸民自己创。

更有趣的是说蒸民们是在不识不知的状态下接受了圣贤帝王们的教化与管制的。此言是不是含有“识多了、知多了反而是天下不太平的因素”的意思呢？这有点道家的非智主义，但也与儒家相通。中华文化倾向于潜移默化，倾向于此时无声胜有声，倾向于厚朴至上，以德为先；醉心于道法自然、举重若轻、因势利导、若无其（余）事。如孔子所说：“其身正，不令而行；其身不正，虽令不从。”如老子所说：“处无为之事，行不言之教。”如庄子所说：“且鸟高飞以避矰弋之害，鼷鼠深穴乎神丘之下以避熏凿之患。”（百姓自然会懂得哪些事可以做，哪些事绝对不行。）列子等人不特别强调治理百姓要耳提面命，无微不至，这有它的理想性与现实性，但也有它的一厢情愿性。

还不能不考虑到另一种解读的可能，唐尧原本以为民谣表明的是老百姓对他这位圣君的挚爱，后来终于弄清楚了，是古诗，他并不拥有专有的被赞荣耀。于是赶紧禅让。

原文：

关尹喜曰："在己无居，形物其箸。其动若水，其静若镜，其应若响，故其道若物者也。物自违道，道不违物。善若道者，亦不用耳，亦不用目，亦不用力，亦不用心；欲若道而用视听形智以求之，弗当矣。

"瞻之在前，忽焉在后；用之弥满，六虚废之，莫知其所。

"亦非有心者所能得远，亦非无心者所能得近，唯默而得之而性成之者得之。知而亡情，能而不为，真知真能也。发无知，何能情？发不能，何能为？聚块也，积尘也，虽无为而非理也。"

故事大意：大道自悟。

关尹喜说：只要自己不拘泥呆板，外物就会以它们的本来面目出现在你的主体认识与反映里。物的运动像水一样活泛，静止像镜面一样清明，回应如回声一样准确，大道如此这般地体现在外物上。外物可能出现违背大道的荒谬，大道不会出现违背外物的偏差。体察把握大道的人，不需要用耳朵（去听道），不需要用眼睛（去看道），不需要用力气（去追道、抓道），不需要用心思（去想道）。如果你想获得大道，那么谁要是在看视、聆听、形体、心智上使劲儿，那就算是劲儿使错了地方。

道在哪里？本来看到它在前面，忽然又闪到后面去了。用起道来，道充满三维空间；不用它了，道不知所往。

对道有所用心，它未必与你疏远；对它漫不经心，也未必对你亲密。只有默默无言，归于天性本然，而后可能对道有所体悟。有那个智慧，但不含多少情绪，有那个能势，但不求多少作为，那才是真正的智慧与能势。从无知出发，（主体上）又能含有什么喜怒哀乐之情呢？从无能出发，又能有什么筹策推进的作为呢？（大千世界里的一些）凝结成块，积聚成形，也是无为的，但是它并不理解、不觉悟无为的大道理。

评析：空无之大道理。

空无是什么都没有，也可能是最伟大的存在。空无是 0，0 可能意味着消失、死灭、不存在，也可能意味着无限的可能，无限的积累，如在一个整数后面的 0。此段一上来讲主体（在己）的“无居”，可以理解为要求归零，这里是把物与己对立起来，体物而废己。体物废己以后就做到了万物清明，如水如镜如响如物本身。中华传统文化还特别喜欢强调不要刻意，不要立意，不要使力，不要失常，即使其自然而然，原因在于中华语言文字所带来的整体性、综合性、抽象性、神性即终极性、体悟性而非实在性、观察性、数据性、认证性。这里用的“瞻之在前，忽焉在后”，与《论语》上的说法完全相同，似乎在描写一个精灵，也极有趣。

究其含义，一个是不要太主体化，不要听觉化、视觉化、冥思苦想化、较劲化、情感化，一个是不要功利化、具体化、学业化与行动化、事业化。那么“道”到底是什么呢？应该是一种品质，是一种至高无上的体验，是一种无往而不利的效用，更是一种信仰，一种依托。

汤问第五

此篇称得上《列子》的幻想曲、畅想曲之集大成者。

有终极畅想，未有之有，无物之物，边际顶端，天地亦物，物有不足。然后是心性、均衡、技艺、艺术、武器、机器人之畅想，无所不及其极。

原文：

殷汤问于夏革曰："古初有物乎？"夏革曰："古初无物，今恶得物？后之人将谓今之无物，可乎？"殷汤曰："然则物无先后乎？"夏革曰："物之终始，初无极已。始或为终，终或为始，恶知其纪？然自物之外，自事之先，朕所不知也。"殷汤曰："然则上下八方有极尽乎？"革曰："不知也。"汤固问。革曰："无则无极，有则有尽，朕何以知之？然无极之外复无无极，无尽之中复无无尽。无极复无无极，无尽复无无尽。朕以是知其无极无尽也，而不知其有极有尽也。"

故事大意：成汤的终极关注。

讲的是成汤与他的大夫、大贤夏革之间的问答，汤问，夏答。

问："在古代的起初，有没有万物的存在呢？"

答："如果古代起初，什么都没有，现在的万物又是从哪里来的呢？（对于后人，我们也是古代。）如果后人说我们的时代没有万物，可以成立吗？"

问："那么万物的存在就没有先后的区别吗？（自古就是这样的局面吗？）"

答："万物的终了与开始，最初未必有什么安排程序，某物的开始也许正是终结，某物的终结也许正是开始，又如何能理出个头绪次第来呢？（先后与始终的观念，其实是人为的而不是自然的。）至于存在之外，事件（变化）之先，目前的世界形成之前又是什么情况，更是我们所难以知晓的了。"

问："那么（我们的世界）上下八方，有没有边际尽头呢？"

答："（唉，）不知道呀。"

汤仍然没完没了地问这个问题。

答："如果我们强调万物的无这一面，那么，是不是既然无了，也就不可能有无的边际与尽头了呢？如果我们强调万物的'有'的一面，那么是不是说，既然有，也会'有'个'边际与尽头'呢？（话是这么说，理论上概念上可以如此分析，实际上）这却是我（们）所无法知晓的了。（再延伸一下，）超出'没有'的边际，岂不是连这个'没有边际'（的说法）也是'没有'的吗？超出'没有'的尽头，连这个所谓的'没有尽头'，岂不也是没有的吗？（强调'无'边的结果必然是无无边，强调'无'尽的结果必定是无无尽。）这样，我只能认定世界万物是无极无尽的，而无法认定它们是有极有尽的。"

评析：无与有的哲学思辨。

一上来，是罗蒙诺索夫的物质不灭定律即质量守恒定律，“古初无物，今恶得物？”古代如果无物，现在的物又是哪里来的呢？这是一个常识性的说法，它否认物质绝对地从无到有的可能性，它只承认有的存在形式的转换。这样的认识远远比罗蒙诺索夫早两千多年，但是常识的判断毕竟没有化学实验作为依据，没有质量守恒的计算作为核对。

这个光辉思想的走向不是物理学、化学，而是中国独特的远古辩证法。这是一段极深刻、极根本、极有趣的哲学—逻辑学—数学—语义学讨论。讨论到世界的万物的边际与尽头，亦即讨论到终极，东周时期的中华哲人倾向于优先选择“无”，实际是无穷，无无，即无穷大——∞。

到了这里，无即是有，有即是无，这恰恰是罗蒙诺索夫的物理化学公式没有涉及的。

原因很简单，如果你选择的是有，是边际与尽头的有，那么有之外，边际与尽头之外，是什么？仍然是无，差不多是0。

一味无下去，0下去，结果是无本身，0本身也应该也或许被无掉，被0化。如果世界的一切都0下去，0也就失去了一切内涵和意义。没有有，哪儿会来无呢？一个从来没有出生到世界上，没有孕育在母体中的胎儿，又怎么会死了、没了、成了无了呢？

《列子》中的夏革指出：“然无极之外复无无极，无尽之中复无无尽。无极复无无极，无尽复无无尽。朕以是知其无极无尽也，而不知其有极有尽也。”这绕口令式的分析，令人拍案叫绝！

人类的语言已经制造了体现了这个悖论：一切的肯定往往都包括了对于否定的肯定，而一切否定也都面对着、绝对逃不出你所否定的原有的否定。罗素的理发师悖论就是这样构成的。理发师声称他不给自己理发的人理发，那么他能不能给自己理发呢？

过去，遇到这一类问题我们一般解释为形式逻辑够不着辩证法，形式逻辑只知道 A 是 A，所以不是非 A，A 不是 B 所以就是非 B，但是我们更可以从语义学上看，这样的悖论是语言表述能力的艰窘所造成的，语词语义必须区分有与无、是与非，然而大千世界，无穷时空，会把将语言运用得得意扬扬的人类绕到语言思维的陷阱里去。

有与无的观念，∞、n 与 0 的观念，它们的关系太妙了。你承认有，那么你承认不承认有一种形式、一种观念是“无”（之亦有）呢？我们所说的零报告、零增长、零伤亡、得零分不也是一种存在，一种“有”吗？我们所说的无，不就是有这个无，或者是无之有、无之存在、无之确实、无之的确吗？如果你强调无，也就是 0，也就是穷尽，也就是绝对的空虚，那么这样的 0、穷尽、空虚也正好被无搞成、变成、表现成无穷无尽、无边无涯、无际无边。而如果是强调有呢，那么无有不有呢？有一个无，亦即无一个有，无有的结果是有无，无有就是无，有无还是无，无无的结果是无变为有，负负为正，无无即有。有与无的观念与数学符号的讨论，是一个足以令人发疯的讨论。所以，在《列子》这里，汤的提问开始，夏革仅以不知回应，被追问急了，中华高士、成汤重臣，夏革才不得不亮出自己的思维过程来，而且他讲得合情合理，心平气和。厉害呀，我的夏革！

原文：

汤又问曰：“四海之外奚有？”革曰：“犹齐州也。”汤曰：“汝奚以实之？”革曰：“朕东行至营，人民犹是也。问营之东，复犹营也。西行至豳，人民犹是也。问豳之西，复犹豳也。朕以是知四海、四荒、

四极之不异是也。故大小相含，无穷极也。含万物者，亦如含天地。含万物也故不穷，含天地也故无极。朕亦焉知天地之表不有大天地者乎？亦吾所不知也。然则天地亦物也。物有不足，故昔者女娲氏炼五色石以补其阙；断鳌之足以立四极。其后共工氏与颛顼争为帝，怒而触不周之山，折天柱，绝地维；故天倾西北，日月星辰就焉；地不满东南，故百川水潦归焉。”

故事大意：四海之外，仍如齐州。

问：“那么四海之外都有些什么呢？”

答：“也跟中央州郡地区差不多嘛。”

问：“你怎么证实你说的话呢？（你又没有去过四海之外啊！）”

答：“我向东到过营州，看到那里（的人们、地貌）也是（与我们大体）一样的。我问他们再往东呢，他们说也还是（大体）这样的。我向西走到豳州，看到那里的（人们、地貌）也大体是这样的。问再往西呢，说是（大体上）也是这样的。这样我也就知道了，不论是东南西北——四面大海、四方荒野、四端极地，远远近近，都与中州大体无异。这样大中有小，小中有大，无穷无尽，（世界）包含万物，正如（世界）包含天地。包含万物，从而是没有穷尽的。包含天地，从而是没有终极的。我又怎么可能知晓在天地之外是不是还有更大的世界呢？这也是我所不知晓的。但是天地说来也是万物之一部分，所以天地也是可能有某些不足之处的，天地也会有漏洞。因此昔日女娲氏采炼五色石来弥补天上的缺口，撅断巨龟的四条腿来支撑天空的四端。后来共工与颛顼（即祝融火神）争夺帝位，共工失败，愤怒地向不周山撞去，撞折了天之柱，弄断了维系大地平衡稳定的缆索。于是天向西北方向倾斜，日月星辰跟着往西北走；地向东南方向挪移，河流水系也就往东南汇合。”

评析：世界的统一性、无尽性、不完全可知性与缺陷性。

作为直截了当、生动具体的“世界观”，《列子》的这一段，相当合理准确。先说世界的四海、四荒、四极由近及远，合情合理，夏革推断世界是统一的，是大同小异的。他又认为世界是不可穷尽的，从而对世界的认知也是不可穷尽的。天外仍然可能有天，世界之外仍然会有世界，这已经接近当今关于外星、对于另一个或几个银河系的认知。然而，这里的认知是想象，不是用超级望远镜观察，不是天文学地质学的考察、计算、科研。

然后，更精彩更大胆地往前一步，他认为天与地也是属于万物的，因而不会是尽善尽美的，是有缺陷的。

这里引用了著名的女娲补天的故事，一般认为它是上古的神话传说。这样的故事虽不可能有其事，但也合情合理。古人认为天地也是“物”，这种认识很棒，也很亲切实在。天就是窝顶、帐顶、屋顶、天花板；地就是泥土、山河、原野、沙石，就是地面、地板。屋顶天花板当然有出现破裂、漏洞、皱褶的可能，而地面当然也有倾斜的可能。天破漏了怎么办？打补丁。天歪斜了怎么办？立柱子、支柱子，这是很朴素的想法。这一类的问题，其实《列子》中的夏革大夫一而再、再而三地强调自己“何以知之”与“不知也”。但是汤问得坚决诚恳，夏革也就只能“戏不够，神仙凑”了。

原文：

汤又问：“物有巨细乎？有修短乎？有同异乎？”

革曰："渤海之东不知几亿万里，有大壑焉，实惟无底之谷，其下无底，名曰归墟。八纮九野之水，天汉之流，莫不注之，而无增无减焉。其中有五山焉：一曰岱舆，二曰员峤，三曰方壶，四曰瀛洲，五曰蓬莱。其山高下周旋三万里，其顶平处九千里。山之中间相去七万里，以为邻居焉。

其上台观皆金玉，其上禽兽皆纯缟。珠玕之树皆丛生，华实皆有滋味；食之皆不老不死。所居之人皆仙圣之种；一日一夕飞相往来者，不可数焉。而五山之根无所连著，常随潮波上下往还，不得暂峙焉。仙圣毒之，诉之于帝。帝恐流于西极，失群仙圣之居，乃命禺彊使巨鳌十五举首而戴之。迭为三番，六万岁一交焉。五山始峙而不动。

而龙伯之国有大人，举足不盈数步而暨五山之所，一钓而连六鳌，合负而趣归其国，灼其骨以数焉。于是岱舆员峤二山流于北极，沉于大海，仙圣之播迁者巨亿计。帝凭怒，侵减龙伯之国使阨，侵小龙伯之民使短。至伏羲神农时，其国人犹数十丈。

从中州以东四十万里得僬侥国，人长一尺五寸。东北极有人名曰诤人，长九寸。荆之南有冥灵者，以五百岁为春，五百岁为秋。上古有大椿者，以八千岁为春，八千岁为秋。朽壤之上有菌芝者，生于朝，死于晦。春夏之月有蠓蚋者，因雨而生，见阳而死。终北之北有溟海者，天池也，有鱼焉，其广数千里，其长称焉，其名为鲲。有鸟焉，其名为鹏，翼若垂天之云，其体称焉。世岂知有此物哉？大禹行而见之，伯益知而名之，夷坚闻而志之。

江浦之间生幺虫，其名曰焦螟。群飞而集于蚊睫，弗相触也。栖宿去来，蚊弗觉也。离朱子羽方昼拭眦扬眉而望之，弗见其形；䚢俞师旷方夜擿耳俛首而听之，弗闻其声，唯黄帝与容成子居空峒之上，同斋三

月，心死形废，徐以神视，块然见之，若嵩山之阿；徐以气听，砰然闻之，若雷霆之声。

吴楚之国有大木焉，其名为櫾，碧树而冬生，实丹而味酸。食其皮汁，已愤厥之疾。齐州珍之，渡淮而北而化为枳焉，鸜鹆不逾济，貉逾汶则死矣；地气然也。虽然，形气异也，性钧已，无相易已。生皆全已，分皆足已。吾何以识其巨细，何以识其修短，何以识其同异哉？”

故事大意：中国早有“大人国”“小人国”等。

接着成汤询问夏革世界万物的大小、长短、同异的问题。夏革不知是否被问得兴起，不像起初那样措辞慎重、小心翼翼了，他干脆打开了话匣子。

他说，从渤海往东极远处亿万里的地方，有一个大沟，其实是一个无底深坑，它的名字叫作归墟，天上地下，八极九野的水，天上银河里的水，全部灌注到归墟这边，而且不管流过来注下去多少，归墟的水无增也无减。这边的水里有五座山，第一座叫岱舆，第二座叫员峤，第三座叫方壶，第四座叫瀛洲，第五座叫蓬莱。这几座山环绕上下有三万里远。每座山的峰顶有方圆九千里的平地。山与山之间的距离是七万里，互相成为邻居。

山顶平台上的建筑，都是金玉材料，山顶平台上的飞禽走兽皮色素白，珠玉一样美丽的树木密密丛丛，花朵与果实都有美味，谁吃上一点就可以长生不老。山上住着的人都是神仙圣贤。朝朝暮暮，他们在天上飞过来再飞过去，数也数不清。

五座仙山的根基互不连接，它们随着浪涛潮汐起伏挪移，神仙圣贤为之苦恼，便将此情况向天帝诉说。天帝听说此事以后，害怕五山漂向西极，害得众仙圣无家可归。于是命令北极神禺强指使十五头大鳌举头顶住仙山维持稳定。大鳌分三拨，每六万年换一次班。于是五座仙山固定不动了。

可是龙伯国有一个巨人，一抬脚没走几步就到达五山这边了，来到这儿他要钓鳌，一会就钓上六只大鳌，龙伯巨人一背就是六只大鳌，背回自己的国家，烤灼了甲骨来占卜。这样，岱舆、员峤两座山被冲到北极，沉没到大海里去了，好几亿仙人、圣人不得不搬迁。此事使天帝大怒，于是缩小了龙伯国的领域使之变狭小，压缩龙伯人的体高使之变矬矮，然而到了伏羲神农年代，龙伯人的身高仍然以数十丈计算。

从中州往东四十万里，有一个僬侥国，人的（平均）身高是一尺五寸，而东北极地的诤人只有九寸高。荆州的南边有一种大树叫作冥灵，五百年算一季为春天，另外五百年作一季为秋天。而上古的大椿树，八千年一季春，八千年一季秋。陈木头烂泥塘上长着一种菌芝，早晨出生，晚上就死掉。春夏季节有一种叫蠓蚋的小飞虫，下雨的时候生出来，一见阳光就死掉。终北（北极）再往北有溟海，人们称之为天池，那儿的鱼，背宽好几千里。它的身长也与它的背宽相称。那儿的鱼名叫鲲，那儿的鸟叫鹏，它的翅膀就像天上的云彩，鸟身大小也恰合它的翅膀。

（这样稀奇古怪的事物，）人们是怎样发现的呢？先是大禹巡行的时候看到它们了。其后伯益看到并为之起了名字。再后夷坚按照前者的叙述记录下来了。

江河岸边有一种小飞虫，叫作焦螟，它们成群飞舞，聚集在蚊虫的眼睫毛上，然而谁也碰不到谁。它们飞去飞来，栖息在蚊子的眼睛上，蚊子也无从察觉（它们太细小了）。视力好的离朱、子羽与听力好的鯱俞、师旷白天擦干净眼睛去看去找，看不见也听不着。只有黄帝与容成子居住在崆峒山上，斋戒三个月，身心死废（进入零状态，再无内外干扰），慢慢以精神去观看，才一下子发现焦螟体块分明如嵩山丘陵；慢慢以气去聆听，才一下子觉察到焦螟的声音震响如雷霆。

而在吴楚一带长着大树，叫作櫾（柚），到了冬天，树也是绿的，果实丹红，味道有些酸，吃了果皮和汁液，能治愈气郁所致的气郁病症。齐州人很喜欢这种水果，但是引到淮北，柚子就变成枳子了。八哥是没有办法越过济水的，貉（狗獾）一过岷江，也是活不了，这是地气决定的，话虽如此，万物的形体气脉各不相同也罢，各有其平衡适宜的道理，互不转化替代。各有各的生存的依据，各有各的一份天然的条件。我又从哪里去知晓它们何者为大何者为小，何者为长何者为短，何者为同（可以认同）何者为异（奇葩）呢？

评析：玄思与奇文——世界幻想曲。

汤问，汤问，首先就是此篇成汤与夏革的问答，成汤的关注在于哲学概念上的有无、生死、先后、虚实、内外、界限。夏革的回答是直接强调混沌、齐物、相互转化、无穷、无界、大同。成汤似有所保留，便继续追问万物的大小、长短、异同。夏革突然变更了答问方略，于是发挥想象力搜罗汲取当时已有的神话传说、民间故事等口头文学资源，极尽所能地描述了世界的奇景异态，充分尽兴地刻画了海洋、壑墟、山峰、仙圣、神怪、龟鳌、巨人、小人儿、寿夭、蠓蚋、鲲鹏、焦螟、大树、水土……如奇闻录，如狂想曲，如幻梦图，如大话东西南北游，如醉、如痴、如歌、如焰火礼花，达于极致。

说是神话传奇幻梦狂想，却又亲切贴心、紧接地气、稚态可掬。大海无涯，流入大沟大洞，归墟无底，水来不增，水下不减。这是大壑？

这干脆是时间与空间万物与生命的象征，这是世界与存在，天道与众妙，哲学与真理，生命与灵性的象征。仙山巨大，顶部九千里，上下三万里，却怕被大浪冲跑，需要鳌龟抵住。巨鳌大龟，又怕类似《格列佛游记》中的大人国居民垂钓。仙圣飞翔，朝来暮往，却怕巨人干掉巨龟导致仙圣无家可归，他们仍需维护宅基地的稳定，而此事甚至引起天帝的重视与亲自处理。还有老树小虫，鲲鹏展翅，柚枳转化，药性毒性相生，林林总总，想得到的，想不到的，世界真奇妙，怪诞即是常态。

这样就充分满足了成汤对世界对万物对远方对一切奇异的好奇心，却又无法比较分析，尤其是无法以数学、几何学的观念区分何者为大，何者为小，何者为长，何者为短，何者为多，何者为少，何者为同于等于，何者为不等于异于。总之，夏革拒绝列出＞、＜、≌、≡、≠、＝的符号含义，原因在于他的畅想与描绘拟定了谈论宇宙万物构成的世界背景无穷大（即∞），而当∞成为分母或分子以后，大小、长短、多少、等与不等，已经无法立论与列式。

夏革的潜台词是：什么是大？大了还有更大的。什么是小？小了还有更小的。仙山伟大还是鲲鹏伟大？海洋伟大还是归墟伟大？冥灵长寿还是大椿长寿？菌芝短命还是蠓蚋短命？有没有比焦螟更渺小的生物？他无法给予答复。

你可以说夏革是虚无主义者，对于什么概念什么观念他都不肯定其现实性、实在性，他又是自然主义者，你说世界上有什么，他都不拒绝首肯与相信其存在的可能。汤，问得绝；夏，答得更绝。这是空谈吗？这怎么更像是思想体操呢？

写到大人国、小人国，不禁令人想起两千多年后即1726年英国作家乔纳森·斯威夫特的名著《格列佛游记》的首次出版。我们不能不佩服中国古人，也不能不问问自身，多年间我们的祖宗的想象力与勇气是怎么渐渐耗散的？

原文：

太形王屋二山，方七百里，高万仞；本在冀州之南，河阳之北。北山愚公者，年且九十，面山而居。惩山北之塞，出入之迂也，聚室而谋，曰："吾与汝毕力平险，指通豫南，达于汉阴，可乎？"杂然相许。其妻献疑曰："以君之力，曾不能损魁父之丘，如太形王屋何？且焉置土石？"杂曰："投诸渤海之尾，隐土之北。"遂率子孙荷担者三夫，叩石垦壤，箕畚运于渤海之尾。邻人京城氏之孀妻有遗男，始龀，跳往助之。寒暑易节，始一反焉。河曲智叟笑而止之，曰："甚矣汝之不惠！以残年余力，曾不能毁山之一毛；其如土石何？"北山愚公长息曰："汝心之固，固不可彻；曾不若孀妻弱子。虽我之死，有子存焉。子又生孙，孙又生子；子又有子，子又有孙：子子孙孙，无穷匮也；而山不加增，何苦而不平？"河曲智叟亡以应。操蛇之神闻之，惧其不已也，告之于帝。帝感其诚，命夸娥氏二子负二山，一厝朔东，一厝雍南。自此，冀之南、汉之阴无陇断焉。

故事大意：愚公移山。

有太行、王屋两座大山，占地七百里，高一万仞，原来位于冀州南边、河阳北面。北山有位老翁被称作愚公，九十来岁了，住房面对着山。他苦于二山堵塞了自北往南的道路，来回都要绕山行走，便与全家人商量说："我跟你们用一切力量平除险阻，然后直通豫州之南，进到汉水之阴，好不好？"全家纷纷表示赞成。他的老伴提出疑问说："以你的力气，挖不掉一个小土丘，又能把太行山、王屋山怎么样呢？再说挖出来的土块石头又往哪儿搁呢？”人们又说什么扔到渤海边，隐土北面。于是愚公就带着儿孙中能挑担子的三个人，敲石挖土，用簸箕运。邻居京城氏的寡妇有个男孩，刚到换牙的年龄，也蹦蹦跳跳地跑来帮忙。从冬到夏，季节变换，他们几个人才往返一趟。河曲一个叫智叟的人笑着劝阻他们，说：“你们未免太傻了！以你的风烛残年，连山上的一根毫毛也拿不掉，又能动多少土石方呢？”北山愚公长叹一声：“你的思想呆板顽固，顽固得啥事也想不明白，连寡妇和小孩都不如。我死了，有儿子嘛。儿子生出孙子，孙子再生儿子，儿子又有儿子，儿子又有孙子，子子孙孙，没有穷尽，而山却不会生长加高，又何必愁它挖不平呢？”智叟无话回应。手里拿着蛇的山神听说了，被他们挖山不止之精神所震撼，报告给天帝。天帝被他们的诚心感动，下令让夸娥氏的两个儿子背起这两座山，一座放到了朔州东部，一座放到雍州南面。从此，冀州南、汉水阴没有山岭挡路了。

评析：愚公精神的颂歌。

这个脍炙人口的惊人故事，已经在我国家喻户晓。毛泽东曾经以这个故事鼓舞发动人民革命，意思是哪怕是像愚公移山一般的长期、艰巨的工程，只要下定决心去干，一代人干不成就无数代延续积累发展下去，总有达到目的的时候。毛泽东在 1945 年 6 月党的七大闭幕式讲话中引用了这个故事，当时距离革命的胜利看起来还遥远，实际上很快，其后四年多，革命就取得了全面的胜利。

最精彩的是毛泽东解释天帝受感动发挥了帮助愚公的神力，毛泽东说这个天帝就是人民，他认为人民团结起来动员起来，其力如神如天。

现在有一种说法，以工具的落后与人力的有限为依据，认为以愚公的办法去移山，效率低下，完成无期，乃至认为移山云云，不利生态，破坏环境，实不可取。

其实这只是一个神话、一个寓言，强调的是目标坚定，意志坚强，长期奋斗，不躁不馁，无惧一切艰难困苦，无惧代价，就能成功。类似的故事与说法还有“刑天舞干戚”“精卫填海”“只要功夫深，铁杵磨成针”，等等。至于从劳动生产率的角度，从保护环境的角度来分析这个故事，试图与刑天、精卫、李白讨论劳动生产率、工时工效成本利润等课题，则是另觅角度，节外生枝，强词夺理，或可一听一哂，提醒我辈什么事、什么话、什么故事都可能从不同角度立论，也都有抬杠较劲争论不止的空间。究其实际，上述自作聪明的说法口舌的意义大于研讨的意义，不足论也。

原文：

夸父不量力，欲追日影。逐之于隅谷之际，渴欲得饮，赴饮河渭。河渭不足，将走北饮大泽。未至，道渴而死。弃其杖，尸膏肉所浸，生邓林。邓林弥广数千里焉。

故事大意：夸父追日。

神人夸父，自不量力，要追上太阳的影踪。追到太阳落入的隅谷近旁，口渴极了想喝水，一直跑到了黄河与渭水边，把黄河、渭水的水喝光了也不够他解渴，意欲走到北方大泽去那里喝更多的水。结果没等走到北方大泽，渴死在半路上了。他扔掉的手杖，受到尸体血肉的滋养，成长为桃树林。这片桃树林宽广阔大，蔓延伸展到数千里。

评析：追求的悲剧。

这是一个追逐的悲歌，这是一个失败的纪念，这是一个虽败犹荣的故事，是一个终极化精神追求的感人记录，固然也可能含有“以有涯随无涯，殆已”道家意味的痛惜。

当然，追太阳是一个无望的拼搏，文本一开始便已经指出了夸父的（自）不量力，没有成功可能，而且谁也说不清追上太阳的话，夸父他到底要做什么。到了晋代才有人幻想用长绳系住太阳以挽留时光，诗人傅玄写出《九曲歌》：“岁暮景迈群光绝，安得长绳系白日。”晚唐诗人李商隐又沉重地叹息：“从来系日乏长绳，水去云回恨不胜。”喝干渭水，伟大不凡，令人敬畏；渴死在通往北方大泽的路上，惊心动魄；死后用自己的手杖生发了千里桃林，也有一种壮美。这应该叫作夸父纪念林。这令人想起许多仁人志士英烈，也想起许多夸张至极的“堂吉诃德”。

在人们痛惜作家路遥的早逝时，贾平凹以夸父追日形容他对路遥一生的感受，令人长叹。

原文：

大禹曰：“六合之间，四海之内，照之以日月，经之以星辰，纪之以四时，要之以太岁。神灵所生，其物异形；或夭或寿，唯圣人能通其道。”

夏革曰：“然则亦有不待神灵而生，不待阴阳而形，不待日月而明，不待杀戮而夭，不待将迎而寿，不待五谷而食，不待缯纩而衣，不待舟车而行，其道自然，非圣人之所通也。”

故事大意：夏禹论自然之博大精深。

夏禹说："在三维之空间，四海之内（即人生的此岸），有了日月，就有了照明；有了星辰，就有了经纬（量度）；有了四时，就有了纪历（历日、日历。陶渊明诗：虽无纪历志，四时自成岁）；有了太岁（木星），就有了木星纪年。世间万物，都是神灵造化所生出的，但是各自形体相异而不是相同，有的长寿，有的短命，其中奥妙，只有圣人才弄得明白。"

夏革说："您说的是，但是世间仍然有不用神灵造化而自己产生的事物，有不待阴阳交合而成就的形体，有不用日月照明的光亮，有不经杀戮的死亡，有不需要将养调理的长寿之人，有非是五谷的食物，有不用丝绸的衣服，有不靠车船的旅行，这一切靠的是自然而然的天道，是圣人也未必明白透彻的。"

评析：自然胜于圣贤。

日月照明，星辰量度，四时成岁，太岁纪年，这是说世界的一切有它的秩序，有它的道理，有它的依据，有它的说法。这些秩序道理说法，依据的是现实的存在，而分析指出它们的是圣贤。但是偏于道家的列子，与列子写到的夏革，更强调的是道法自然的自然，即先验的本然，是本来如此、自来如此、不需要论证、不需要指示、不需要圣贤教诲与标榜的自在。说什么日月星辰四时太岁，好的，向人们指出了世界的标志性、依据性与合理性、天理性，不妨这样说这样想。但世间发生的存在的万事万物还多了去了，不仅形与体、明与暗、阴与阳、寿与夭、绸与谷物……还有你寻之不尽、识之不穷的林林总总，它们无需圣人的寻找、调研、思索、分析、量度、指引，它们过去存在、现在存在、未来存在，它们此处彼处无处不在，这才是道，道高于圣，存在高于分析，自然高于人类已有的认知。

国人喜欢讲中华文化的博大精深，同时博大精深又是一种原生态赞美、初步态感受。文化的博大精深，依据是世界的博大精深，是知也无涯、生也有涯的叹息。

原文：

禹之治水土也，迷而失涂，谬之一国。滨北海之北，不知距齐州几千万里。其国名曰终北，不知际畔之所齐限。无风雨霜露，不生鸟兽、虫鱼、草木之类。四方悉平，周以乔陟。当国之中有山，山名壶领，状若甔甀。顶有口，状若员环，名曰滋穴。有水涌出，名曰神瀵，臭过兰椒，味过醪醴。一源分为四埒，注于山下，经营一国，亡不悉遍。土气和，亡札厉。人性婉而从物，不竞不争；柔心而弱骨，不骄不忌；长幼侪居，不君不臣；男女杂游，不媒不聘；缘水而居，不耕不稼；土气温适，不织不衣；百年而死，不夭不病。其民孳阜亡数，有喜乐，亡衰老哀苦。其俗好声，相携而迭谣，终日不辍音。饥倦则饮神瀵，力志和平。过则醉，经旬乃醒。沐浴神瀵，肤色脂泽，香气经旬乃歇。周穆王北游过其国，三年忘归。既反周室，慕其国，儆然自失，不进酒肉，不召嫔御者，数月乃复。

管仲勉齐桓公因游辽口，俱之其国，几克举。隰朋谏曰："君舍齐国之广，人民之众，山川之观，殖物之阜，礼义之盛，章服之美；妖靡盈庭，忠良满朝，肆咤则徒卒百万，视撝则诸侯从命，亦奚羡于彼而弃齐国之社稷，从戎夷之国乎？此仲父之耄，奈何从之？"桓公乃止，以隰朋之言告管仲。仲曰："此固非朋之所及也。臣恐彼国之不可知之也，齐国之富奚恋？隰朋之言奚顾？"

故事大意：一个理想国的故事。

大禹在治水期间，有一次迷路，误走到一个邦国，临近北海北岸，不知道离中国还有几千万里。那个邦国名叫终北，也不知道它国土的边际是哪里。这里整年没有风雨霜露，也不生长鸟兽、虫鱼、草木这一类。它四方都是平原，周围被重重叠叠的山岭环绕。国土当中有座山，名叫壶领，形状像个紧口瓦瓮。山顶上有个口，形状像个圆环，名叫滋穴。有水从口里涌出，称为神瀵，香气胜过芝兰花椒，醇美胜过醴酒。一个水源，四条支流，流注到山下，环经照顾到全国，没有到达不了的地方。土气平和，没有疫疠之害。那里的人们性格委婉顺从随和，不竞争不求胜，不骄傲不忌恨；老的少的共济共处，不分君臣；男女同游（同居），不用媒妁，也无须聘嫁（手续）；靠着水生活，无须农事；地气温和舒适，不织布帛，不穿衣服；活一百岁才死，不会早夭，也不生什么病。这里人口繁衍无数，只有喜乐，没有衰老悲苦。这里的风气喜欢声歌，手拉手唱歌，整天声响停不下来。饿了、倦了喝神泉的水，力气和心志就可以恢复和谐与平顺。喝多了也可能醉倒，醉十几天才醒过来。用神泉的水沐浴，肤色光泽滋润，香气过上十几天才减少。周穆王北游时曾经走过这个国家，待了三年忘记回家。回到周国以后，仍然向往这里，觉得失落，没有胃口饮酒吃肉，也不想召见嫔妃，几个月后才恢复正常。

管仲听说后劝齐桓公同游辽口，将要动身了，隰朋劝谏说："君王放下齐国广袤的土地，众多的人民，美丽的山川，富裕的物产，盛大的礼仪，华美的衣冠，还有满后宫的妖艳嫔妃，满朝廷的文武忠良，叱咤一声能招来徒卒百万，号令一下就能使诸侯会盟，又为什么要为别国而抛弃齐国的祖宗和江山，去边远蛮荒的地区呢？管仲变得年老昏聩，怎么能听他的呢？"桓公于是叫停，把隰朋的话告诉给了管仲。管仲说：

“这本来不是隰朋所能明白的。我怕的是那个国家，人们去了也不见得能理解它能接受它，其实齐国富饶不富饶之类，又有什么舍不得的？隰朋的话，又有什么值得认真对待的？”

评析：原始乌托邦的美梦。

流传广泛的是陶渊明的《桃花源记》，而《列子·汤问》此段所写的“终北国”，堪称“桃花源”的渊薮。中间是平原，四围是山岳，平原提供了生产交通生活的方便，山岳提供了屏障、必要的有限性与自我中心、自成一体感。美好的乌托邦，第一是气象好，天时好，不冷不热，不干不湿。第二是环境好，土地好，不耕而作，不劳而食。第三是人性好，柔弱平和，无争无斗。第四是健康好，尤其是不病不夭，长寿安康，乐生乐死。第五是文化生活好，携手唱歌，大合唱。

此段的结语意味深长。管仲要陪桓公去终北之国。受到隰朋的劝阻。隰朋重视的是齐国的地盘、河山、城乡、富饶、美女、忠臣、权势、发达、先进，这其实是蛮有道理的，这能叫担当，叫情怀，叫入世，叫“德、功、言”的三立。管仲则多了些道家的超拔出世、理想梦幻，还有些原始共产主义的美好记忆。说是管仲讲“臣恐彼国之不可知之也”，对此语的疏解诸说，什么怕是不了解终北之国啦，说是怕去了回不来啦……总觉隔靴搔痒。试为新说：你的好未必能成为他的好。道家的价值观，道家的理想国，道家的乌托邦，俗人接受起来谈何容易？

原文：

南国之人祝发而裸，北国之人鞨巾而裘，中国之人冠冕而裳。九土所资，或农或商，或田或渔；如冬裘夏葛，水舟陆车。默而得之，性而

成之。

越之东有辄沐之国，其长子生，则鲜而食之，谓之宜弟。其大父死，负其大母而弃之，曰：“鬼妻不可以同居处。”楚之南有炎人之国，其亲戚死，歹其肉而弃之，然后埋其骨，迺成为孝子。秦之西有仪渠之国者，其亲戚死，聚柴积而焚之，燻则烟上，谓之登遐，然后成为孝子。此上以为政，下以为俗，而未足为异也。

故事大意：异俗不异的中式多元论。

南国的人氏截断头发而且裸露身体；北国的人发束巾中，身着裘皮；中部的人头戴神气的帽子，身穿衣裙。九州的条件不同，有农民也有商家，有猎户也有渔夫。这些，正像人们冬穿裘皮、夏着丝绸，水上需要乘船、陆行需要乘车一样，不说什么也自该如此行事，事物本性自然形成的路子。

越国的东方有个辄沐国，第一个儿子生下来后，就肢解吃掉，说是对此后生下来的弟弟有好处。他们家里祖父死了，就把祖母背出去扔掉，说：“死鬼的妻子不能与我们同住一起。”楚国的南方有个炎人国，父母去世了，要把死者身上的肉剔下扔掉，然后把骨头埋到地里，才算尽孝。秦国的西方有个仪渠国，父母去世了，子女要把柴火堆起来放在尸体下焚烧，烧尸体的烟气往上走，叫作升天，这样才算是孝子。上面的人认为这些事都需要日常行政的推动，下面的人将做这些事视为人间风习，没有人觉得怪异。

评析：列子的文化相对主义。

这里，两千多年前的中国哲人列子，提出了文化多元论与文化相对主义的主张。他的论述有一个逐步升级的过程，先从不同地区、不同气候的居民的发式类型、冠冕差异、服装特色说起，似为不争之论。接着说起农、商、田、渔生计行业的区别与舟车在不同条件下的适用性，也无可争议。底下一下子说得就骇人听闻了，肢解后吃掉大儿子，祖父死了扔掉祖母，父母死后剔除遗体身上的肉，听了不可能全无惊异。还有一种是架火烧掉遗体，倒是符合文明世界的火葬风习。

列子的想象力还是丰富的，奇风异俗、恶风劣俗、纯风美俗……当时显然已经有所发端，有所传闻，有所议论，有所影响。这里缓缓列举出来的一些奇风异俗，可能已经引起了困惑与非议，否则，这一段说词也就完全失去了意义。列子的意思在于承认多元性的风习与生活方式，叫作“上以为政，下以为俗，未足为异”。当然，这也与欧洲 19 世纪末的文化相对主义一样，意在反对殖民主义、自我中心主义，但仍有自己的软腹部，自己的弱点。中国曾有、终于绝迹的活人殉葬、女孩裹脚、为母埋儿……欧洲的殉葬、玛雅人的活人心脏祭日，至今犹存的亚非某些国家的女孩“割礼”之类的“文化”，包括这里列子所说的死了祖父扔掉祖母的“文化”，是不可以让它们永远相对下去的。今天还有全球化的问题，人类命运共同体的问题，文化上的绝对化的相对主义或自我优秀中心主义，都是不可取的。

原文：

孔子东游，见两小儿辩斗，问其故。一儿曰：“我以日始出时去人近，而日中时远也。”一儿以日初出远，而日中时近也。一儿曰：“日初出大如车盖；及日中，则如盘盂：此不为远者小而近者大乎？”一儿曰：“日初出沧沧凉凉，及其日中如探汤：此不为近者热而远者凉乎？”孔子不能决也。两小儿笑曰：“孰为汝多知乎？”

故事大意：小儿辩日，孔子不知。

孔子东向出游，遇到两个小孩子辩论，问他们争辩的缘由。一个孩子说："我以为太阳刚出来时距离人们近，而到了中午时分离我们远。"另一个孩子说他认为太阳刚出来时离人远，而中午时分离人近。头一个孩子说："太阳刚出来时像车盖或车轮一般大，到了中午，就像小盘子那样大了，这不正说明远时看着小，近时看着大吗？"另一个小孩说："太阳刚出时凉丝丝的，中午时像热水一样烫，这不正说明近时热而远时凉吗？"孔子不能裁决。两个小孩笑说："谁说你知道的东西多呢？"

评析：知与不知。

我们的先人确实非常可爱，他们敏锐地觉察到了日出时太阳的大而不烫与中午时分太阳的烫而不大的相悖，他们粗粗一想，把这个疑难杂题推给了孔夫子，而且预估这样的疑难杂症，孔子碰上也没辙。

人们或以为这段故事隐含了对孔子的嘲笑，那要看你是否认为圣贤便是无所不知无所不晓者。其实孔子尊崇的是"知之为知之，不知为不知，是知也"，他还说过在农耕园艺上"吾不如老农""吾不如老圃"。老子说的则是"知不知，尚矣；不知知，病也。圣人不病，以其病病。夫唯病病，是以不病"。

承认自己有所不知，这是诚实，是坦率，是可信的表现。现在的某些媒体上的明星，其蠢点恰恰在于无所不知，无所不夸夸其谈。至于太阳早午凉热与大小的问题，并不高深。晨起时太阳在人的视觉中离地面近，受到大气层折光的影响并与地面各种物体的形象参照，显得较大，但大气密度大，阻挡了阳光辐射的热力，人们觉得此时的太阳不热。而中午，太阳在空中，与天空相比，太阳谈不上大，辐射热透过的大气层薄，它就热如探汤了。

原文：

均，天下之至理也，连于形物亦然。均发均县，轻重而发绝，发不均也。均也，其绝也莫绝。人以为不然，自有知其然者也。

詹何以独茧丝为纶，芒针为钩，荆篠为竿，剖粒为饵，引盈车之鱼于百仞之渊、汩流之中；纶不绝，钩不伸，竿不桡。楚王闻而异之，召问其故。詹何曰：“臣闻先大夫之言，蒲且子之弋也，弱弓纤缴，乘风振之，连双鸧于青云之际，用心专，动手均也。臣因其事，放而学钓，五年始尽其道。当臣之临河持竿，心无杂虑，唯鱼之念；投纶沉钩，手无轻重，物莫能乱。鱼见臣之钩饵，犹沉埃聚沫，吞之不疑。所以能以弱制强，以轻致重也。大王治国诚能若此，则天下可运于一握，将亦奚事哉？”楚王曰：“善。”

故事大意：心态决定一切。

均衡是天下极重要的道理，涉及有形物体也是这样的。均匀的头发能均匀地悬挂住物体，如果有轻有重，头发就会断掉，因为它不均匀了。如果质地与受力均匀，本来要断的也不会断。也有人不以为然，当然也会有懂得这个道理的人。

詹何独用一根蚕丝做线，用细如麦芒的针做钩，用荆条和嫩竹做竿，用剖开成几粒的米做饵，在八十丈深的渊和湍急的水流中能钓满一辆车的鱼，渔线不断，渔钩不直，渔竿不弯。楚王听说后感到奇怪，便召他来问其中的道理。

詹何说："听先父讲过，蒲且子射鸟，用柔弱的弓和纤细的丝线，趁着风射出箭，能接连射中一对高空飞翔的黄鹂，这是用心、专注，动手均衡所取得的效果。我依凭他的事迹，模仿着去学钓事，五年时间算是掌握了他的道术。当我在河边拿起渔竿，心中毫无杂念，只想着渔事，扔出线，沉下钩，动手不轻不重，任何外物不能扰乱我。鱼看见我的钓饵，认为是沉淀下来的尘埃和聚集在一起的泡沫，毫不犹疑地吞了下去。这就是我以柔弱制服刚强，以轻力取获重物的道理。大王治理国家如果也能这样，那天下就可以在你的手心里掌控，又还有什么做不到的事儿呢？"

楚王对这一番话首肯称是。

评析：数学、力学之理与心法、心态之理。

一个是质地均衡一致，无糙细、虚实、弱强之患，一个是操作匀称，无缓急、轻重、刚柔之变，一个是没有外力的不确定因素的干扰，这样的前提下，弱能制强，轻能致重。这从力学与数学上应该是可以解释的。例如我们在电视晚会上也看到过几个大汉稳稳地站在一大堆充了气的气球上的情景。这与气球材料的均匀完整，大汉动作的从容不迫有关，如果球上有沙眼，大汉猛然跺脚，体重不能很好地分解出去，就会引起气球爆破的笑话来。

西方理论也是注意平衡的，他们注意的是外物的平衡，而《列子》这里讲的主要是内心的平衡。

他们注重的不是力学与数学之理，而是人心、心学之理。心学、心理、心法，常常是中华先师关注的重点。心态第一，是我们的一个重要思路，球赛如此，别的事也是这样，这也是中国特色。

原文：

鲁公扈赵齐婴二人有疾，同请扁鹊求治。扁鹊治之，既同愈。谓公扈齐婴曰："汝曩之所疾，自外而干府藏者，固药石之所已。今有偕生之疾，与体偕长；今为汝攻之，何如？"二人曰："愿先闻其验。"扁鹊谓公扈曰："汝志强而气弱，故足于谋而寡于断。齐婴志弱而气强，故少于虑而伤于专。若换汝之心，则均于善矣。"扁鹊遂饮二人毒酒，迷死三日，剖胸探心，易而置之；投以神药，既悟如初。二人辞归。于是公扈反齐婴之室，而有其妻子；妻子弗识。齐婴亦反公扈之室，有其妻子；妻子亦弗识。二室因相与讼，求辨于扁鹊。扁鹊辨其所由，讼乃已。

故事大意：《列子》设想的一次惊天换心手术。

鲁国的公扈和赵国的齐婴两人生了病，一起到名医扁鹊那里求治。扁鹊为他们看了病，也给他们治好了。扁鹊对公扈和齐婴说："你们以前所害的病，是从外面进入脏腑的，用药物和针扎就能够治好。现在我要说的是你们与生俱来的病，病症与身体一同增长，现在为你们治疗，怎么样？"他二人说："希望先说说我们病的症状。"扁鹊对公扈说："你的心志刚强但中气柔弱，所以计谋虽然很多但缺少决断。齐婴呢，心志柔弱但中气刚强，所以计谋太少而十分专横。如果把你们的心互换一下，那就都完善了。"于是扁鹊叫两人喝了毒酒，让他们麻醉了三天，剖开胸膛，取出心脏，交换以后又放了进去，给他们吃了神药。

醒来以后，一切和原来一样。两人告辞回家。于是公扈回到了齐婴的家，并将齐婴的妻子儿女视为己有，妻子儿女却不认识他。齐婴也回到了公扈的家，视公扈的妻子儿女为己有，妻子儿女也不认识他。两家人因此打起了官司，求扁鹊来分辨缘由。扁鹊说明了此事发生的原因，官司才不打了。

评析：如果器官移植发展成心（脑）移植呢？

不能不佩服列子的想象力，三个医学问题都涉及了。第一，病因，是受外界疾病的侵入还是身体自身发生了问题。列子笔下的扁鹊说，二者都是可能的。前者中医说是风寒暑湿燥火。后者扁鹊称之为偕生之疾，即与生俱来之疾病，先天性疾病。西医的说法前者如病菌、病毒、传染病，后者则除各种先天病症外还有内外因都可能有关系的癌症。

第二，器官移植。记载说最早是皮肤移植，19世纪欧洲有对于动物与人的器官相互移植的研究试验，真正成功起源于1954年美国波士顿一位医生所做的肾脏移植手术。最近网络上又有换头成功的报道。这里列子关于扁鹊换心手术的故事一是提到，先要用毒酒使病人“迷死三日”，有点超级麻醉的意思。然后换心，然后用神药帮助康复。同时产生了伦理问题，二人依心的指引找自己的家室，不但产生了伦理问题，而且还有法律问题，相与“讼”了起来。医师扁鹊说明情况后诉讼停止，怎么讼的怎么停的，全部从略。

第三个问题，人的性格缺陷，算不算病症？能不能通过医学手段服药、手术、针灸理疗等来治疗解决？这里的《列子》居然做的是肯定的描述，一下子从虚无缥缈的道家往机械唯物论上靠拢起来了。

我们的文化不乏想象力，缺少的是实证主义、实用主义的努力。

原文：

瓠巴鼓琴而鸟舞鱼跃。郑师文闻之，弃家从师襄游，柱指钩弦，三年不成章。师襄曰：“子可以归矣。”师文舍其琴，叹曰：“文非弦之

不能钩，非章之不能成，文所存者不在弦，所志者不在声，内不得于心，外不应于器，故不敢发手而动弦。且小假之，以观其后。”无几何，复见师襄。师襄曰：“子之琴何如？”师文曰：“得之矣。请尝试之。”于是当春而叩商弦以召南吕，凉风忽至，草木成实。及秋而叩角弦以激夹锺，温风徐回，草木发荣。当夏而叩羽弦以召黄钟，霜雪交下，川池暴沍。及冬而叩徵弦以激蕤宾，阳光炽烈，坚冰立散。将终，命宫而总四弦，则景风翔，庆云浮，甘露降，澧泉涌。师襄乃抚心高蹈曰：“微矣，子之弹也！虽师旷之清角，邹衍之吹律，亡以加之，彼将挟琴执管而从子之后耳。”

故事大意：音乐创造世界。

说是琴师瓠巴一弹琴，鸟儿便随之飞舞，鱼儿随之欢跃。郑国的乐师师文听到此说后，便离开家，随从鲁国乐官师襄游学，学习指法与调理琴弦，三年过去了，弹不成一支曲子。师襄说：“你还是回家吧。”

师文放下琴，叹气说：“我不是调不了弦，也不是弹不成个调调，问题是我在意的主要并不是琴弦，我追求的也不仅仅是音声。现在，我心神内向没有培养好所希望的状态，外向也还没能与乐器协调呼应，所以不敢随便出手去拨动琴弦。姑且再给我一点时间，看看以后会怎么样吧。”

不久，师文又去见师襄。师襄问：“你琴弹得怎样了？”师文说：“我好像做到了，让我试试。”于是，师文在春天里拨响了代表秋天的金音商弦，召唤来了南吕乐律，凉风习习，草木结出果实。及至秋天，又拨动木音角弦，激扬二月的夹钟乐律，转暖的风慢慢迂回，草木发芽变绿，花朵开放。到了夏天，拨动水音羽弦，唤出十一月的黄钟乐律，霜雪降落，江河池塘突然冻结成冰。到了冬天，又叩动火音徵弦，激发了蕤宾乐律，阳光炽热强烈，坚冰即刻融化。最后，拨动宫弦，和以商角徵羽，于是祥和的惠风回翔，吉庆的彩云飘扬，甘甜的雨露滋润，清纯的泉水流淌。师襄便抚胸高蹈，说："你弹奏得精妙绝伦！即使是师旷当年弹奏清角，邹衍吹奏旋律，也比不过你，如果他们在，也会挟着琴弦、拿着箫管跟随你求教喽。"

评析：艺术激励人生，艺术改变世界。

这是一首散文诗，关于音乐，关于人生，关于艺术，关于人的精神力量。不能够仅仅为艺术而艺术，为技巧而技巧，为演奏而演奏。弹琴的重点不是琴弦，也不是指法，弹琴的重点是得于心而应于器。首先是得于心，是琴的心化，是心的艺术化，天地化，春夏秋冬化，风雨霜雪化，草木荣枯化，风云露泉化，鸟翔鱼跃化，天人合一化，出神入化化。是艺术的呼风唤雨，是艺术的改变与创造感受，是艺术体验上升为人生体验乃至超人生体验。

这里所说的弹琴改变季节、改变天象、改变草木荣枯、改变花鸟鱼虫的说法，是狂想吗？是梦幻吗？是夸张吗？是神经质吗？是的，都是，也都不是。这里所说的不仅是人的感觉世界，不仅是人的神经现象，这里说的是艺术，是精神的追求，是心态，是心的跳动，同时也是技巧，也是乐器，也是手段，也是精神的品质、体验、能量与精微奇妙，是生命的欢欣，是生命的力量，是爱与向往，是追求也是想象，更是在精神的高峰上的攀登与游历，是称颂与匍匐，是大激荡，大感动，大决心与大制作，大创造，大完美！我们的先人讲起艺术来是怀着怎样的崇高与火热，透彻与献身精神啊！不进入这样的精神境界，不如干脆不弹不奏不动手不出声响，这又是什么样的庄严法心法相！

原文：

薛谭学讴于秦青，未穷青之技，自谓尽之；遂辞归。秦青弗止；饯于郊衢，抚节悲歌，声振林木，响遏行云。薛谭乃谢求反，终身不敢言归。

秦青顾谓其友曰："昔韩娥东之齐，匮粮，过雍门，鬻歌假食。既去而余音绕梁欐，三日不绝，左右以其人弗去。过逆旅，逆旅人辱之。韩娥因曼声哀哭，一里老幼悲愁，垂涕相对，三日不食。遽而追之。娥还，复为曼声长歌，一里老幼喜跃抃舞，弗能自禁，忘向之悲也。乃厚赂发之。故雍门之人至今善歌哭，放娥之遗声。"

故事大意：歌哭通神，艺术通天。

薛谭师从秦青学习唱歌，并没有能学到全部本事，自以为不过如此了，于是告辞想回。秦青也不挽留，在郊外大路口为他饯行，拍打着乐器唱起悲伤的歌曲，声音振动了树林，震响遏止了行云。薛谭认错道歉并请求返回继续学习，终身不敢再说回家的打算。

秦青转头对他的朋友说："从前韩娥到了东边的齐国，食物吃完了，经过雍门，于是靠卖唱来维持生活。她离开以后，歌声还在屋梁间环绕鸣响，三天过去了还有余音，那边的人觉得她并没有离开。韩娥经过旅馆的时候，旅馆里有人欺侮她。于是韩娥声音曲折地悲哀哭泣，乡里的老人和小孩也都随着悲愁难过，相视流泪，三天不肯吃饭。人们急忙去追赶她，安慰她，韩娥回来后，又用美妙的曲调唱歌，乡里之内的老人和小孩也都高高兴兴地手舞足蹈，情不自禁，忘掉了原来的悲愁。人们给韩娥赠送了厚礼，送她离开。雍门一带，人们到现在仍然喜欢唱歌和悲声，那是在仿照韩娥留下来的音声啊！”

评析：余音绕梁，三日不绝。

前面讲了弹琴，是器乐，接着讲唱歌——声乐了。

欲扬先抑，先说是向大师秦青学唱歌的薛谭学了两下子觉得不过如此而已，想告辞回到自己原来的生活里去。大师没有说你还没学好，而是饯行中悲歌一曲，惊天动地，振林木而遏行云。这儿略有疑问，敢情大师一直藏而不露啊，怎么弟子没有“辞归”之前，硬是不知道大师的厉害呢？

下面是艺术观念的绝对化，信仰主义化，艺术世界与现实世界的一元化。有点惊心动魄啦。

先说是薛同学谢罪，折服，不走了，也不敢走了，艺术世界需要的是献出生命，献出终身，是再也回不到早先那个非艺术的俗世去了。热心于追求艺术的人儿啊，得下决心啊，正像马克思引用的名言：“在科学的入口处，正像在地狱的入口处一样，必须提出这样的要求：‘这里必须根绝一切犹豫；这里任何怯懦都无济于事。’”在艺术的入口处呢？是同样的。英国19世纪作家毛姆的长篇小说《月亮与六便士》中描写了法国画家高更的献身艺术之路。而中国，早在公元前450至公元前375年之间，写出了唱歌艺术的绝对性。

然后是一个华丽转身，大师秦青也有自己的偶像，是女歌手韩娥，她唱起来，要悲愁，世界跟随她悲愁；要快乐，人间跟着她快乐。她人走了，余音绕梁，三天不中断，人们的耳边仍然是她的歌声。不但三日不绝，而且世代不绝，整个雍门的乡里之人学她的歌她的声，以她为榜样，雍门也成为歌唱之乡、声乐之乡。

这是想象吗？这是虚构吗？但是你会认同这样的感觉、这样的感动，这样的感染、这样的艺术。正因为有这样的艺术，正因为人的一生除了会有现实世界的体验、宗教神鬼天堂地狱假想的却也是刺激的彼岸世界的体验，尤其是沉醉的、纯粹的、光辉的、追求的与天才的文学艺术的体验，人活得才有了点意思。

原文：

伯牙善鼓琴，钟子期善听。伯牙鼓琴，志在登高山，钟子期曰："善哉！峨峨兮若泰山！"志在流水，钟子期曰："善哉！洋洋兮若江河！"伯牙所念，钟子期必得之。

伯牙游于泰山之阴，卒逢暴雨，止于岩下；心悲，乃援琴而鼓之。初为霖雨之操，更造崩山之音。曲每奏，钟子期辄穷其趣。伯牙乃舍琴而叹曰："善哉，善哉，子之听夫！志想象犹吾心也。吾于何逃声哉？"

故事大意：钟子期是伯牙操琴的知音。

伯牙琴弹得好，钟子期琴听得好。伯牙弹琴，心里向往的是高山，钟子期说："好啊！巍峨庄严如雄伟的泰山！"而如果是向往着流水，钟子期就说："好啊！浩荡汪洋乃奔流的江河！"伯牙有什么想法，钟子期就一定领会到什么。

伯牙在泰山北麓游览，突遇暴雨，在岩石下避雨，心中软弱哀伤，于是拿起琴弹奏。他先是操演出滂沱连绵的雨意，又营造出山岳崩颓的威势，每弹一曲，钟子期都能充分领会理解。于是伯牙放下琴赞叹道："了不起，你听琴的本领太高明了！你心中想的和我想的一模一样，我的琴音逃不掉你的捕捉与识别啊！"

评析：珍惜悲凉，知音难觅。

这是《列子》中最为脍炙人口的故事之一。列子后一百多年，公元前二百年中，有吕不韦的《吕氏春秋》中的叙述与伸延，再之后一千八百多年，话本小说《俞伯牙摔琴谢知音》收入《警世通言》中出版。至今，这个故事有评书、京韵大鼓、绍兴平湖调、古筝曲，除以上题名外还有“高山流水”“高山流水觅知音”等作品名称。而武汉市的琴台公园、琴台大剧院、琴台文化艺术中心、琴台大道、琴台钢琴博物馆、琴台美术馆等命名，至今纪念着这个关于友谊与音乐的脍炙人口的故事。

从音乐艺术的主题，一下子引申到友人、友谊、知音的珍贵，也可以说是到人伦的主题上去了。中国的五伦是包括了朋友之义的。真正的好友并不容易获得。鲁迅赠给瞿秋白之辞才讲“人生得一知己足矣”，而评书段子在讲俞伯牙、钟子期的友谊故事之前先会大骂一顿世风日下，人心不古，友情变味，知音难寻。

至于这里对于操琴、听琴的说法，反而有些愚拙与过分。操琴是一种情绪的表现，中国有一类琴曲并无固定的乐谱，跟着心情走跟着手指头走，“此情可待成追忆，只是当时已惘然”（李商隐），是高山还是流水，只能是约莫或然，音乐不是间谍送情报用的密码，听音乐不是搞释意图表，太清楚了无琴曲艺术，欣赏音乐，理解乐曲达到了钟子期那样的具体化实在化确凿化的地步，反而煞风景了。

原文：

周穆王西巡狩，越昆仑，不至弇山。反还，未及中国，道有献工人名偃师，穆王荐之，问曰：“若有何能？”偃师曰：“臣唯命所试。然

臣已有所造，愿王先观之。”穆王曰：“日以俱来，吾与若俱观之。”越日偃师谒见王，王荐之，曰：“若与偕来者何人邪？”对曰：“臣之所造能倡者。”穆王惊视之，趣步俯仰，信人也。巧夫鑛其颐，则歌合律；捧其手，则舞应节。千变万化，惟意所适。王以为实人也，与盛姬内御并观之。技将终，倡者瞬其目而招王之左右侍妾。王大怒，立欲诛偃师。偃师大慑，立剖散倡者以示王，皆傅会革、木、胶、漆、白、黑、丹、青之所为。王谛料之，内则肝、胆、心、肺、脾、肾、肠、胃，外则筋骨、支节、皮毛、齿发，皆假物也，而无不毕具者。合会复如初见。王试废其心，则口不能言；废其肝，则目不能视；废其肾，则足不能步。穆王始悦而叹曰：“人之巧乃可与造化者同功乎？”诏贰车载之以归。夫班输之云梯，墨翟之飞鸢，自谓能之极也。弟子东门贾禽滑釐闻偃师之巧以告二子，二子终身不敢语艺，而时执规矩。

故事大意：最早出现的机器人故事。

周穆王到西部地区巡视，越过昆仑山，到了弇兹山。然后往回返，还没到达中原，路上碰到一名工匠，名叫偃师，要给穆王表现技艺。穆王接见他，问：“你有什么本事呢？”偃师说：“这要听您的命令。但是我已经打造出了一件东西，希望大王先过个目。”穆王说：“过两天把它拿来，我与你一块儿看吧。”过了一天，偃师又来拜见穆王了，穆王接见了他，问：“和你一起来的是什么人呢？”偃师回答：“是我打造的能表演唱歌跳舞的‘人’。”

穆王惊奇地一看，那个“人”进退俯仰，简直就是真人。这个能工巧匠摇它的头，唱出的是有腔有调的歌曲；捧起它的手，跳起的是合拍中节的舞蹈。千变万化，做什么都符合人意。穆王以为这其实仍然是个实在的人，便叫得宠的盛姬及宫内嫔妃侍女们一起来观看。技艺演出快要结束了，这个“演员”眨眨眼睛，状似招惹挑逗穆王左右的嫔妃。穆王大怒，立即要诛杀偃师。偃师吓坏了，连忙剖开那唱歌跳舞的他打造的“人”请穆王察看，原来是用皮革、木材、胶液、油漆、白垩、黑炭、朱砂、靛青等材料建构起来的人造品。穆王仔细察看，被制造的“人”体内的肝、胆、心、肺、脾、肾、肠、胃，体外的筋骨、四肢、骨节、皮肤、汗毛、牙齿、头发等，全是人造的代用物品，但一应俱全，结合起来就又和初见到的活人一样。穆王试着拿走它的心，它的嘴就不能说话；拿走它的肝，它的眼睛便不能再看东西；拿走它的肾，它的脚便不能再走路。穆王于是高兴地赞叹道：“人的技能竟然可以与创造万物的上天相媲美吗？”穆王于是下令匠人偃师坐上副车回到中原。

班输造云梯，墨翟制飞鸢，自以为是极高的技能。弟子东门贾、禽滑釐听到了偃师的技巧，便告诉了两位老师，那两位于是一辈子再也不敢谈论自己的技艺，只老老实实守着自己使用过的规与矩。

评析：从机器人设想看传统文化。

这一段偃师制造歌舞“人”偶的故事，生动活泼可爱，应该是人类最早的关于制造机器人的幻想，至少是最早的幻想之一。

它是物质材料——皮革、木材、油漆、胶剂与各种颜料制成的，运动来源于物质的搭配，有点唯物论的意味了。其中尤其讲到多种颜料。列子的机器人幻想，对于机器人的外貌的关注超过了它的运动材料与原理，特别是列子丝毫没有对运动能源的描述，令人遗憾。

机器人太像人也太迷人了，反而脱离了机器人的特性。特别是写到它表演完歌舞与穆王嫔妃们飞眼招引，带几分调情意味，非常人性化，同时非常不“偶”也不机器。从列子到偃师，显然致力于制成品的人化，却忽略了另一方面的道理，即要造出机器人来，首先要将人的机体机能机器化、物理化、化学化、材料化、物质化。

故事暗示，关键在于匠人的巧夺天工之“巧”。我们的古人把机器人制造，把人工智能、人工运动、人工歌舞的事情看得太琐细、太雕虫小技、太奇技淫巧时，又太不懂得重视制造业的学理体系了。

列子那里已经预测到，制造机器是一个高危事业，偃师如此了得，却差点获罪被诛。

中国古人的想象力极高，科学性、分析能力、实证习惯却较差。令人遗憾。

原文：

甘蝇，古之善射者，彀弓而兽伏鸟下。弟子名飞卫，学射于甘蝇，而巧过其师。纪昌者，又学射于飞卫。飞卫曰：“尔先学不瞬，而后可言射矣。”纪昌归，偃卧其妻之机下，以目承牵挺。二年之后，虽锥末倒眦，而不瞬也。以告飞卫，飞卫曰：“未也；必学视而后可。视小如大，视微如著，而后告我。”

昌以氂悬虱于牖。南面而望之。旬日之间，浸大也；三年之后，如车轮焉。以睹余物，皆丘山也。乃以燕角之弧、朔蓬之簳射之，贯虱之心，而悬不绝。以告飞卫，飞卫高蹈拊膺曰：“汝得之矣！”纪昌既尽卫之术，计天下之敌己者，一人而已；乃谋杀飞卫。相遇于野，二人交射；中路矢锋相触，而坠于地，而尘不扬。飞卫之矢先穷。纪昌遗一矢；既发，飞卫以棘刺之端扞之，而无差焉。于是二子泣而投弓，相拜于涂，请为父子。克臂以誓，不得告术于人。

故事大意：射箭大师的心路历程。

甘蝇是古代一个非常善于射箭的人，一拉开弓，走兽趴下，飞鸟落地。他的弟子叫飞卫，向甘蝇学习射箭，技术超过了老师。又出来一个名叫纪昌的人，向飞卫学习射箭。飞卫说："你先学会一个不眨眼不动眼珠的本领，之后才可以说得上怎样射箭。"纪昌回家后，躺到他妻子的织布机下，眼睛对着上下移动的踏板。两年以后，即使锥尖碰着眼眶，眼珠也不动一下。他把这个成绩报告给了飞卫，飞卫说："还不成，你须学会看，然后再学射箭，要做到能把小东西看得很大，把微小模糊的东西看得清清楚楚，然后再来告诉我。"

纪昌用牛毛系住一只虱子挂在窗户上，面朝南看这只虱子。十天当中，他所看到的虱子开始变大；到三年之后，觉得虱子大如车轮了。再看别的东西，就都成了山丘一样大小。于是他用燕国牛角做的弓、楚国的蓬草做的箭去射那只虱子，正好穿透虱子的心脏，而挂虱子的牛毛却没有断。他又去报告了飞卫，飞卫高高地跳起来抚胸赞叹说："你已经学到手了！"

纪昌将飞卫的技术诀窍全部学到了手，心想天下能够成为自己对手的，就剩下飞卫一个人了，于是起意杀害飞卫。有一次在郊野相遇，两人对着射箭，箭头在半道相撞，坠落到地上，连尘土也没有被扬起来。飞卫的箭先用完了，纪昌还有一支，他射出这支箭后，飞卫用一根荆条的刺尖去抵挡，毫无差失。于是两人流着眼泪将弓扔掉，在路上对拜，请求结为父子，并且文臂发誓，谁也不能把射箭绝技外传。

评析：技巧第二，心性第一。

讲的是射箭技巧的故事，生动曲折感人，但并没有真正说到箭术箭巧，而是着眼于心性、品质、德行、动机、修身、精神面貌。一篇既神奇不经，又引人入胜的故事当中，包含了太多的传统文化与文化传统。

其一，学技术的关键不在于技术，技术是小事，心态心性心机是大事。先练不眨眼不转眼珠，练到异物扎过来不为所动，这很不易。因为随时眨眼闭眼动眼是眼睛的自我保护本能，人的眼皮直到生命的最后阶段也还会有各种反应。这种要求应该也算是定力，是超常的自我控制能力。射箭需要定力，需要钝感力，这是说得通的。

其二，需要的是眼睛官能感觉的放大即高度强化，要能够把一个小小的虱子看得大如车轮，这个说法更加神奇，难以练就。射箭需要练就超强的视力，则说得通。

怎样才能练得定力与视力超强呢，没有说。

有了精神定力与超强视力，即“得之矣”，纲举目张，一通百通，这是中华文化自古就有的高屋建瓴、势如破竹的大气，是古老的文化自信、心性自信，乃至身体器官自信。

前面几段已经有了，这里又将成功达标说成“得之矣”，现代汉语白话文里很少这样说话了，这种文言文的说法有点像英语，英语是动辄谁谁“got it”的。

故事似乎还暗示，仅仅追求技术，那么技术的拔尖化、顶级化，极有可能走向反面，即诱使技术的自私、垄断、排他、恶性竞争。这也是老子所说的“天下皆知美之为美，斯恶已，皆知善之为善，斯不善已”的意思。

于是出现了故事情节的突然逆转，大师高徒，出神入化，成就斐然，技艺惊天。突然，徒弟纪昌居然要杀师父飞卫，不但保持自己箭术的第一，而且保持自己箭术的唯一。

底下的叙述是飞卫接受了挑战，二人斗法斗技斗智斗勇，然后是半斤八两，不分轩轾。当然也可以说师父更强一些，在少一根箭矢的情势下用荆棘抵挡住了徒弟的神矢。但也可以问责飞卫，为什么不多预备一支箭，免得自己陷入险境？

然后二人对跪拜，泪流满面，这是宗教性的忏悔场面，说明人性本善，但技艺的争取优胜趋向陷人于恶，二人似乎是掌握不住自身了，进入了你死我活的恶斗。技艺、智能、竞争、求胜，乃是魔鬼，害人不浅。

为什么二人对拜哭泣的时候却要做出射箭绝技永不外传的保证？可以解释为二人之恶，二人谁也斗不过谁，但是绝对不外传技艺；也可解释为超常技艺是魔鬼，这样的魔鬼只能装到瓶子里紧紧塞住，而不能将其释放出来。

原文：

造父之师曰泰豆氏。造父之始从习御也，执礼甚卑，泰豆三年不告。造父执礼愈谨，乃告之曰："古诗言：'良弓之子，必先为箕；良冶之子，必先为裘。'汝先观吾趣。趣如吾，然后六辔可持，六马可御。"造父曰："唯命所从。"泰豆乃立木为涂，仅可容足；计步而置，履之而行。趣走往还，无跌失也。造父学之，三日尽其巧。泰豆叹曰："子何其敏也？得之捷乎！凡所御者，亦如此也。曩汝之行，得之于足，应之于心。推于御也，齐辑乎辔衔之际，而急缓乎唇吻之和，正度乎胸臆之中，而执节乎掌握之间。内得于中心，而外合于马志，是故能进退履绳而旋曲中规矩，取道致远而气力有余，诚得其术也。得之于衔，应之于辔；得之于辔，应之于手；得之于手，应之于心。则不以目视，不以策驱；心

闲体正，六辔不乱，而二十四蹄所投无差；回旋进退，莫不中节。然后舆轮之外可使无余辙，马蹄之外可使无余地；未尝觉山谷之崄，原隰之夷，视之一也。吾术穷矣。汝其识之！”

故事大意：赶车大师的心性培育。

造父的老师名泰豆氏，造父开头师从他学习赶车，执守礼数极其谦卑，可是三年过去了，泰豆并没有教他御车之技。造父礼数越加严谨周密，于是泰豆告诉他说：“古诗上有话：‘优秀弓匠的子弟，须先学会编造簸箕；优秀冶匠的子弟，须先学会鞣皮缝衣。’你先看看我是怎样快步疾走的。如果你能做到与我一样地疾走了，之后才可以掌握六道缰绳，驾驭六匹马匹。”造父说：“全都听您的。”

于是泰豆把一排木桩竖立起来形成道路，每根木桩上仅能踩下一只脚，根据步伐长短放好木桩，走路则要踩到木桩上，跑来跑去，全没有失足跌落的危险。造父练这个功夫，三天就完全学到家了。泰豆赞叹说：“你是何等灵敏呀！学成得好快呀！大凡驾驭马车之类的事，也是这个样子。刚刚你在木桩上走路时，踩得好的是脚，配合对应的则是心（头脑）。把这个体验推演到驾车上，就是赶车人要善于运作缰绳和嚼子，同时还要通过吆唤口吻调理车行的快慢节奏。调度出自心思，节奏靠手把握。赶车人的内里心中有数，外示则符合马的性子，进退履墨履绳，拐弯中规中矩，循路不怕远行，最后仍有余力，那可真算是驾车有术。

“嚼子用得好，缰绳上立即有所感应；缰绳用得好，手腕上立即有所感应；手腕用得好，心中立即有所感应。这样，眼睛不看，鞭子不挥，心情闲适，身体端正，六匹马的缰绳不会纷乱，二十四只马蹄踩踏下来的点子没有误差，转弯与进退，没有不合拍的。然后，可以做到车轮之外没有多余的辙印，蹄印之外用不着其他的路面，根本觉察不到山谷有什么艰险，平地有什么方便，不同的路况看起来没有不同。我的技巧就是这些个了，你好好记住吧！”

评析：中国式的技艺观。

古代中国，学技学艺练功，先要如孟子所说“苦其心志，劳其筋骨，饿其体肤，空乏其身，行拂乱其所为，所以动心忍性，增益其所不能”。大师泰豆收徒弟，三年不教本专业，就是要重挫徒弟的浮躁锋芒轻飘肤浅。不然，根本就没有当大师学徒的资格。当然这也反映了中国自古以来学徒苦的惨状，似乎有一类技艺型秘方型的本领，师父是很舍不得教授给徒弟的。旧中国学徒前三年只是给师傅师娘做家务，洗便盆，相声段子里就说过这方面的故事。而民间故事里，猫传艺老虎，留一手爬树不教，才保护了自己的安全，免受学好艺后要向自己下手的老虎的侵害。还有收徒后先足足折腾徒弟，从最早黄石公收张良为徒时就是这样，那还算相当文雅的。前一节刚刚讲到的学拉弓射箭的故事也是如此，学好了想的是杀掉师父以提高自己的名次。这里的说法，既有一种强调严格性根本性的教育思想成分，也有狭隘性保守性乃至病态性自私自利性的因素。

不知道这是不是孔子强调“君子不器”的缘由。技艺性、秘方性、专门性越强，奇巧性越强，越容易产生“奇货可居”的自私心理与排他心理。至于像孔孟老庄，教授天道天理、修齐治平、仁义礼智信这些根本性普遍性的道理义理的圣贤，反而不会这样想，也就没有这样的陋习了。

再有就是强调技艺的整体性综合性一揽子性。从制弓到做簸箕，从冶炼到制裘，从御车到快步走梅花桩（走桩更像武侠小说上的情节），而说到驾车本身，强调的是缰绳、嚼子、马匹、口、手、心（武侠小说上的叫法是“手眼心法步”）的协调贯通。这种整体主义、一体主义，是非常富有中华传统文化特色的。

再次，从 ABC 学起，从零开始，基础就是根本，资质就是保证，没有资质，没有基础，不苦练基本功，技艺免谈，学籍注销。

所以中华文化到了现代强调哲学，强调一通百通，强调抓住了主要矛盾，次要矛盾也就会迎刃而解，这与现代科技现代企业管理的强调细节决定成败，或异其趣。

具体道理未必讲得清楚，大道理却极其精彩动人，留下了余味耐咀嚼。

只是讲到技艺完美以后，马蹄迈步也就科学化数据化了，蹄子落脚之外的路面也就成了多余的了，这个恰恰与《庄子》的有关讲述背道而驰：

> 惠子谓庄子曰：“子言无用。”庄子曰：“知无用，而始可与言用矣。夫地非不广且大也，人之所用容足耳。然则厕足而垫之致黄泉，人尚有用乎？”惠子曰：“无用。”庄子曰：“然则无用之为用也亦明矣。”（《庄子·外物》）

庄子说的恰恰是，人的一生用的就是脚印所需的地面，但如果挖掉所有踩不着的地面，地面对于人生来说也就完全无用了。也就是说，庄子认为，脚踩不着的那些地面的无用，正是大用。

原文：

魏黑卵又暱嫌杀丘邴章，丘邴章之子来丹谋报父之雠。丹气甚猛，形甚露，计粒而食，顺风而趋。虽怒，不能称兵以报之。耻假力于人，誓手剑以屠黑卵。黑卵悍志绝众，力抗百夫，节骨皮肉，非人类也。延颈承刀，披胸受矢，铓锷摧屈，而体无痕挞。负其材力，视来丹犹雏鷇也。

来丹之友申他曰："子怨黑卵至矣，黑卵之易子过矣，将奚谋焉？"来丹垂涕曰："愿子为我谋。"申他曰："吾闻卫孔周其祖得殷帝之宝剑，一童子服之，却三军之众，奚不请焉？"来丹遂适卫，见孔周，执仆御之礼，请先纳妻子，后言所欲。孔周曰："吾有三剑，唯子所择；皆不能杀人，且先言其状。一曰含光，视之不可见，运之不知有。其所触也，泯然无际，经物而物不觉。二曰承影，将旦昧爽之交，日夕昏明之际，北面而察之，淡淡焉若有物存，莫识其状。其所触也，窃窃然有声，经物而物不疾也。三曰宵练，方昼则见影而不见光，方夜见光而不见形。其触物也，騞然而过，随过随合，觉疾而不血刃焉。此三宝者，传之十三世矣，而无施于事，匣而藏之，未尝启封。"来丹曰："虽然，吾必请其下者。"孔周乃归其妻子，与斋七日，晏阴之间，跪而授其下剑，来丹再拜受之以归。

来丹遂执剑从黑卵，时黑卵之醉偃于牖下，自颈至腰三斩之，黑卵不觉。来丹以黑卵之死，趣而退，遇黑卵之子于门，击之三下，如投虚。黑卵之子方笑曰："汝何蚩而三招予？"来丹知剑之不能杀人也，叹而归。

黑卵既醒，怒其妻曰："醉而露我，使我嗌疾而腰急。"其子曰："畴昔来丹之来，遇我于门，三招我，亦使我体疾而支彊。彼其厌我哉！"

故事大意：宝剑幻想曲。

魏国有一个名叫黑卵的人士，因私仇将丘邴章杀死了，丘邴章的儿子来丹要为父亲报仇。来丹的气性十分猛烈，身体却相当羸弱，他是个数着粒儿吃米饭，顺着风才能走道的人。来丹虽然怒火中烧，但无力举起兵器去报仇雪恨。他又不愿意借他人的武力报仇，发誓必须亲手用剑杀死黑卵。黑卵强悍勇猛，超过常人，独自能够对抗一百名敌手，筋骨皮肉也都是超人水准，伸长脖颈迎受刀砍，敞开胸膛接受箭射，刀箭的锋刃损挫弯曲，他的身体却没有一点痕迹。自负于自身的体质、力气，他把来丹看成是一只待哺的小鸟。

来丹的朋友申他对来丹说："我知道你恨黑卵至极，但黑卵过分轻蔑你了，你有什么办法吗？"来丹流泪说道："希望你替我出出主意。"申他说："听说卫国孔周的祖上获得了殷代天子的宝剑，一个儿童佩上它，击退了三军的进攻，为什么不去向他提出请求呢？"

于是来丹到了卫国，见到孔周，行大礼谦卑如奴仆，首先把妻子儿女抵押给孔周，然后说来意。

孔周说："我有三把剑，你可以从中挑选，但是这些剑是杀不死人的。那就先说说它们的情形。一把剑名'含光'，看它，见不到形体；用它，觉不到它到底有没有。刺向什么东西，不留任何形迹，从一个东西体内穿过，也不会让对方察觉。

"第二把剑名'承影"，清晨黄昏，明暗模糊时刻，面向北细看，隐隐似乎有件东西在那里，辨不清它的形状。它触碰到什么东西，发出一点响动，从人体内经过，对方并不觉得疼痛。

"第三把剑叫'宵练'，白天能看见它的影子但看不到光芒，夜间能看见它的光泽，但看不见它的形状。它触碰到什么东西，刷的迅捷而过，伤口裂开立马又愈合起来，对方虽然能觉到疼痛，但刀刃上不会沾染任何血迹。

“这三把宝剑，到我这儿已经传了十三代了，没有使用过，放在匣子里封存着，没开过匣子。”来丹说：“话虽如此，我只敢请借用排在最后的那把剑。”

于是孔周把他的妻子儿女交还给了他，同他一起斋戒七天，在一个半晴半阴的天气，跪着拿给他最靠后的剑，来丹又拜谢了两次，拿上剑返回家中。

从此来丹拿着剑跟踪黑卵，一天黑卵喝醉了酒躺在窗下，来丹从脖颈到腰身斩了黑卵三剑，黑卵没有觉察。来丹以为黑卵已死，快步离开，在门口碰到黑卵的儿子，于是又用剑斩了他三下，好像是杀到了虚空上一样。黑卵的儿子笑着说：“你向我三次挥手甩胳臂算是什么意思呢？”来丹明白这剑当真杀不死人了，叹息而去。黑卵醒过来，冲他妻子发火说：“我喝醉了，露天而卧，结果我咽喉疼痛，腰身也紧巴了。”他儿子说：“刚才来丹来过，在门口碰上了我，三次向我伸胳臂，弄得我也身体疼痛，四肢僵硬。他是闹什么巫术了吧？”

评析：功能的极致是能而无功。

这是一个幻想故事，不是科幻，是神幻与哲（学）幻（想）。这个故事本身就像列子所讲的孔周之剑，寒光隐约，锋利无敌，斩杀无迹，闻之悚然，却又不知其意其义，电光石火，瞬间无存。

先是复仇，古今中外的动人文学题材，如《赵氏孤儿》，如《基督山恩仇记》。复仇作品的动人之处往往在于复仇者的千辛万苦，九死一生，超人意志，惊人方略。而这里的复仇者，气猛形露，拧巴窝心。

这时候出场的是三把神剑，传自殷商，剑是古代的好，敢情列子也是崇拜祖先原物旨主义者。剑好到什么程度了呢？锋利利落，一切对象碰上神剑，其阻力等于或至少近于零，以神剑杀敌，需要的力量是零或近于零，需要的作业时间是零或近于零，需要的做功与做成的功是零或近于零。

那么，中国富有想象力的哲人问道，这样的人与器具，做出来的成果是不是也是零或近于零呢？

一剑割过去扎过去，可断可穿，连血都没有来得及流出一星半点，一切又恢复了原状，应该说正是神剑的锐利与迅捷的程度，使得使用神剑者无法在割断刺穿的同时变换敌人体躯各部分的位置，神剑的厉害与无效都在于它的神利神锐神速神效。而神效即是无效。用神剑是杀不死人的，割过刺过，立即愈合复原，最多有点紧绷，有点酥麻，有点疼痛。

中国先贤特别是道家大师，对于绝对的技艺、工具、武器有一些天才的想象。列子的关于神剑的故事首先令人想起庄子的庖丁解牛，庖丁的本事在于技艺，他能做到“彼节者有间，而刀刃者无厚；以无厚入有间，恢恢乎其于游刃必有余地矣”，就是说牛的关节处有足够的缝隙，而刀刃的厚度是零或近于零，从缝隙处走刀，叫作游刃有余！不仅是游刃有余，而且庖丁操作起来像正规的歌舞一样，符合唐尧虞舜时期的音律节奏。好的工具（《庄子》没有特别讲工具，但“刀刃者无厚”云云已经表现了工具的精良）与好的技艺与艺术相通，与礼法相通，与大道相通，技术提升为艺术，再提升为大道。妙哉！

而当代新武侠小说的代表人物古龙似乎也受到了游刃有余与神剑太虚的故事与思想的影响。他的《天涯·明月·刀》一书中，就写了主人公傅红雪的刀法，快得使对方在不觉得疼痛的情况下，被斩下了一只手。

而在他的《多情剑客无情剑》中，写到少年阿飞剑杀白蛇，也是于不闻不见不知不觉之中飞速取下了白蛇的首级，连白蛇自身都来不及有所感觉。

但列子的想象更上一层楼。他想到的是武器精致到顶峰就不是武器了。器具太精美了，与无器具没有差别。这是个奇异的思想，它从中华传统文化上看是合理的，因为道家的特点是对于无的崇拜，应该说是信仰：无就是道之源、神之本，道家也是“无神论”，就是以“无”为神为终极为万物之始之伟论。叫作“无非有，无非无，无非非无”“过犹不及”“物极必反”“万物生于有，有生于无”。“有”的极致是归零，是“无”。巅峰武器如核弹头是几乎无法使用的，这个意念很有咂摸头。列子生活在冷兵器时代，不可能想象到核武器，但是想象到了无限锐利、零阻力的神剑。它比庖丁的刀、傅红雪的刀与阿飞的剑更趋向于绝对兵器，乃归零成无。

原文：

周穆王大征西戎，西戎献锟铻之剑，火浣之布。其剑长尺有咫，练钢赤刃；用之切玉如切泥焉。

火浣之布，浣之必投于火；布则火色，垢则布色；出火而振之，皓然疑乎雪。皇子以为无此物，传之者妄。萧叔曰：“皇子果于自信，果于诬理哉！”

故事大意：神物奇物，锟铻剑与火浣布。

周穆王当年大举征伐西方民族，西方民族贡献了锟铻剑和火浣布给穆王。剑长一尺八寸，经过锻炼的钢材，刀刃发红，用它来切削玉石就像切削泥巴。火浣布呢，要洗它就必须投入火中，布随即出现火的颜色，而污垢则呈现为布色，从火里把布取出来抖一抖，布立刻白得像雪花一样。

皇太子认为世界上不会有这种东西，别人说的这些话是虚妄之词。萧叔说："皇太子果然太自信了，他硬是不承认事实上有各种存在就必有各种道理呀。"

评析：多样性与未知的可能。

大千世界，事物多样，名目繁多，奇葩到处。如今，有用钻石做刃乃至用瓷做刃的切割刀具，确实可以削铁，不完全如软泥，庶几近乎硬泥，没啥奇异的。石棉制衣，以火洗浣，也不足为奇。

皇子不信，同样不足为奇，世上确有捕风捉影、以讹传讹、谣言四起、胡说八道的事情屡屡出现。一个人不相信完全超出他的经验记忆与理解能力的事，很正常。

这里，《列子》用了"诬理"二字，意在说明，存在的就是合理的，世上确有削铁如泥的刀刃，也确有投火洗涤的布匹，它们不是一般的刀刃、一般的布匹。皇子不相信是由于他不了解不同的物件特性是基于不同的道理，皇子太自信了，太自信了就损害了自己的理解能力，损害了求知与开拓见识的能力。说他诬即"欺"理，有它的道理。

力命第六

本篇集中讨论人的努力与命运的通蹇问题，说法有一方面的道理，但嫌重复。可爱之处不在于命运决定论的主题思想，而在于它们的各具特色的故事，故事的真实性、虚构性、奇特性，异彩纷呈，尤其是管仲与鲍叔牙、邓析与子产的故事，更在传统文化中堪称脍炙人口。

原文：

力谓命曰："若之功奚若我哉？"命曰："汝奚功于物而欲比朕？"

力曰："寿夭、穷达、贵贱、贫富，我力之所能也。"

命曰："彭祖之智不出尧舜之上，而寿八百；颜渊之才不出众人之下，而寿十八。仲尼之德不出诸侯之下，而困于陈蔡；殷纣之行不出三仁之上，而居君位。季札无爵于吴，田恒专有齐国。夷齐饿于首阳，季氏富于展禽。若是汝力之所能，奈何寿彼而夭此，穷圣而达逆，贱贤而贵愚，贫善而富恶邪？"

力曰："若如若言，我固无功于物，而物若此邪，此则若之所制邪？"命曰："既谓之命，奈何有制之者邪？朕直而推之，曲而任之。自寿自夭，自穷自达，自贵自贱，自富自贫，朕岂能识之哉？朕岂能识之哉？"

故事大意：人力与天命的对谈。

这一章叫作《力命》，讲的是人力与天命，或者用现代语言来说，讲的是人的努力与命运。

努力与命运对谈。努力对命运说："你的作用哪里比得上我呢！"命运答道："你对世界又有什么作用呢？你想和我比试些什么呢？"

努力说："一个人是长寿还是短命，困窘还是畅达，高贵还是低贱，贫穷还是富足，都是我能力范围内的事儿。"

命运说："不是，彭祖的智力并没有超过尧舜，但是他活了八百年。颜渊的才华并没有落在他人之后，却年纪轻轻就早逝。孔子的德行，不比任何一个诸侯差，却在陈国、蔡国遭困遇险。殷纣的作为根本比不上微子、箕子、比干，但他坐上了君王大位。还有什么季札，贤明了半生，在吴国没有得到爵位。而心计多端的田恒，在齐国不可一世。伯夷、叔齐这样的高士饿死在首阳山。鲁国的季孙呢，比柳下惠富足滋润得多。如果你真有那么大的作用，为什么要让那个人长寿，这个人夭折，让圣人穷窘，让坏人发达，让贤者低贱，让傻瓜高贵，让善士贫穷，而让恶人富足呢？"

努力说："如果你说的都是对的，虽然我对世界无功，你呢？世上的一些事是这样不公正，难道是你设计实现的吗？"

命运说："既然我是'命运'，又哪里来的设计与实现之说呢？什么事情对头了，我就推动它，什么事情（不对头）曲里拐弯了，我就随它去，于是自行长寿的有了，自行短命的也有了，自行艰难困窘的有了，自行兴旺发达的也有了，自行高贵提升的有了，自行沦落下贱的也有了，自行富足繁华的有了，自行贫穷受苦的也有了。我哪里知道是怎么回事呢？我哪里知道是怎么回事呢？”

评析：主观努力与客观运命的谈论。

列子那个时候已经在讨论命运、运气与人的主观努力之间的关系。“运”的优越性在于它是无为而无不为的，穷者自穷，得者自得，贵者自贵，贱者自贱。而这种无为而治、道法自然的特色正是道（在老子那里还可以称作大、天、一、朴、玄德）的特色。努力是人事，命运是天命。而道家的天命不具有其他宗教所信仰的“主”的人格性、意旨性、仁爱性、护佑性与正义性。老子的概念神——道，“生而不有，为而不恃，长而不宰，是谓玄德”。它的原则是自然而然，自行而行，叫作“道生之，德畜之，物形之，势成之”。生出形成之后，道、运不管那么多了，一切都是自然而然自行而行了。运的优越性无敌性天下不败性恰恰在于它紧紧扣住了一个“无”字，无是有的前提，无是有的归宿，无原因是一切的原因，无终极是一切的终极，无解是一切的结论，正如零报告是最最颠扑不破的报告。

当然这个说法是太消极了，是近于夸张的逃遁了。世界上毕竟还有人生人力人意人心人欲，你弄得清楚道理可以，你弄不清楚、说不清楚道理，生命已经存在，生命必然充满了意愿追求紧张努力。人间有道生生命，就同时有生则寻道；有德畜（养）生命，就必然同时有生而求德；有物（世界）赋形予生命，就必然同时有生命对于物对于世界对于形体的依靠、爱护与改造；有强弱、变化、兴亡、盛衰之势造成生命的各种命运，也就同时必然有生命对于势的注意、利用、防备、干预、改善诸方面的努力。这一点，正像普列汉诺夫在他的名著《论个人在历史上的作用》中所引用的英国学者普利斯特列所说的：

宿命论也不仅不总是妨碍坚毅的实际行动，而且相反，在某些时代，宿命论还是这种行动的一种心理上的必要基础……若认为我们只要一确信一系列的事变必然到来，我们就失去了促进或者阻挠这些事变到来的任何心理上的可能性，那就大错特错了……这里一切都取决于我自己的活动是否为必然事变链条中必要的一环。如果是的话，那我的犹豫就会更少，我的行动也就会更加坚决。

是的，有不以主观努力转移的运与势，同样也绝对不能抹杀人力努力、主观意志、行动、智慧与品格的作用。儒家的反求诸己的理论，孔子引用的“君子求诸己，小人求诸人”的说法，就从力的角度强调了人的主观能动性，人的担当与使命感的重要性。

原文：

北宫子谓西门子曰：“朕与子并世也，而人子达；并族也，而人子敬；并貌也，而人子爱；并言也，而人子庸；并行也，而人子诚；并仕也，而人子贵；并农也，而人子富；并商也，而人子利。朕衣则裋褐，食则粢粝，居则蓬室，出则徒行。子衣则文锦，食则粱肉，居则连欐，出则结驷。在家熙然有弃朕之心，在朝谔然有敖朕之色。请谒不相及，遨游不同行，固有年矣。子自以德过朕邪？”

西门子曰：“予无以知其实。汝造事而穷，予造事而达，此厚薄之验欤？而皆谓与予并，汝之颜厚矣。”

北宫子无以应，自失而归。中涂遇东郭先生。先生曰：“汝奚往而反，偊偊而步，有深愧之色邪？”北宫子言其状。东郭先生曰：“吾将舍汝

之愧，与汝更之西门氏而问之。”曰：“汝奚辱北宫子之深乎？固且言之。”西门子曰：“北宫子言世族、年貌、言行与予并，而贱贵、贫富与予异。予语之曰：‘予无以知其实。汝造事而穷，予造事而达，此将厚薄之验欤？而皆谓与予并，汝之颜厚矣。’”

东郭先生曰：“汝之言厚薄不过言才德之差，吾之言厚薄异于是矣。夫北宫子厚于德，薄于命，汝厚于命，薄于德。汝之达，非智得也；北宫子之穷，非愚失也。皆天也，非人也。而汝以命厚自矜，北宫子以德厚自愧，皆不识夫固然之理矣。”西门子曰：“先生止矣！予不敢复言。”

北宫子既归，衣其裋褐，有狐貉之温；进其茙菽，有稻粱之味；庇其蓬室，若广厦之荫；乘其筚辂，若文轩之饰。终身逌然，不知荣辱之在彼也，在我也。东郭先生闻之曰：“北宫子之寐久矣，一言而能寤，易悟也哉！”

故事大意：命运与处境，未必说明什么问题。

北宫子对西门子说：“我与你生活在同一世上，可是你过得顺达；同一个家族，可是你比较受尊敬；同一等相貌，可是你被喜爱；同样在那儿说话，可是人们听你的；同样做一些事，但是人们更相信你的诚实；同样做官，可是你更显贵；同样务农，可是你更富裕；同样经商，可是你更得利。你看看我，穿的是破烂，吃的是粗粮粝饭，住的是茅草蓬屋，出门靠徒步。再看看你呢，穿的是锦缎，吃的是粮食肉菜，住的是高房大屋，出门乘好几匹马拉的车。家里，你自得其乐，心里从来没有我；在朝廷上，你趾高气扬，对我傲气凌人，许多年了，我们互不交往，也没有共同上过路。你是不是自以为你的德行就比我一定高多少呢？”

西门子说：“这个事我也了解不确切，你做事老做不通，我做事老顺顺当当，这难道不是咱俩为人不同所造成的吗？你呢，却说咱们俩是一个样儿的。你这样说话，是不是脸皮太厚了呢？”

北宫子无话可说，无趣地往回走，半道上遇到东郭先生。

东郭先生问：“你这是从哪儿回来的呢？踽踽独行，怎么还显得有些灰溜溜的样子呢？”

北宫子将情况告诉了东郭先生，东郭说：“我要为你消除难堪，咱们再找西门子谈谈这事。”

他找到了西门子，问说：“你为什么要把北宫子污辱得如此深重呢？你也对我说一说嘛。”

西门子说：“北宫子对我说他的家族背景、年龄相貌、言谈举止都与我相似，可是他与我的贵贱地位与贫富财路却相差很远。我说，我也说不确切，但是你做什么事都到处碰壁，我做什么事却是顺顺当当。这不是说明咱们俩为人一个厚道一个刻薄的区别，所以效果也就大不一样吗？不说这个，你却说你各方面与我差不多，这不是太厚颜了吗？”

东郭说：“你所说的厚与薄的区分，无非是说你们二位的德与才有薄厚之分。这是你的区分薄厚的说法。我的关于薄与厚的说法与你不一样。我认为你们俩的区别不在这方面，北宫子他是命薄而德行淳厚，你是受到命运厚爱，自己的德行其实相当浅薄。你的通达顺当，并不是靠智慧取得的；北宫子的屡屡碰壁，也不是由于他的愚笨所造成的。这些都是天意，并不是人力人事所造成的。现在你呢，因了自以为命运淳厚，自骄自夸；北宫子呢，则因了自以为德行淳厚而惭愧自责。这都是没有认识到事物的真相与本来面目啊。”

西门子说：“您不要说了，我明白了。”

北宫子回家，穿上粗粝的衣衫，觉得有狐貉毛皮的温暖；吃点杂豆粗粮，觉得有大米小米的味道；住在蓬草茅屋下边，觉得也有了高屋豪宅的庇护；坐上一辆柴草破车，觉得也与乘讲究的马车一个样。一辈子悠然自得，感觉不到自己的生活当中有什么可计较盘算的荣辱忧乐的负担。

东郭先生听说了这个情况，他说：“北宫子沉迷得太久了，一句话能让他醒悟，他也就算是清醒得够快的啦！”

评析：知其不平而后无不平。

还是谈人力与天命的不平衡。列子此段，乍一看，颇有不平之鸣，人本身的差别顶多在于德与才，人的处境的差别，常常不是由于德与才的差别，而是老天爷给的，或者是你自己瞎猫碰上死耗子一般莫名其妙地碰上的命运的差别。同样做事，人家顺顺当当，你偏偏到处碰壁。同样经商，一个远不如你的人屡屡得手，你却常常赔钱。同样说话，人家是金口玉言、一诺千金，而你硬是苦口婆心无人搭理。同样做官，有的人青云直上，趾高气扬，你却是无依无靠，尴尬寒酸。古今中外，东南西北，有这样的牢骚的人多了去了。

窃以为，多数情况下，这样的牢骚只能证明自己没有出息。一个真正有资质、有德行、有品位、有能力，而且肯于奋斗的人，大多总会有所表现，有所成就。所以孔子认定，“君子求诸己”，遇事要自己想办法解决，而小人才是“求诸人”，依赖旁人者也就最易抱怨旁人。

列子则不那么要求你，他先承认世界本来就不那么均衡，命运根本就不可能完全公正。胜者无权骄横，败者无须惭愧，富贵并不证明你的优秀，贫贱也绝对不证明你的不像样子。人应该乐天知命，随遇而安，胜不骄，败不馁，富不奢，贫不怨。粗粮豆子一点不比大米小米差，茅草蓬屋也不比高屋大厦次。用现代语言来说，有了文化自信，也就没有了文化自卑、文化失落、文化焦虑、文化悲观。什么事看开一点，做好碰到没有多少道理可讲的背运的准备，视背运为家常便饭与其实无所谓，倒也有它可爱与可敬的一面。

力乎命乎？何命运之不公也？这已经成为中华散文的一个永恒主题。甚至华丽张扬的《滕王阁序》中，王勃也要慨叹几句：

> 嗟乎！时运不齐，命途多舛。冯唐易老，李广难封。屈贾谊于长沙，非无圣主；窜梁鸿于海曲，岂乏明时？

怨命怼运的同时表明“非无圣主”与“岂乏明时”，就是说不是怨权力系统，不是怨生不逢时，其政治正确的在意令人莞尔。

原文：

管夷吾鲍叔牙二人相友甚戚，同处于齐。管夷吾事公子纠，鲍叔牙事公子小白。齐公族多宠，嫡庶并行。国人惧乱。管仲与召忽奉公子纠奔鲁，鲍叔奉公子小白奔莒。既而公孙无知作乱，齐无君，二公子争入。管夷君与小白战于莒，道射中小白带钩。小白既立，胁鲁杀子纠，召忽死之，管夷吾被囚。鲍叔牙谓桓公曰：“管夷吾能，可以治国。”桓公曰：“我仇也，愿雠之。”鲍叔牙曰：“吾闻贤君无私怨，且人能为其主，亦必能为人君。如欲霸王，非夷吾其弗可。君必舍之！”遂召管仲。鲁归之，齐鲍叔牙郊迎，释其囚。桓公礼之，而位于高国之上，鲍叔牙以身下之，任以国政，号曰仲父。桓公遂霸。管仲尝叹曰：“吾少穷困时，尝与鲍叔贾，分财多自与；鲍叔不以我为贪，知我贫也。吾尝为鲍叔谋

事而大穷困，鲍叔不以我为愚，知时有利不利也。吾尝三仕，三见逐于君，鲍叔不以我为不肖，知我不遭时也。吾尝三战三北，鲍叔不以我为怯，知我有老母也。公子纠败，召忽死之，吾幽囚受辱；鲍叔不以我为无耻，知我不羞小节而耻名不显于天下也。生我者父母，知我者鲍叔也！”此世称管鲍善交者，小白善用能者。

然实无善交，实无用能也。实无善交实无用能者，非更有善交、更有善用能也。召忽非能死，不得不死；鲍叔非能举贤，不得不举；小白非能用雠，不得不用。

及管夷吾有病，小白问之，曰：“仲父之病疾矣，可不讳。云至于大病，则寡人恶乎属国而可？”夷吾曰：“公谁欲欤？”小白曰：“鲍叔牙可。”曰：“不可；其为人也，洁廉善士也，其于不己若者不比之人，一闻人之过，终身不忘。使之理国，上且钩乎君，下且逆乎民。其得罪于君也，将弗久矣。”小白曰：“然则孰可？”对曰：“勿已，则隰朋可。其为人也，上忘而下不叛，愧其不若黄帝而哀不己若者。以德分人谓之圣人，以财分人谓之贤人。以贤临人，未有得人者也；以贤下人者，未有不得人者也。其于国有不闻也，其于家有不见也。勿已，则隰朋可。”然则管夷吾非薄鲍叔也，不得不薄；非厚隰朋也，不得不厚。厚之于始，或薄之于终；薄之于终，或厚之于始。厚薄之去来，弗由我也。

故事大意：管鲍之交的戏剧性故事与哲理性学问。

管仲和鲍叔牙二人交往很亲近，两人都是生活在齐国，管夷吾事奉的是公子纠，鲍叔牙事奉的是公子小白。那时齐国的君王一族有许多人，不分嫡出（正室夫人所生）还是庶出（妾生），都得到了宠显，弄乱了礼法，因之齐国人惧怕将来会发生几名雄心荣显的族人争夺天下权柄的乱局。管仲与召忽二臣事奉公子纠逃到了鲁国，鲍叔牙事奉公子小白逃到莒国。之后公孙无知作乱把他的堂哥齐襄公杀了，齐国没了君王，纠与小白两位公子争着入主。管夷吾带兵与小白在莒国道路上打仗，用箭射中了小白的衣带钩。小白取胜就位，成为齐桓公，威逼鲁国杀死了与他争王位的公子纠，召忽殉主而死，管夷吾被捉拿囚禁。

鲍叔牙对桓公说："管夷吾能力很强，可以任用他来治国理政。"齐桓公说："他是我的仇敌，我的心愿是杀掉他。"鲍叔牙说："据我所知，一个贤明的君王不会由于个人的原因而记仇，再说一个人如管仲，当时能为他的主子效命，现在自然也会为君王效力。您如果想成就霸业，离开了管夷吾是做不到的。君王一定要舍弃报私仇的念头！"

齐桓公听了鲍叔牙的话，召见了管仲。管仲从鲁国回到了齐国，鲍叔牙来到都城郊外迎接，从囚禁的器具下释放了管仲。齐桓公以礼相待，对他的安排比高、国两大世族还要高，鲍叔牙更是排在管仲之下。管仲接受了处理国政的委托，被齐桓公称为仲父（父亲的大弟弟）。齐桓公从而称霸天下。

管仲曾经感叹说："我年少时很穷苦，那时与鲍叔牙合伙经商，分红利时多给了我自己；鲍叔牙并没有嫌恶我的贪心，他知道我确实太贫穷了。我也曾经给鲍叔牙经管事务，碰了大钉子，鲍叔牙也并没有认为我愚笨，他知道办事也有时机是否有利的差别，一个人不笨，但是时机不好，办不成，那是可以理解的。我曾经三次做官，三次被君王驱逐，鲍叔牙不觉得是我太不像话，他了解我是没有得到机缘。我有过打了三仗三次连续败北的记录，鲍叔牙不认为是由于我怯懦失去了战机，他知道我有老母高堂，不能轻易牺牲。公子纠与桓公争权失败了，召忽殉主而死，我被囚禁饱受屈辱；鲍叔牙不认为我是缺少尊严硬气，他明白我不会因为小节就自绝后路，我更在乎与急于改变的是自己大业未成，名誉还没有能在天下彰显。生我的是父母，了解我的是鲍叔牙！”

当时的人们都称道管鲍是最好的友谊、齐桓公是最好的用人典范。

其实呢，并不存在善于建立友谊与善于任用贤能的问题。事实上并不存在谁善于交友谁善于任用贤能，谁不善于交友不善于任用贤能的情势。召忽也不是勇于或能于就死，他是不得不死；鲍叔牙也不是能于举荐贤士，他是不得不举荐管仲。小白也不是他自己能团结使用个人的仇家，同样是迫于情势，必须用，不得不用。

后来管夷吾生病，小白去征询他的意见，问说：“仲父的病趋于严重了，我也就不避讳不好听的话了。如果你的疾病往更严重方面发展，寡人把国家交给谁管理为好呢？”夷吾说：“您想交给谁呢？”小白说：“我觉得鲍叔牙是可以信赖的。”管仲说：“不行。鲍叔这个人，是廉洁正派的贤士，对于比不上自己的人他不去团结，一听到谁谁有什么差失，他会记一辈子。让他去治国理政，对上他可能违逆君王，对下他可能与老百姓作对。最后算计得获罪于君王，也恐怕为时不远了。”

小白说：“那你说谁行呢？”

管仲对答道：“我的病老是好不了的话，隰朋可以接班。他的为人特点是他上面的长官用不着惦记他，下属们不会反对他，他抱愧自己的德才比不上黄帝，同时又怜惜那些德才比不上自己的人。以德感染折服他人的人，叫作圣人；以财物救助周济他人的人，叫作贤人。以贤能君临他人，做不到得人心；以贤能谦虚待人呢，没有不得人心的现象了。对于国事，他有所不问，对于家务，他有所不闻，有紧抓有舒放。不管怎么说，隰朋还是可以任用的。”

其实管夷吾并不是贬低鲍叔牙，他不能不讲鲍叔牙的短（薄）处；

他也不是厚爱隰朋，他（根据事实）不能不厚赞隰朋。对一个人开始时是厚赞，却也可能最后变成了对他的薄评；对一个人最后给予负面的薄评，可能正是开始时给予过分厚爱厚赞所造成的。厚乎薄乎，厚的来去，薄的去来，并不是由于哪个人物自己的随意。

评析：说不完的管鲍故事。

管子在东周春秋时代地位极其重要，他出生早于孔子一百多年，《论语》中记载了四段孔子谈管仲的话题。孟子、荀子、孔子的众弟子都热衷于谈论管仲，至今，山东理工大学主办有《管子学刊》，将管子列为中国法家与齐文化的代表人物。

管子的故事脍炙人口，孔、孟、荀、列、司马迁都对之有记述与说法。人们对于管子多是毁誉交加，以誉为主。儒家宗师从抽象的道德观念评析，认为管子有可指摘处，除了此段已经说到的他合伙经商多分红利、似应舍身就义的情势下显得贪生怕死，难免被讥为变节贰臣之外，《论语》里孔子还说到他的自我待遇超标是为“不知礼”，还有“器小”；孟子等更是对他颇为贬低。但另一方面，从事功绩效上看，管子非常了不起。孔子与后世的程、朱，还是尽力地、不无艰难地高度评价他的事业。王夫之更是对管仲称颂不已。管子的故事突破了当时的某些观念，用实践为难了、突破了理论教条，与他的勇气、志向、付出代价成就了无双事功大业相比较，人们对他的微词显得呆板、拘泥而且小气，是无法否认的事实。

《列子》这里，则别出心裁地强调管仲的绝非寻常的故事是势—命使然，而并不仅仅是几个人出色选择自由选择的结果。在与小白结下一箭之仇的情况下，在其他记载中明说是桓公要重用鲍叔牙的情况下，鲍叔牙仍然毫不犹豫地向齐桓公推荐管仲，这应该能够说明鲍叔牙的胸怀宽阔，只虑大局、全然不计个人得失的特色，也反映了桓公的志存高远、格局宏伟。管仲则在困境逆境中毫无酸文醋语地来了个当仁不让。这三位的文化自信都达到了高端绝顶。他们都敢于做出庸人绝对做不出的选择。

三位的文化自信也是“力”，是中华古代的软实力。但《列子》偏偏不这样说，反过来强调的是命，是时势、情势使然，关键在于管子确实是不二的最佳选择。换成他人就根本没有戏了。小白也好，鲍叔也好，管仲也好，没有其他选择，势就是运，运就是命，命就是天，就是道，用今天的话来说，就是客观规律、历史规律，也叫作客观的必然性。

换一个思路，如果这三位人士当中有一个庸夫俗子，如果鲍叔是官迷，他怎肯放弃仕途良机，把天赐功名拱手送出？而他如果就了高官，办不成大事，难免丢人现眼，辜负桓公，最后只能获罪完蛋，其后果是不但齐国霸业泡汤，管仲则早已丢命，历史另写。如果是桓公小性，鼠目寸光，狗肚鸡肠，同样的结果。如果管仲早早拼命求死，或碍于历史包袱，同样令人无言，而且不会有人为管某扼腕。但历史并没有如此平庸消解，不是一位，而是一组非常之人，行了非常之事，立下了非常之功。你能说没有个状—势—情—理—运—命—天—道的逻辑在那里赫然雄踞、巍然运转吗？

但历史又有另一面。保罗·萨特的“自由意味着选择，选择意味着责任，人们为了逃避责任而放弃做出选择，也就失去自由”的观点，与《列子》这里的一切都是“不得不”、形势所迫、必然论的观点，成为有趣的与精彩的互悖互补。萨特指出人任何时候都有选择的绝对的自由，正是自由的选择才产生了对于责任的焦虑与痛苦，才产生了“不选择”

这样一种不负责任、逃避责任的选择。他们可能太不熟悉中国的道家了，老庄列，是何等善于抹掉自己自由选择的责任啊。

故事毕竟是故事，尤其两千六百多年后，讲起来不无破绽。鲍对于管的理解原谅，有过犹不及处。两人合伙做生意，管氏家贫多分红，这是胡闹。家贫需要的是救济、慈善，好友可以馈赠支援，相互扶困解难，生意则只能遵循公平精确的原则才能合伙进行。家有老母，如确有此问题，可以根据当地法规暂缓当兵，岂可以临阵怯懦，并制造出怯懦有理论？对于兵家来说，愤愤于怯懦就该无赦。做事再三不成功，鲍却绝对化与无条件地坚信管仲的能力，也靠不住。这里有一种古代中国文化传统中的混沌模式，后来发展为小道理必须服从大道理模式，也就是九方皋相千里马可以弄错马的雌雄与毛色的模式。这与西方的理性主义、科学主义、实证主义，也就是打醋的瓶子严禁打酱油的传统有所不同。在强调现代化的今日，对混沌模式与醋酱严格区分更需要有所推敲分析传承扬弃。

还有，从鲍之荐管，可以得出鲍极其忠厚克己的印象，后面却又说鲍敏感精明，记人过错，不会团结人云云，怎么鲍一下子成了“人至察而无徒”型的苛吏了？看着相当别扭。虽说是古代著名通俗故事，也难以囫囵着吞咽下去。

管鲍友情故事的破绽与精彩并存，很感人，很感性；很理智，很理性；既温暖，又冷峻；既高大上，又精细察；既明晰，又混沌；既合理，又过分。这样的故事，四海无双，千古唯一。

原文：

邓析操两可之说，设无穷之辞，当子产执政，作《竹刑》。郑国用之，

数难子产之治。子产屈之。子产执而戮之，俄而诛之。

然则子产非能用《竹刑》，不得不用；邓析非能屈子产，不得不屈；子产非能诛邓析，不得不诛也。

故事大意：子产杀了中国第一位律师邓析。

郑国大夫邓析常常说两方面的道理，制造无尽无休的争辩。子产在郑国执政时期，邓析把他自己的谈法律的文字刻在竹简上，称作《竹刑》，郑国许多人引用《竹刑》的说法，多次为难掌握大权的子产。子产屡屡受挫，抓捕了邓析，对邓析加以辱骂，然后把邓析杀掉了。

其实，子产并不愿意以《竹刑》一书为由说事，但是他那时不得不拿《竹刑》说事；邓析当初也并不是要为难子产，他的《竹刑》一出，不得不为难了子产；子产也不是要杀邓析，他不能不杀。

评析：礼治、德治、法治的悖论。

子产杀邓析的故事在古代风行一时。《列子》这里说得简约，加上其他记载，我们知道子产当官，改变了法律保密、坑害百姓的荒谬陋习，而将法律镌刻到了钟鼎之上，尤其是他不废“乡校”百姓七嘴八舌议政的事迹，深得孔子赞扬，以至清代名儒王源称子产为“春秋第一人”。

至于邓析，其实更先进一点，他进一步把法律与他个人对于法律的理解发挥刻在竹简上，做成著名的《竹刑》，而且他是中华律师第一人，助人诉讼，收取酬劳。他也早已遇到当今律师们碰到的问题，律师的有酬化职业化，会不会益恶富而损害善良的穷人呢？各种制度常常难以全能或全恶。无论如何，春秋时代有个邓析，是中国法律史上的珍贵一页。太先进了就会受到指责孤立，就会被找到破绽，就既容易出道，又容易被责备。而邓析仅仅以“两可”与“数难子产之治。子产屈之”的罪名被执、戮、杀，太可惜了。大概这一类的事还多，超智老子才提出“不为天下先”的绝门见解。然后数千年我们的主流舆论还都认为邓析该杀，实可叹也。《列子》毕竟不得不承认邓析的《竹刑》不但为郑国所用，而且为子产所用，呜呼哀哉伟哉尚飨！

本书第四篇《仲尼》中有才干型名人邓析向贤德型名人伯丰子挑衅的故事，其中邓析形象有轻浮惹事的一面，古人或对邓析有类似“不是省油的灯”的负面看法。管仲、邓析，都是历史贡献响当当的大人物，但他们不是教化型道学型美德型嘉言语录型圣贤。历史上常出现干得好赶不上讲得好这样的事例，还说什么呢？

原文：

可以生而生，天福也；可以死而死，天福也。可以生而不生，天罚也；可以死而不死，天罚也。可以生，可以死，得生得死有矣；不可以生，不可以死，或死或生，有矣。然而生生死死，非物非我，皆命也。智之所无奈何。

故曰，窈然无际，天道自会；漠然无分，天道自运。天地不能犯，圣智不能干，鬼魅不能欺。自然者默之成之，平之宁之，将之迎之。

故事大意：顺生顺死顺天最幸福。

可以生活的时候就生活，是天赐福运；可以死亡就死亡，也是天赐福运。可以生活了却不得生活，是天赐的惩罚；可以死亡了却死不了，也是天赐的惩罚。有的人在可以生或可以死的时候得到生或者死，也有人在可以生或可以死的时候生不了或者死不了。然而，生也罢，死也罢，既不是外界也不是自身意欲如何的性质，他们决定于天命，人的心智对于或生或死其实是无可奈何。

所以有道是："幽深无边，际会漠然，无差无异，天道自转。天地岂能犯道？圣贤也不相干，鬼魅不欺天命，生灭自然而然。只可默认，成于自然。宁静面对，迎来送还。"

评析：又是道法自然。

老庄列强调的是"自然"二字，针对的是东周时代的争王争霸、急功近利、挖空心思、轻举妄动、徒劳无功、适得其反。东周的情势，为各路诸侯大臣名将名家名士提供了舞台，也提供了空间。天下大乱，民不聊生，才正是各路英雄好汉逐鹿中原、好戏上演的机遇。儒家圣贤与道家仙贤看得明白，有些个人是妄言妄行，多半在自取其辱，自取其祸。孔孟老庄，都想挽狂澜于既倒，儒家要的是克（野心、阴谋、霸业、杀气）、己、复（彬彬有）、礼（法、义、行、数）。道家要的是清静无为，道法自然，返璞归真，无争无咎。

就生死问题，庄、列均有高论，有境界，有定力。唯过犹不及，天道再伟大，仍然不能全免喜生恶死之心，所以中国有"死生亦大矣"的叹息。无奈无干无欺之论再高明，老庄仍然讲着摄生养生之道。命的作用再重大，力的差别与后果仍然不能抹杀。何况，无为、淡漠、钝感、平安、宁静、定力也是一种努力，一种需要修炼的特异品质，能够不躁动，不焦虑，不乱来，不歇斯底里，也是功夫与学问的一种力啊！

原文：

杨朱之友曰季梁。季梁得疾，七日大渐。其子环而泣之，请医。季

梁谓杨朱曰："吾子不肖如此之甚，汝奚不为我歌以晓之？"杨朱歌曰："天其弗识，人胡能觉？匪祐自天，弗孽由人。我乎汝乎！其弗知乎！医乎巫乎！其知之乎？"其子弗晓，终谒三医。一曰矫氏，二曰俞氏，三曰卢氏，诊其所疾。矫氏谓季梁曰："汝寒温不节，虚实失度，病由饥饱色欲。精虑烦散，非天非鬼。虽渐，可攻也。"季梁曰："众医也，亟屏之！"俞氏曰："女始则胎气不足，乳湩有余。病非一朝一夕之故，其所由来渐矣，弗可已也。"季梁曰："良医也，且食之！"卢氏曰："汝疾不由天，亦不由人，亦不由鬼。禀生受形，既有制之者矣，亦有知之者矣，药石其如汝何？"季梁曰："神医也，重贶遣之！"俄而季梁之疾自瘳。

故事大意：季梁的病与医。

有一位杨朱的友人名叫季梁。季梁患病，过了七天，病情更加严重了。他的孩子们围着他哭泣，张罗着请医生来治疗。季梁对杨朱说："我的孩子们太没有见识了，您能不能给他们吟唱一点歌谣上的话语启发开导他们一下？"

于是杨朱唱道："疾病之道，天也难报，人要察觉，能知多少？实无办法，天佑不保，灾孽忽至，非人所招。我好你好，皆不通晓！寻医找巫，全是胡闹！"

孩子们不听父亲也不听杨朱的话，终于找来了三位医师。第一个叫矫氏，第二个叫俞氏，第三个叫卢氏，他们来论断季梁的病因。矫氏告诉季梁："你冷热调节得不好，虚实也不符合常规，你的病是由于饥了、饱了、色了、欲了，没处理好。你的精神思虑烦躁散乱，你的疾病不是天降也不是鬼魅相扰，虽然日趋严重，还是可以治疗的。"季梁说："这是位庸医，快把他赶走吧！”

另一位医师俞氏说：“你最初是胎气不足，但奶水的供应有余。你的病并不是一朝一夕偶然造成的，它的出现发作有一个很长的过程，恐怕治不好了。”季梁说：“这位是良医，你们先请他吃顿饭吧！”

第三位医师卢氏，他说：“你的疾病既不是由于天意，也不是由于人事，还不是由于鬼魅作恶。你秉承了生命，接受了形体，既有制约你的一切的天道，也有理解你的一切的天机，医药治疗对你又有什么作用可言呢？”

季梁说：“这才是神医啊，隆重地酬报他，恭敬地送他回去吧。”

不久，季梁的病自行痊愈了。

评析：不能医疗过度——人力有限论。

现在有所谓医疗过度之说，我们的先贤早就看出来了医疗过度的不可取，也就是说是医疗作用有限的问题。第一位医师把疾病看作生活不当造成的，被病主视作庸医。第二位把疾病看成与生俱来——至少是长期积累造成的，被认为是良医。第三位则主张病不由人乃由天论、原因不明论、治疗无用论，被认为是神医。

过犹不及，说得太过了，就等于什么也没有说。世间自有偶然受凉受热、过饥过饱、瘟疫毒虫、跌打损伤所成的疾病，平常的疫病需要的是平庸的治疗，怎么能够否认呢？

生了病不要急躁，不要胡乱延医用药，许多情况下要依靠病人的自愈能力，这倒是很有道理的。

更大的启发则是，疾病云云是人生一切疾苦不顺遂直至灾祸事件的总代表，越是碰到生病之类的坏事，越要从容平静，沉得住气，越是亲子忠臣，越不要急病乱投医，越要懂得因势利导，按部就班，安时顺命，耐心等待。

原文：

生非贵之所能存，身非爱之所能厚；生亦非贱之所能夭，身亦非轻之所能薄。故贵之或不生，贱之或不死；爱之或不厚，轻之或不薄。此似反也，非反也；此自生自死，自厚自薄。或贵之而生，或贱之而死；或爱之而厚，或轻之而薄。此似顺也，非顺也；此亦自生自死，自厚自薄。鬻熊语文王曰："自长非所增，自短非所损。算之所亡若何？"老聃语关尹曰："天之所恶，孰知其故？"言迎天意，揣利害，不如其已。

故事大意：生命的状态不需要算计与闹腾。

生命并不会由于你的珍贵而存活，身体并不会由于你的爱惜而强大；生命也不会由于受到鄙视而夭折，身体也不会由于看轻而变得薄弱。所以说，珍贵了半天也许不能生存，鄙视了半天，或许并不死亡；爱惜的结果也许并不是身体的厚重强壮，看轻的结果也不一定是身体薄弱。这种态度与状况似乎违背了常理，但并不是违背常理，而是更说明了万物自然会生，自然会死，自然会强壮、厚重，自然会轻薄、孱弱。或许也有受到珍贵从而存活的事例，也有受到鄙视从而死掉的事例，还有得到爱惜就强壮了，受到轻视从而薄弱了的事例。这种状况你觉得它们符合常理，其实也不是什么常理，不过是万物自然生了自然死了，自然壮了自然薄弱了罢了。

鬻熊对文王说："自身长长了，并不是谁有意要增加长度高度的结果，自身变短了，也不是谁有意要减损什么长度高度的结果。计较一番有什么用处？”老聃对关尹说：“受到了上天的厌恶，谁能说得清它的缘故呢？”这话说的是一个人与其揣摩迎合天意，不如罢手顺其自然。

评析：反复论无为与收手。

道家大师看到的枉费心力、一事无成、两败俱伤、自取其祸的政治事件、个人噩运太多了，他们看够了对自己估计过高，做事太急，唯意志论，人心不足蛇吞象的闹剧太多了，这里确有智者的清醒与高明，《列子·力命》这一节有助于大大缓解蠢人的自我焦虑、无果紧张。

但过分贬低人生奋斗的意义，却同样会产生适得其反的不良后果。对于一切，不必贵，不必贱，不必厚，不必薄……什么都不必，什么都罢手，其荒谬性虚无性空洞性之恶劣，与认定自身万能万有，如神如佛，想干什么就能干什么，又有什么区别呢？对生命对身体既然贵之、贱之、爱之、轻之，并不一定总是有决定性的作用，那么对作为呢？对态度与愿望呢？你贵之、贱之、爱之、轻之，又有什么作用与必要呢？或许有努力而无命运的合作，你硬是办不成本以为大有可为的事情，但一个完全不努力不爱惜不珍贵不作为的人，说是能够成就大事，不是更没有门儿了吗？

原文：

杨布问曰：“有人于此，年兄弟也，言兄弟也，才兄弟也，貌兄弟也；而寿夭父子也，贵贱父子也，名誉父子也，爱憎父子也。吾惑之。”

杨子曰：“古之人有言，吾尝识之，将以告若。不知所以然而然，命也。今昏昏昧昧，纷纷若若，随所为，随所不为。日去日来，孰能知其故？皆命也夫。信命者，亡寿夭；信理者，亡是非；信心者，亡逆顺；

信性者，亡安危。则谓之都亡所信，都亡所不信。真矣悫矣，奚去奚就？奚哀奚乐？奚为奚不为？《黄帝之书》云：‘至人居若死，动若械。’亦不知所以居，亦不知所以不居；亦不知所以动，亦不知所以不动。亦不以众人之观易其情貌，亦不谓众人之不观不易其情貌。独往独来，独出独入，孰能碍之？”

故事大意：一切都是天命天意，以虚无求自救。

杨朱的弟弟杨布问他哥哥：“这儿有两人，年纪如同哥儿俩，说话如同哥儿俩，才干就像哥儿俩，长相也像哥儿俩。可他们一个长寿一个短命，一个富贵一个低贱，名誉影响截然不同，受到爱戴与讨厌也全不是一回事。我对此感到迷惑。”

杨朱说：“古人有句话，我觉得有点意思，让我来告诉你。你不知道一件事情为什么是这样，但是它已经是这样了，这就只能叫天命。如今迷迷糊糊，乱乱纷纷，有的似乎有所作为，有的似乎无所作为，不管如何，反正旧的一天天过去，新的一天天到来，谁又能弄明白它的缘故呢？这都是命运啊。你相信了命运，也就不在乎长寿短命了；你相信天理，也就不去在意人间的是是非非了；你相信心志，也就没有什么悖逆或者顺达的忖度了；你相信人性，也就不操心安全啊危险了。做到这一步，可以说是什么都不相信了，也就是不相信那些自己不相信的想法了。这一切是真实和诚恳的吗？你接受什么又拒绝什么呢？你对什么高兴对什么不高兴？你打算做点什么还是不做什么呢？

“《黄帝书》有云：‘修养到家的至人静坐如同死寂，活动如同机械人偶。’动，也不知道是在动弹什么；不动，也不知道怎么就不想动弹了。还不会为了众人的观感而变化自身的精神面貌，更不会由于没人看到，干脆也就不调整变化自己的精神面貌了。独往独来，独出独入，谁又碍得着至人的事儿呢？”

评析：寂寞的修为。

追求一种境界，不分寿夭，不分贵贱，不分是非，不分爱憎、荣辱、逆顺、安危……为什么要不分呢？“不如意事常八九，能与人言无二三”（宋 · 方岳），种种人间区分，社会差别带来的是计较、是不平、是焦虑、是怨怼、是烦恼。而且世上的事情，人比人气死人，你说不清道不明，未必公正未必有理可讲。怎么办？认命，认㞞，认头，反正视区别如无区别，心态就战无不胜了。尤其当人处于逆境的时候，你的挣扎与奋斗，在条件不成熟时机不成熟的时候，也许只能获得更大的不公正不快乐不顺当的反馈。而当你“居若死，动若械”了，说不定你还有咸鱼翻身的机会。

庄子代表的道家已经与老子代表的道家主张不一样了，老子一直想为帝王师，用中华辩证法的幽深高妙战胜世俗争夺的幼稚与蠢笨。而庄子、列子更重视的是自我的救赎。先稳住自己，先安定自己，先躲开凶险。来日方长，别的都是后话。列子没完没了地讲这个独来独往、独退独进，也是在营造自身的无形堡垒，自己的柔软无形防弹衣，消融己格，消融差别，消融争拗，让一切欲望与烦恼消融于无所不在、无所不有、无所可观、无所可说、无所可辨、无所可取、无所可不取的大道之中、之内、之外，还真不能无视老庄列这一套道德真经！

原文：

墨屎、单至、啴咺、憋懯四人相与游于世，胥如志也；穷年不相知情，

自以智之深也。巧佞、愚直、婩斫、便辟四人相与游于世，胥如志也；穷年而不相语术；自以巧之微也。𠍫㑋、情露、𧬈极、凌谇四人相与游于世，胥如志也；穷年不相晓悟，自以为才之得也。眠娗、諈诿、勇敢、怯疑四人相与游于世，胥如志也；穷年不相谪发，自以行无戾也。多偶、自专、乘权、只立四人相与游于世，胥如志也；穷年不相顾眄，自以时之适也。

此众态也。其貌不一，而咸之于道，命所归也。

故事大意：各活各的，当然。

墨屎（狡诈）、单至（妄动）、啴咺（迟慢）、憋懯（急躁）四个人同时游历于世，各按各的意愿生活，一年到头谁也不了解谁，都以为自身智慧深邃，难以了解。巧佞、愚直、婩斫（懵懂）、便辟（逢迎）四人同时游历于世，各按各的意愿生活，一年到头没有任何道术的交流，都以为自身的一套才是巧妙精微。

𠍫㑋（郁闷）、情露（外向）、𧬈极（结巴）、凌谇（碎嘴子）四人同时游历于世，各按各自的意愿生活，一年到头谁也不了解谁，都以为自身才干出色。眠娗（羞涩）、諈诿（推托）、勇敢、怯疑四个人同时游历于世，各按各自的意愿生活，一年到头互不揭发批评，都以为自身行为无懈可击。多偶（随和）、自专（自以为是）、乘权（投机）、只立（清高）四人同时游历于世，各按各自的意愿生活，一年到头谁也不管不顾旁人，都以自身活得滋润适宜。

这就是多数人的生活状态。具体面貌相异，而全都是一个路子，这就叫天道所归，并无例外啊。

评析：你不了解自己，也不了解他人。

列子在这里，讲了形形色色的性格，急的、慢的、狡猾的、直露的、机巧的、朴实的、随和的、特立独行的、推托的、勇敢的、糊涂的、机灵的，等等。但它们都归之于一个道，一个路子，河南的村话叫“一个毬样”。毬样就是这里的道，共同规律。哪些共同规律呢？

一、游历于世。那时的人，这里说的应该是读书人，有固定的事要干的极其有限，多数是在观望，在游走，在寻找猎取，一面混世一面钻营，等待机会，等待天上掉大馅饼。

二、各胥其志。各按各的意愿生活，而且个个自我感觉良好，自以为是，自行其是。

三、都是自顾自，其实他们既不了解世界，也不了解伙伴，更不了解自身。

四、性格就是人，性格就是局限，问题尤在于明明局限很大，却都在那儿自鸣得意。

五、人活一辈子，带有某种盲目性与自大性。

这一段故事其实很尖锐，读起来应该出点冷汗，才不算白读。

原文：

佹佹成者，俏成也，初非成也。佹佹败者，俏败者也，初非败也。故迷生于俏，俏之际昧然。于俏而不昧然，则不骇外祸，不喜内福；随时动，随时止，智不能知也。信命者于彼我无二心。于彼我而有二心者，不若揜目塞耳，背坂面隍亦不坠仆也。故曰：死生自命也，贫穷自时也。怨夭折者，不知命者也；怨贫穷者，不知时者也。当死不惧，在穷不戚，知命安时也。其使多智之人量利害，料虚实，度人情，得亦中，亡亦中。

其少智之人不量利害，不料虚实，不度人情，得亦中，亡亦中。量与不量，料与不料，度与不度，奚以异？唯亡所量，亡所不量，则全而亡丧。亦非知全，亦非知丧。自全也，自亡也，自丧也。

故事大意：要深沉安稳，淡定自信。

莫名其妙的（或几近的）成功，好像是成功，其实尚未成功。莫名其妙的（或几近的）失败，好像是失败，其实尚未失败。所以说，误判是由于面对似是而非的现象，似是而非，你很难看明晰。面对似是而非的情状而不迷误，也就不会害怕外来的灾祸，也不会由于自以为有所得而欣喜；随时机而动，随时机而停，不是智谋（而是悟性、心怀）所能够把握算计的。

命运的应验如一，对物也好对我也好，并没有什么变来变去的致祸或者造福、制造灾难或者喜庆这么两种用心。如果命运对物我有两种用心，那咱们就不如遮上眼睛塞上耳朵，不在意任何天命前兆，背靠城墙面向护城河最险处一待，反而不会诚惶诚恐地一头栽下去。

所以我们说：死生来自命运，穷富来自时运。埋怨自己短命，是由于你不懂得命运在那儿管着呢；埋怨自己贫穷，是由于你不懂得时运于人各不相同。到了该死的时候了，不必惧怕；处于贫穷状态了，不必悲戚，这就叫懂得命运，安于时运。

你让一个富有智慧的人去衡量利害，预料虚实，猜度人情世故，算计对了的可能是他，算计错了的还是他。而如果是一个缺少智谋的人，他既不会衡量利害，也不会预料虚实，更从不猜度人情世故，赶上做对了的是他，做错了的同样还是他。衡量或不去衡量，预测或不去预测，猜度或不去猜度，二者又有什么区别呢？只有不去专门算计，也不专门去回避算计，才会保全自己的本来状态而没有什么损失。你不可能靠智慧自我保全，也不太可能因智慧而灭亡，该保全的自然就会保全，该灭亡的自然灭亡，该损失的自然也就会缺失了。

评析：知命顺命无二心。

有的专家解释信命为“相信命运的话”，也讲得通。我更愿意解读为命运的应验如一，命运的不可轻忽，似更符合《列子》的语言表述路数。命运无二心，很有趣。命运似乎在帮助一些人，在摧残另一些人，这当然不符合道家的理论。老子的理论是天地不仁，反过来说天地也不会刻意不仁，天地更不会刻意憎恨、迫害、欺骗、折磨、冤枉什么人。天地不是意志主体，而是自然而然。吉凶祸福、喜怒哀乐，其实都是庸人自扰，大道该怎么运行就怎么运行，该怎么不运行就怎么不运行。所以应该减少人的主观倾向，“为无为，事无事，味无味”（《道德经》第六十三章），“与天地合其德，与日月合其明，与四时合其序，与鬼神合其吉凶”（《周易·文言》）。

原文：

齐景公游于牛山，北临其国城而流涕曰：“美哉国乎！郁郁芊芊，若何滴滴去此国而死乎？使古无死者，寡人将去斯而之何？”史孔梁丘据皆从而泣曰：“臣赖君之赐，疏食恶肉可得而食，驽马棱车可得而乘也，且犹不欲死，而况吾君乎？”晏子独笑于旁。公雪涕而顾晏子曰：“寡人今日之游悲，孔与据皆从寡人而泣，子之独笑，何也？”晏子对曰：“使贤者常守之，则太公桓公将常守之矣；使有勇者而常守之，则庄公灵公将常守之矣。数君者将守之，吾君方将被蓑笠而立乎畎亩之中，唯事之

恤，行假念死乎？则吾君又安得此位而立焉？以其迭处之迭去之，至于君也，而独为之流涕，是不仁也。见不仁之君，见谄谀之臣；臣见此二者，臣之所为独窃笑也。”景公惭焉，举觞自罚。罚二臣者各二觞焉。

故事大意：多情就是想不开。

齐景公在牛山游览，向北面看着齐国都城流出了眼泪，说：“咱们的齐国是多么美丽呀！草木丰盛，郁郁葱葱，人们怎么能随着时间的飞逝而离开齐国死掉呢？假使从古代就没有死亡这么一说，寡人又怎么会叹息自己会离开齐国而到另一个地方去呢？”大臣史孔与梁丘据都随着景公的话语而哭泣，他们说：“臣等依赖着君的赏赐，能吃上粗茶淡饭，能坐上劣马破车，已经是恋生不愿意死去了，何况我们的君王，过着这样好的日子，怎么可能接受死亡呢？”晏子独自在一旁讪笑。

景公擦干净眼泪对晏子说：“寡人今天游览中有所伤感，他们两人跟随我流出了眼泪，唯独见你笑，这是怎么回事呢？”

晏子回答说：“如果贤人长生在位，那么太公桓公现在还会在位；如果勇者长生在位，那么庄公灵公现在还会在位。这些先辈君王，如果都还坚持在位，君王您也就还得穿着蓑衣戴着斗笠生活在田野之中，忙活您的农事，能顾得上游览中为今后的死去而担忧吗？那样的话，君王您又从哪里能得到如今的大位而成就大业呢？正是由于一次次地有继位的，有去位的，才到了君王您这里，而您单独为自己不能长生在位而流泪，这是缺少对于先祖与后世的仁爱呀。看到不够仁爱的君王和谄谀奉迎的臣子，我也就自然要独自讪笑啦。”

景公听了晏子的话，感到惭愧，举起觞罚自己干杯记取；然后罚那两个臣子，各喝两觞。

评析：生死互证互明互化。

老子早已明白，“有无相生，难易相成，长短相形，高下相倾，音声相和，前后相随”，生与死也是同样的道理，它们是有与无的关系，是相生的，它们不具备长短、高下、音声的关联与对比，却同样具有相成、相倾、相和的密切关系，它们可以分前后，当然是相随的。

从概念上说，它们互为对比，互为证明，互使彰显，互为子宫摇篮。一切关于生的认知与感受都离不开死的对比，所有对于生的爱恋、珍惜、依依不舍、多情多思、多欲多怨、多愁多感，都是由于与死亡的清冷寂寞的对比。从秦始皇开始，功业越是成功，越是追求长生不老，但是他们不想一想，不死的生命其实等同于无生命，不死的生命过一万年也不必有所珍重、有所期待、有所作为、有所追求，没有死亡预期的生命，即使过上两亿年你也还是没有出襁褓的婴儿。

晏子说，如果过往的齐王们不去世，齐景公也就上不来。我想起一位朋友说的不知是幻想还是新闻，说是权威专家预言，今后人的寿命是千岁，我立刻说：“那么现在的大作家仍然是苏东坡，而文化大臣呢，也许还是王安石吧？”

没有死生相依，连历史也没有啦。

原文：

魏人有东门吴者，其子死而不忧。其相室曰：“公之爱子，天下无有。今子死不忧，何也？”东门吴曰：“吾常无子，无子之时不忧。今子死，乃与向无子同，臣奚忧焉？”

故事大意：东门吴死了儿子不哭。

魏国人东门吴，儿子死了，他也不怎么难过。他的管家问他："您对自己的儿子的爱，天下少有。现在他不幸死掉了，您却并不难过，这是怎么回事呢？"东门吴说："我本来没有这样一个儿子嘛。没有儿子的时候不发愁，现在儿子死了，与原来没有儿子时候一样嘛，我又有什么可难过的呢？"

评析：无而有、有而无之辨。

老子的说法，万物生于有，有生于无，就是说，与有相比，无更具有原生性、根源性与终极性。有与无，是概括性极强的大概念，而无与有相比，更概括，更永恒，当然，无离不开有，有离不开无。本来没有过的东西，不会无，你无法设想一个没有出生过的事物的死亡，也没有办法想象一个原来就一直活在世界上，而且此后长生不老、不死的人的出生。

但是，从无到有与从有到无，人们的观感反应会有所不同。一个在世界上活了几十年的人的死亡，所引起的悲痛、追忆、遗憾，是必然与自然而然的。

倒是可以想想这个伟大的无。无不仅仅是无，无会成为有，有也更加不仅仅是有，它总要成为无。这里有许多情感、经验、思想与故事。"无非有，无非无，无非非无。"好好想一想，倒确有心旷神怡之感。

原文：

农赴时，商趣利，工追术，仕逐势，势使然也。然农有水旱，商有得失，工有成败，仕有遇否，命使然也。

故事大意：好赖都是天命自然。

农业依时节而劳作，商业因利润而运转，工匠不断提高技术，官员谋求权势，这都是情势使然。然而农业有水旱的灾难，商业有赔赚的变化，工艺有成败的可能，官员有通蹇的遭遇，这就是各自的命运了。

评析：规律与非规律。

按时节务农，求利润经商，讲技艺做工，盯着权势为官，这是情势、规律，违反了情势与规律注定失败。都按情势规律做了，仍然有水旱灾祸，有赔赚两说，有成败变数，有遇否的，不肯定更不明确。原来能大体肯定的是情势规律，不能肯定的是命运。符合情势规律了不一定成功，不符合情势、不符合规律则必然失败。命运比情势、规律更强大，更蛮横，也更没有准头。其实呢，人生的种种良好发展与否定性发展，都是情势规律，也都是命运气数，你呢，既不可能将命运攥于手心，也不可能把规律运于手掌，难矣哉，人生啊！

杨朱第七

杨朱是道家代表人物之一，他认为对于人性，道德只是外物，人性本是如水，至清至纯。这里的几节说法，牵扯到全真保性、爱护生命等。讨论了生死、寿夭、贫富、名实、苦乐、欲望、力命、物我等一系列人生问题，有其精彩性、片面性、文学性与特异性。

当时杨朱有极大影响，孟子说过那时的天下之人，不归杨，则归墨。后来由于汉以后尊儒术，杨朱的学派受到打压抑制。

原文：

杨朱游于鲁，舍于孟氏。孟氏问曰："人而已矣，奚以名为？"曰："以名者为富。""既富矣，奚不已焉？"曰："为贵。""既贵矣，奚不已焉？"曰："为死。""既死矣，奚为焉？"曰："为子孙。""名奚益于子孙？"曰："名乃苦其身，燋其心。乘其名者，泽及宗族，利兼乡党；况子孙乎？"

"凡为名者必廉，廉斯贫；为名者必让，让斯贱。"曰："管仲之相齐也，君淫亦淫，君奢亦奢。志合言从，道行国霸。死之后，管氏而已。田氏之相齐也，君盈则己降，君敛则己施，民皆归之，因有齐国，

子孙享之，至今不绝。若实名贫，伪名富。”

曰：“实无名，名无实。名者，伪而已矣。昔者尧舜伪以天下让许由善卷，而不失天下，享祚百年。伯夷叔齐实以孤竹君让而终亡其国，饿死于首阳之山。实、伪之辩，如此其省也。”

故事大意：名与实，管仲与田成子，尧舜与伯夷叔齐之比较研究。

杨朱来到鲁国，住在孟氏那边。孟氏问他：“已经是个人了，也就是人罢了，还要名声做什么呢？”杨朱回答：“名声可以帮助你致富。”“如果已经富了，还不停地要名声作甚？”回答说：“还要高贵。”“高贵了，为什么还不住手呢？”回答说：“为了死后。”“人死了，名声还有什么用呢？”回答说：“为了子孙后代。”“名声对子孙有什么好处呢？”

杨朱说：“追求名声会使人身劳苦，心思折磨。可得到了名声以后，你的宗族沾光，你的乡里受益，更不要说子孙啦！”

孟氏说：“追求名声的人一定要做到清廉，清廉会导致贫穷；追求名声的人还必须谦让，谦让的结果会是自己地位上不去。”

杨朱说：“管仲做齐国的相，君王淫乐他也淫乐，君王奢侈他也奢侈。他的志趣言语跟着君王走，他的一套得以实现，他治理的齐国得以称霸。他死了之后，管氏家族就败落了。田成子也当了齐国的相，君王气盛他就低调，君王敛财他就施舍，田成子从而成了民心所归的君王，他接管了齐国，子孙后代接续享有荣位，到现今也没有中止呢。”

孟氏说：“这样说，真实的名声使人贫困，虚伪的名声反而使人富贵。”

杨朱说：“实务很可能没有什么名声，名声闹起来了，常常没有什么真实的内涵。名声，虚有其名而已。从前尧舜他们做出以天下禅让许由、善卷的姿态，但是并没有失去天下，终生安享皇位。伯夷与叔齐当真把孤竹君的王位谦让出去了，结果是亡了孤竹，自己饿死在首阳山上。真实与虚伪的不同后果，就是这样明摆着的啊。”

评析：对于名、实分离现象的警惕与嘲讽。

名是标志、符号、代码。人如果没有名字，对他人讲起来就很费劲。这样的事常常发生在遇到一个忘记了姓名的老熟人时候，你对你的配偶述说一个巧遇：“我遇见那个谁了，老同学，个儿不太高也不太矮，左眼睛比右眼睛大，鼻子下有一颗痦子，说话带点江西口音……”这太费劲了，不如“噢，想起来了，他叫‘张大傻’”！

名字是认知与记忆的简约化，有时候是本质化与概括化。到了孔子那里，名更是类别从属与社会地位、应有的待遇与本分、权利与义务，甚至就是性质与价值的认定，还有与不同的名分下的他人的关系，等等。对，叫作名分，名标志着你的身份。

名是概念划分，是真命天子还是篡位反贼，是真理烛照人间，还是骗子欺世盗名，是勇于承担，还是不自量力，名就是结论，是判决，是命运。所以孔子讲“必也正名乎”“名不正则言不顺”。

同时，名还是名声名誉，在市场经济中，名声是品牌，是无形资产，是震动一方开拓一方的商业广告。东周时期市场未必发达，但是列子记述的杨朱已经知道，名可以富，可以贵。

今天，如一些演艺界人士，一经出名，财（色与其他）源滚滚，没有多少道理与公平性可讲，有时令人艳羡，有时令人愤怒厌恶。

列子对那时社会上传述的这种莫名其妙的“虚名”“伪名”“名不副实”“实则无名”现象很有看法，绝非偶然。社会生活离不开传播，传播有一种自动盲目加码、集体无意识夸张、贬低或以讹传讹现象，一个对象有了名声，于是各种牵强附会、人云亦云、捕风捉影、夸张起哄都会一拥而上。过了一段时间以后，月盈则亏，水满则溢，突然又出了个什么新闻，于是各种丑闻笑话、丢人现眼、上纲上线、匪夷所思，不唤自来，劈头盖脸，不留余地……这样的事不足为奇。

还有老实极了吃亏的事例，埋头耕耘的老黄牛，往往赶不上巧言令色的善于吹嘘的家伙走运，至今组织人事部门还在说什么“不要让老实人吃亏”，可见老实人吃亏的现象历数千年而不绝。

我们不能不佩服列子与杨朱的远见。虽然这里的杨朱的态度并不明朗，话里话外，他似乎愿意走虚名富贵的道路，当然也可能是阴阳怪气的冷嘲。而所谓杨朱的言论呢，连尧、舜、伯夷、叔齐全否定了，也令人不好接受。

我们还应该设想，社会总是会寻找一种名副其实的理念与路径，人与人的资质、教育程度、品德、经历的不同，使他们得到大体准确的评价与名声，而相对准确的名声，也确有激励美好、抑制伪诈的作用。从另一方面说，突然的莫名其妙的扬名，在带来赌徒的兴奋与便宜的同时，也带来泡沫破灭的风险，名实之间的互动是难以摆脱的，如果试图将实解释成努力使然，将名解释成命运使然，未必准确。

原文：

杨朱曰：“百年，寿之大齐。得百年者千无一焉。设有一者，孩抱以逮昏老，几居其半矣。夜眠之所弭，昼觉之所遗，又几居其半矣。痛疾哀苦，亡失忧惧，又几居其半矣。量十数年之中，逌然而自得亡介焉之虑者，亦亡一时之中尔。则人之生也奚为哉？奚乐哉？

“为美厚尔，为声色尔。而美厚复不可常厌足，声色不可常玩闻。

乃复为刑赏之所禁劝，名法之所进退，遑遑尔竞一时之虚誉，规死后之余荣；偊偊尔顺耳目之观听，惜身意之是非；徒失当年之至乐，不能自肆于一时。重囚累梏，何以异哉？

“太古之人知生之暂来，知死之暂往；故从心而动，不违自然所好，当身之娱非所去也，故不为名所劝；从性而游，不逆万物所好；死后之名非所取也，故不为刑所及。名誉先后，年命多少，非所量也。”

故事大意：活得更自在些。

杨朱说：“一百年，是人的寿命大限。能活到一百岁的，一千个人当中很难出一个。一个人的一生中，孩童与老迈懵懵懂懂的时间占掉了一半。还得去掉夜里睡觉时间，去掉白天歇息时间，又差不多少了一半。再有病痛受苦、失落忧惧，又占去了一半时间。估计剩下的十几年当中，悠然自得，哪怕是鸡毛蒜皮的焦虑也没有的时间，也够不上这十几年当中的一半。那么人生在世又为了什么呢？有什么乐趣呢？

“说是为了美味丰厚的食物？为了声色的悦耳悦目？然而美味丰厚的饮食并不是时时可以得到，悦耳悦目的声色也不是时时能够欣赏与视听。再说，人还要被刑罚阻止，被赏赐导引，被名声鼓动，被法规管束，惶恐不安地去争夺一时的虚名，图的是死后所留下的荣耀，于是要谨慎小心地去看去听，还要注意自身与一己的意念何者为是何者为非，白白失掉了现时最大的快乐，不能自由自在地过活一时，这与重罪囚徒被一道道桎梏囚禁着又有什么差别呢？

“远古的人明白出生不过是暂时到来，死亡也只是暂时离开，他们怎么想就怎么来，不违背自然爱好，不铲除当下乐趣，所以不被名誉所吸引，依着自然本性去生活，不与万物的喜好对着干，不追求死后的名声，也不会触碰刑罚的边缘。名声谁大谁小，寿命谁长谁短，他们都不计较。”

评析：最是名声不自由。

人生苦短，而名声并不是一个生活要素与生活质量的概念，也不是一个学问成就、道德文章的概念。其实名声与出镜在很大程度上仅仅属于传播学范畴。一些电视选秀节目中，明火执仗地告诉大众，名声是可以速成操作的，是可以有意打造的。这样的状况使一些恪守十年寒窗、终生坐冷板凳的人义愤填膺，也是白搭。

问题是你又不能否认名声会带来社会待遇上的实惠，名声使人得到尊敬、某种特权、行事的方便、地位高升与资源扩展，孜孜以求名，事出有因。

但是《列子》告诉我们，名声妨碍了自由自在，歪曲了自然本性，失去了人生的真实乐趣。列子讲的其实是名声的异化，有见地，也还有待展开发挥。

原文：

杨朱曰：“万物所异者生也，所同者死也。生则有贤愚、贵贱，是所异也；死则有臭腐、消灭，是所同也。

“虽然，贤愚、贵贱非所能也，臭腐、消灭亦非所能也。故生非所生，死非所死，贤非所贤，愚非所愚，贵非所贵，贱非所贱。然而万物齐生齐死，齐贤齐愚，齐贵齐贱。十年亦死，百年亦死，仁圣亦死，凶愚亦死。生则尧舜，死则腐骨；生则桀纣，死则腐骨。腐骨一矣，孰知其异？且趣当生，奚遑死后？”

故事大意：杨朱论人的生与死之同异。

杨朱说："世间万物，它们的生存状态是各不相同的，它们的死亡却是一样的。活着的时候，有的人贤明，有的人愚昧，有的人高贵，有的人低贱，互有所异。死了呢，臭了，烂了，消灭了，全一个样儿啦。

"话虽然这么说，贤明与愚昧、高贵与低贱，并不是想怎么样就能怎么样的，臭烂、消灭也不是谁能想怎么样就怎么样的。所以说，生不是要生，死不是要死，贤明不是谁一定要贤明，愚昧也不是谁一定要愚昧，贵不是想要高贵就能高贵，低贱更不是谁或者自己一定要谁低贱。

"反正万物总是要生也要死的，生死都是同样自然而然的事，总是有贤明者也有愚昧者，总是有的人高贵有的人低贱，贤愚贵贱也都是同样自然而然的事。寿夭也是同样的，活十年之后是死，活一百年之后也还是死，仁爱圣明的人要死，凶恶愚顽的人也要死。活着的时候是尧是舜，死了则是腐臭的尸骨；生存的时候是桀是纣，死了也还是腐臭的尸骨。成了腐臭尸骨，人人一个样，孰能分出尸骨里哪个生时是尧舜、哪个生时是桀纣？姑且将注意放在当前吧，谁又知道死后会遭遇什么呢？"

评析：千古一叹生与死。

生死之惑之悲，以及贤愚、贵贱、寿夭之不平均不公正难以化解，同时又难以成立。原因是生非所以生，死非所以死；贤非所以贤，愚非所以愚；贵非所以贵，贱非所以贱，就是说生死贤愚贵贱都不是自身主观愿望与努力的逻辑结果。一说是自然而然，你也就无法悲、无法喜、无法怒，无法说三道四。只能平平安安，清静无为，这是唯一的最佳选择。

幸亏有个必然的、自然的、无差别的死等待着万物，等待着人生，种种的不平不解不安不服气，多少消散了一些，呜呼哀哉，呜呼善哉。

原文：

杨朱曰："伯夷非亡欲，矜清之邮，以放饿死。展季非亡情，矜贞之邮，以放寡宗。清贞之误善之若此。"

故事大意：伯夷与柳下惠的欲望与感情。

杨朱说："伯夷并不是没有生存的欲望，但他更矜持于清高名望，以至于饿死了。柳下惠并不是没有男女之情性，但他更矜持于纯正的名望，以至于后代稀少。清高与纯正的观念也可能误导人生，就像他们两人这样。"

评析：名而违实？

如果说从列子时期起，人们就已经发现社会上时有虚名伪名、欺世盗名、名不副实、实者无名等以传播手段偷换实际业绩的情状，那么，这里列子又提出了名而违实、名而戕实、名而逆生的问题。伯夷叔齐，耻食周粟，饿死在首阳山，其忠贞高尚，在儒家人士看来是神圣崇高的，但庄子与列子认为他们是为了虚名而戕害了自己的生命。

展季又名展禽，就是历史上因其坐怀不乱——能强有力地控制自己的性欲，以贞洁正经流芳百世的柳下惠。但列子竟因此分析他的后代太少，也算一绝。

文化中到处都有悖论，惜生求偶恣欲，可能做出不道德的事，需要以道德规范管控；但道德本身，其合理性必要性也有受到质疑、推翻的可能。还有许多道德上被认为不无瑕疵的人物，如伊尹、管仲、邓析……

其对历史、对族群、对邦国乃至对天下的贡献不容否定。也好，这就给读书人给学人找了许多活计，慢慢研究讨论吧，有学问有头脑的人是闲不住的。

原文：

杨朱曰："原宪窭于鲁，子贡殖于卫。原宪之窭损生，子贡之殖累身。""然则窭亦不可，殖亦不可；其可焉在？"曰："可在乐生，可在逸身。故善乐生者不窭，善逸身者不殖。"

故事大意：论赚钱与受穷。

杨朱说："原宪在鲁国受穷，子贡在卫国挣钱。原宪由于贫穷而损害了自己的生命，子贡的经商则成了自身的累赘。"

有人问："要这么说，那么贫穷也不行，赚钱也不可以，怎样才好呢？"

杨朱回答："可行的是快乐、光明地去生活，可行的是安逸、舒适地去养身。所以说善于享受生活的、快乐的人不会贫穷，善于使身体安适的人不会热衷赚钱。"

评析：其实关键不在于是否舒适。

表面上看，这一段的核心大意是人应该快乐其人生，安逸其人身。太穷了伤生，太经营了累心。但这不是主题，无论杨朱也罢，列子也罢，不需要给任何旁人讲解过分贫穷的难处。它这里的主题是说太富足了，太追求富足了，太经营富足了也不行，累心，也就累身（以上两个累字读第四声）。累（四声）大发了便成了累（三声），富足变成了负担，变成了压力，变成了沉重感。

我们讲究偏正词组，偏正短语。语言学上的说法是，一个是修饰定语，一个是主体。而像列子的文字，则是含义上的偏正结构。虽然语言学上尚无这样的说法，但是道家言论中多有此类。道家喜欢逆向思维，逆向思维令人开脑洞，但说服力或有不足，芸芸众生，因为穷困而叫苦的大有人在，因为富足太过而伤身的，毕竟罕见，而且对多数穷人来说，富得累死了也是值得羡慕的啊。

原文：

杨朱曰："古语有之：'生相怜，死相捐。'此语至矣。相怜之道，非唯情也；勤能使逸，饥能使饱，寒能使温，穷能使达也。相捐之道，非不相哀也；不含珠玉，不服文锦，不陈牺牲，不设明器也。

"晏平仲问养生于管夷吾。管夷吾曰：'肆之而已，勿壅勿阏。'晏平仲曰：'其目奈何？'夷吾曰：'恣耳之所欲听，恣目之所欲视，恣鼻之所欲向，恣口之所欲言，恣体之所欲安，恣意之所欲行。夫耳之所欲闻者音声，而不得听，谓之阏聪；目之所欲见者美色，而不得视，谓之阏明；鼻之所欲向者椒兰，而不得嗅，谓之阏颤；口之所欲道者是非，而不得言，谓之阏智；体之所欲安者美厚，而不得从，谓之阏适；意之所欲为者放逸，而不得行，谓之阏性。凡此诸阏，废虐之主。去废虐之主，熙熙然以俟死，一日，一月，一年，十年，吾所谓养。拘此废虐之主，录而不舍，戚戚然以至久生，百年、千年、万年，非吾所谓养。'管夷吾曰：'吾既告子养生矣，送死奈何？'晏平仲曰：'送死略矣，将何以告焉？'管夷吾曰：'吾固欲闻之。'平仲曰：'既死，岂在我哉？焚之亦可，沉之亦可，瘗之亦可，露之亦可，衣薪而弃诸沟壑亦可，衮衣绣裳而纳诸石椁亦可，唯所遇焉。'管夷吾顾谓鲍叔黄子曰：'生

死之道，吾二人进之矣。’”

故事大意：欲望、滋养、壅塞、生死之道。

杨朱说：“古话说：‘活着互相怜爱，死了互相舍弃。’这话算是说到家啦。相怜爱的意义，并不仅仅是互相表现出某种情感，而是说，如果对方太辛苦了，我就想办法帮助他有所安逸；对方饥饿了，我就要想办法帮助他吃饱；对方受冻了，我就要想办法帮助他得到温暖；对方穷途末路了，我想办法让他找到出路。相舍弃的意义，不是说不为对方的离世而悲哀，而是不必给逝者的嘴里塞上珠玉，不必让遗体穿上花团锦簇的锦缎，不必为逝者陈列宰杀牲畜，不必为他摆设陪葬器物。

“晏平仲向管夷吾请教养生之道。管仲说：‘顺其自然就对了，不要壅塞，不要阻禁。’晏子问：‘具体怎么做呢？’夷吾曰：‘让耳朵听到它想听的，让眼睛看到它想看的，让鼻子闻到它想闻的，让嘴巴说出它想说的，让身体处于它最感舒适的状态，让心意愿意做什么就做什么。（这就是养生之道了。）‘如果是耳朵想听的声音偏偏不让听，这就叫堵塞听觉；眼睛想看的美色偏偏不让看，这就叫堵塞视觉；鼻子想闻的椒兰之香偏偏不让闻，这就叫堵塞嗅觉；嘴巴想议论的是非偏偏不让说，这就叫堵塞智能；身体喜欢的舒适偏偏不准得到，这就叫堵塞舒服；心意想得到的安逸偏偏不许实现，这就叫堵塞人性。这种种的堵塞，可以算是最大的残害压制。去掉残害压制，乐呵呵地直到死，这样过的每一天，一月，一年，十年，都叫养生。如果你拘泥于前面说的一套残害压制的思路上，只知道照办不知道舍弃，可怜巴巴地哪怕是长寿永生，活上一百年、一千年、一万年，也不是我所理解的养生。’

“管夷吾说：‘养生之道，我给你讲了，现在请你给我讲讲发送死

者的原则吧。’

“晏平仲说：‘送死的事就很简单了，又有什么可说的呢？’

“管夷吾说：‘我就是想听听这方面你的说法。’

“晏平仲说：‘人死了以后，自己还有什么想法呢？烧了也就烧了，沉到水里也就沉到水里了，埋了也就埋了，扔到外边也就扔掉了，裹上点树枝树叶抛弃到沟里坑里也就抛弃了，穿上礼服绣衣放到石头棺椁当中也就放上了，赶上什么就算什么罢了。’

“管夷吾转头对鲍叔、黄子说：‘怎么生、怎么死的大道理，我们俩算是说透啦。’”

评析：活得舒服，死得简易。

这个道理讲得简易明白透彻，大体上同于今人张中行先生所主张的“顺生论”。张语：“顺生乐道安己宜人的仁爱哲学”，“天道远，人道迩，人生有涯，人力有限，我们最好还是不舍近求远吧”，“面对现实，面对自身，那么凡事都会顺利很多”。人不要与人性较劲，不要压制与残害自己的性情、自己的愿望，更不要压制与残害他人的尤其是子女儿孙们的性情与愿望。

太透彻了却又可能过犹不及了。我们的眼耳口身心意中，含有生命本身所具有的要求与意欲，如饮食男女健康快乐尊严体面，还含有恻隐羞恶恭敬是非的良知良能，但也可能含有自私贪欲争斗妒忌文饰等消极、自戕、既损人又不利己的东西。人是需要教化的，教化就是要发展美好而遏制与克服消极因素。就拿“吃”来说，所谓为嘴伤身，奢靡浪费，违规违法的丑事也是屡见不鲜的。

而说到死亡，你随便将遗体一抛，有违活人的感觉与心气，损害了逝者的尊严，摧残了活人的感受，是完全不可以的。丧葬祭奠，也是重要的文化。它表达了对生命的尊重，对先人的尊重，对人类文明薪火相传的尊重。孔子讲究的是“慎终追远”，他特别重视祭奠先人，他注意培养的是敬畏文化，是义务感，是人类文明的连续性。

原文：

子产相郑，专国之政；三年，善者服其化，恶者畏其禁，郑国以治。诸侯惮之。而有兄曰公孙朝，有弟曰公孙穆。朝好酒，穆好色。朝之室也聚酒千锺，积麴成封，望门百步糟浆之气逆于人鼻。方其荒于酒也，不知世道之安危，人理之悔吝，室内之有亡，九族之亲疏，存亡之哀乐也。虽水火兵刃交于前，弗知也。穆之后庭比房数十，皆择稚齿婑媠者以盈之。方其耽于色也，屏亲昵，绝交游，逃于后庭，以昼足夜；三月一出，意犹未惬。乡有处子之娥姣者，必贿而招之，媒而挑之，弗获而后已。子产日夜以为戚，密造邓析而谋之。曰：“侨闻治身以及家，治家以及国，此言自于近至于远也。侨为国则治矣，而家则乱矣。其道逆邪？将奚方以救二子？子其诏之！”邓析曰：“吾怪之久矣，未敢先言。子奚不时其治也，喻以性命之重，诱以礼义之尊乎？”子产用邓析之言，因間以谒其兄弟，而告之曰：“人之所以贵于禽兽者，智虑。智虑之所将者，礼义。礼义成，则名位至矣。若触情而动，耽于嗜欲，则性命危矣。子纳侨之言，则朝自悔而夕食禄矣。”朝穆曰：“吾知之久矣，择之亦久矣，岂待若言而后识之哉？凡生之难遇而死之易及。以难遇之生，俟易及之死，可孰念哉？而欲尊礼义以夸人，矫情性以招名，吾以此为弗若死矣。为欲尽一生之欢，穷当年之乐。唯患腹溢而不得恣口之饮，力惫而不得肆情于色；不遑忧名声之丑、性命之危也。且若以治国之能

夸物，欲以说辞乱我之心，荣禄喜我之意，不亦鄙而可怜哉？我又欲与若别之。夫善治外者，物未必治，而身交苦；善治内者，物未必乱，而性交逸。以若之治外，其法可暂行于一国，未合于人心；以我之治内，可推之于天下，君臣之道息矣。吾常欲以此术而喻之，若反以彼术而教我哉？”子产忙然无以应之。他日以告邓析。邓析曰：“子与真人居而不知也，孰谓子智者乎？郑国之治偶耳，非子之功也。”

故事大意：良相子产的两位兄弟的故事。

子产在郑国当了国相，独揽了邦国政权。三年后，好人服膺他的教化，坏人惧怕他的禁令，郑国大治，各国诸侯都对郑国发怵。他的哥哥叫公孙朝，还有个弟弟叫公孙穆。公孙朝嗜好饮酒，公孙穆贪恋女色。公孙朝家里，收藏的酒差不多有一千钟，积蓄的酒曲堆积成山，距离他家大门还有百步，酒糟酒浆的气味便扑面而来。在他荒唐于饮酒的日子里，他不理会时局的安危，不懂得人情的灾异，家业的有无，家族的远近，存亡的哀乐，即使是水火兵刃一齐到他面前，他也麻木不仁。

公孙穆的后院里，几十个房间坐落在那里，里面住着挑选出来的年轻美貌的女子。在沉迷女色的时光里，他排除所有亲朋，断绝一切交际，躲在后院里，夜以继日，三个月才出一次院门，似乎还不满足。发现乡间有美貌的未婚女子，一定要花钱财把她弄到手，媒介撮合，引诱挑动，不搞到手绝不罢休。

子产为这事日夜忧虑。他秘密到邓析那边商议对策，他说：“人们说修身做得好，而后可及于家庭，治家治好了，而后还可及于国家，就是说做什么事都是要从近到远。我治理郑国倒是成功了，而自家却乱了套了。是我的路子逆反了吗？有什么法子能挽救我这两个兄弟呢？请你告诉我。”

邓析说：“我看不惯已经很久了，没敢贸然说出来。为什么你不找一个机会，给他们讲讲爱惜生命的重要性，再引导他们明白礼义的尊严呢？”子产采用了邓析的话，找了个机会去见自己的两位兄弟，告诉他们说：“人不是牲口。人尊贵的地方，在于具有智慧思虑。指引智慧思虑的是礼法与义理。做到了礼义，名衔和地位也就都得到了。你们任性放纵情欲，沉溺嗜好，生命就危险了。如果你们能听我的话，早上有所悔改，晚上就会得到俸禄与官职了。”公孙朝和公孙穆说：“这些说法我们早就听过了，我们的选择也早已做出来了，还用得着要等你讲这老一套吗？生存难得一有，死亡却易遭遇。以难得的一生去等待轻易就会到来的死亡，还有什么放不下的吗？你以礼义之名向人夸耀，抑制本性以招揽名声，我们以为这种活法还不如干脆死掉。为了一生尽情欢愉，为了尽得此生的乐趣，我们只怕肚满酒溢，不能充分地去痛饮，只怕精疲力惫，不能畅快地去好色，谁顾得上去担心什么臭名远扬？还有什么丧命的危险？至于你想以治理国家的才能对外夸耀，想用夸夸其谈来扰乱我们的心思，用荣华富贵来引诱我们的意志，难道就不鄙俗可怜吗？我们要和你辨析一下。善于治理身外之物的，外物未必能治理好，自身却先受苦；善于处理身内心愿的，未必给外物带来混乱，自性却得到安逸。你对外物进行治理的那些方法，也许一时可以在某一个邦国实行，但并不符合人本来的心意；而我们对身内心性的调理，这个思路却可以推广到天下（你的一切作为符合了人心民心），君臣之道那一套也就用不着费事了。我们一直想用这种思路去开导你，你反而要用你那一套来教训我们吗？”子产茫然，无话可说。

过了些天，他把这事告诉了邓析。邓析说：“你同真人住在一起却不了解他们啊，谁能说你是聪明人呢？郑国的治理不过是碰巧罢了，算不上有什么功劳。”

评析：疯狂纵欲是大道吗？

都说列子是道家，故而主张性情至上，本能即道，反对节外生枝、刻意经营、戕害生机、无事生非。但是顺性顺到了子产的一兄名公孙朝、一弟名公孙穆（暮！）这里，朝朝暮暮，本能与性情却发展到了疯狂、膨胀、胡作非为的程度，一个是饮酒如狂，一个是好色如狼。这里完全没有了生理健康的常识性考虑，更没有对社会家国事务的关心，一切安危成败善恶荣辱全部置之度外，他们从哪儿来的文化自信、政治自信、地位自信、财政自信与安全自信呢？全天下有几个人可以从尽情享受发展到无限扩大享受，从追求满足到无穷扩大欲望呢？

更没有丝毫的道德掂量。酒色一至于斯，你不在乎舆论，貌似豁达，舆论能饶恕你们哥儿俩吗？能不制造出子产一兄一弟的对立面来吗？尤其像穆色狼那样，把美少女全部据为性奴，难道没有障碍，没有反对者，没有任何刑名上行政上的麻烦？全靠子产是侯国国相，便可以倒行逆施到这般地步？再说这样喝酒、这样好色，生理上消化系统、神经系统、生殖系统也是完全不可能承受的。

《道德经》第十二章说：“五色令人目盲；五音令人耳聋；五味令人口爽；驰骋畋猎，令人心发狂；难得之货，令人行妨。是以圣人为腹不为目，故去彼取此。”

老子是反对纵欲的，老子说要“为腹不为目”的含义是，为生存而吃饱是要的，对于外表花哨的要求则一律取消。在关于“小国寡民”等的论述中，讲得更严厉而且明确。

原文：

卫端木叔者，子贡之世也。藉其先货，家累万金。不治世故，放意所好。其生民之所欲为，人意之所欲玩者，无不为也，无不玩也。墙屋台榭，园囿池沼，饮食车服，声乐嫔御，拟齐楚之君焉。至其情所欲好，耳所欲听，目所欲视，口所欲尝，虽殊方偏国，非齐土之所产育者，无不必致之，犹藩墙之物也。及其游也，虽山川阻险，涂径修远，无不必之，犹人之行咫步也。宾客在庭者日百住，庖厨之下不绝烟火，堂庑之上不绝声乐。奉养之余，先散之宗族；宗族之余，次散之邑里；邑里之余，乃散之一国。行年六十，气干将衰，弃其家事，都散其库藏、珍宝、车服、妾媵。一年之中尽焉，不为子孙留财。及其病也，无药石之储；及其死也，无瘗埋之资。一国之人受其施者，相与赋而藏之，反其子孙之财焉。禽骨釐闻之，曰："端木叔，狂人也，辱其祖矣。"段干生闻之，曰："端木叔，达人也，德过其祖矣。其所行也，其所为也，众意所惊，而诚理所取。卫之君子多以礼教自持，固未足以得此人之心也。"

故事大意：端木叔的享乐故事。

卫国有个端木叔，是子贡的后代。全凭祖上的产业，家缠万贯。他根本不问世间得失成败的俗事，只知道任性之所去追逐享乐。凡是众人想干的，人们意念觉得好玩的，没有他不去干、不去玩的。他拥有的高宅大院，歌台舞榭，花园兽栏，鱼园池沼，华食美饮，豪车锦衣，美声妙乐，娇妻艳妾，可以比得上齐国和楚国的国君。至于他的情欲之喜好，耳朵之爱听，眼睛之愿看，嘴巴之想尝的，不管在什么特殊的地方、边远的邦国，也不管离本土是远是近，他是非搞到手不可的，就像拿自己院墙内的东西一样。说到他出去游玩，山川险阻也罢，路途遥远也罢，没有到不了的地方，其方便就像凡人走几步路。庭院中来往的人每日以百计，厨房里的烟火一直不停，厅堂里的音乐演奏不休。自己用过吃过之后剩下来的物资，先施舍给本宗本族；施舍本宗族剩下来的东西，再施舍给本邑本里；施舍本邑本里剩下来的东西，还要施舍给全国的人。

到了六十岁啦，气血躯体渐渐衰竭，于是放弃家事，库藏、珠宝、车马、衣物、女奴小妾，一年内全部散尽，不给子孙留下财物。

后来他病倒了，家里没有药物；等到他离世之时，家里没有殡葬用的钱财。一国之中受过他施舍的人，共同出钱埋葬了他，并把钱财偿还给了他的子孙。

禽骨釐听到了这件事，说："端木叔是个狂人，丢了他祖先的脸面了。"段干生听到此事后，说："端木叔明达通透，德行超过他的祖先了。他的所作所为，一般人觉得匪夷所思，却符合真情实理。卫国的君子，只知道人云亦云地以礼教约束自身，他们自然够不着理解端木叔这样人的心胸的高度哇。"

评析：痛痛快快地活，干干净净地死。

庄子的名言之一是"善吾生者，乃所以善吾死者"，好好地生，好好地死。这里善死的故事，比善生写得好。

这里的善生太特殊，大富翁，靠拼爹（与爹的爹的爹……），这不能叫善其生，只能叫富其生，没有什么大意义。所好之处在于这位阔佬比起刚刚说完了的公孙朝、公孙穆少了些酒色与颓废疯狂。

端木叔的死写得好。干干净净，一切捐赠。不留遗产，观念极新，尤其是在中国。

原文：

孟孙阳问杨朱曰："有人于此，贵生爱身，以蕲不死，可乎？"曰："理无不死。""以蕲久生，可乎？"曰："理无久生，生非贵之所能存，身非爱之所能厚。且久生奚为？五情好恶，古犹今也；四体安危，古犹今也；世事苦乐，古犹今也；变易治乱，古犹今也。既闻之矣，既见之矣，既更之矣，百年犹厌其多，况久生之苦也乎？"孟孙阳曰："若然，速亡愈于久生；则践锋刃，入汤火，得所志矣。"杨子曰："不然。既生，则废而任之，究其所欲，以俟于死。将死，则废而任之，究其所之，以放于尽。无不废，无不任，何遽迟速于其间乎？"

故事大意：理无久生，理无不死。

孟孙阳问杨朱道："有这么个人，珍视生命，爱惜身体，祈求不死，可以吗？"杨朱说："人没有不死的理。"孟孙阳又问："祈求活得长久，可以吧？"杨朱说："也没有多么长命的理。生命并不因为珍贵就能长存，身体并不因为爱惜就能壮实。再说活那么长又图个什么呢？喜怒哀乐好恶，人的七情六欲，愿望忌讳，从前什么样，现在也是什么样；身体四肢的安逸舒适，五劳七伤，从前什么样现在也是什么样；世情人事的苦乐酸甜，祸福通蹇，从前什么样现在也是什么样；社会的变迁治乱，盛衰兴亡，从前什么样现在也是什么样。活了一辈子，该听的听了，该看的看了，该经过的经过了，如果活上一百年，人们会嫌烦的，何况更长久地活着，多么苦恼呢！"孟孙阳说："如果这样说的话，快快死了比长长活着好，那么您应该去踩锋撞刃，赴汤蹈火，就满足速死的愿望喽。”杨子说：“不是的。已经出生了，也就应当让他活，想怎么活就怎么活，一直活到死。快死了，那也就应当让他死，生命魂灵爱上哪儿就上哪儿，直到一生彻底终结。没有什么放不下的，没有什么不能随他去的。何必在生死之间嘀咕什么快还是慢好呢？”

评析：人生的健康与质量。

认为人的主观努力不能影响寿命的长短与体格的强弱，这是不对的。老子讲摄生，庄子讲养生，都重视生命的长度与质量（舒适度与自由度）。司马谈所肯定的道家的“精神专一，动合无形，赡足万物”，其中含有养性摄生的讲求。曹操的《龟虽寿》四言诗中，写下“盈缩之期，不但在天。养怡之福，可得永年”的名句，也与此处只讲弃之放之任之大异其趣。当然，人的后天的努力，作用是有限的。还有《列子》所述杨朱这一点与庄子一样，强调生死都是规律，都是理，都是天道，应该泰然处之，这很高明，也很先进，与秦始皇之类的帝王追求不死之药的荒唐相比，其先进性更是引人注目。

列子还提出，缺少新意、缺少发展前进的人生是会令人厌烦的，这也高明。人生要讲长度，更要讲质量。至今有鼓吹像乌龟一样以静延年取寿的，不知道他们是否愿意采取乌龟的生活范式，享受乌龟式的无生机少生趣不动弹之生活。

在生死问题上，应该高度尊重客观规律，尊重天理天道，这是对的。努力提高生活质量，讲求身心健康，胸怀坦荡，情愫愉悦，争取更长更好的寿命与生活质量，方式方法做到科学美满，也是可行的。人应该热爱生活，珍惜生命，利己利人，度过更美好的一生，坦然接受死亡。

原文：

杨朱曰："伯成子高不以一毫利物，舍国而隐耕。大禹不以一身自利，一体偏枯。古之人损一毫利天下不与也，悉天下奉一身不取也。人人不损一毫，人人不利天下，天下治矣。"禽子问杨朱曰："去子体之一毛以济一世，汝为之乎？"杨子曰："世固非一毛之所济。"禽子曰："假济，为之乎？"杨子弗应。禽子出语孟孙阳。孟孙阳曰："子不达夫子之心，吾请言之。有侵若肌肤获万金者，若为之乎？"曰："为之。"孟孙阳曰："有断若一节得一国，子为之乎？"禽子默然有间，孟孙阳曰："一毛微于肌肤，肌肤微于一节，省矣。然则积一毛以成肌肤，积肌肤以成一节。一毛固一体万分中之一物，奈何轻之乎？"禽子曰："吾不能所以答子。然则以子之言问老聃关尹，则子言当矣；以吾言问大禹墨翟，则吾言当矣。"孟孙阳因顾与其徒说他事。

故事大意：所谓拔一毛而利天下不为也的争论。

杨朱说："伯成子高说哪怕是拿一根汗毛去给外界谋利益也是不可以的，所以不管国家的事，隐居去种田。大禹则是不以自己的人身为自己谋利，以致后来身患重病。古时候的人，遇到损害一根汗毛去为天下谋利，他不肯拿出来；而如果以天下财物来养育自己的身体呢，他也不愿意接受。如果能够做到谁都不用损失自身的汗毛，谁都不必为天下人谋利益，天下反而会治理得更好。"

禽子问杨朱："用你身上的一根汗毛以帮助天下众人，你答应吗？"杨子说："天下怎么可能以一根汗毛来帮助周济呢？"禽子说："假使能周济的话，答应吗？"杨子不搭理他。禽子出来将这个情况说给了孟孙阳。孟孙阳说："你不明白先生的心思，那就让我来说吧。如果你让别人侵犯你的肌体皮肤，便可得到一万黄金，你愿意吗？”禽子说：“愿意。”孟孙阳说：“如果说是砍断你的一截身躯，便可以送给你一个国家，你干不干？”禽子半天没有说话。

孟孙阳说：“一根汗毛比肌体皮肤微小得多，肌肉皮肤比一截身体又小得多，这本来明摆在那儿的。可你要是把一根根汗毛积累起来，就成了肌体皮肤，把一块块肌体皮肤积累起来便成为一截身体。一根汗毛，毕竟是整个躯体中万分之一，为什么要轻视它呢？（如果要你贡献一根我贡献一根，今天要一根明天又要一根，这是治国平天下的正道吗？）”禽子说：“我现在没有更多的话来答复你。不过我想，如果用你的话去请教老聃、关尹，你的话可能还是合适的；如果用我话去问大禹、墨翟，那么，我的话才是恰当的啦。”

然后孟孙阳转头同他的学生说别的事去了。

评析：利己与利他的掂量。

孟子说杨朱，“为我，拔一毛而利天下，不为也”，同时说“墨子兼爱，摩顶放踵利天下，为之”。

看来，杨子的想法不像孟子说的“一毛不拔”那样简单。杨朱主张的是“贵己、全性、保真”。也接近老子主张的“贵以身为天下，若可寄天下。爱以身为天下，若可托天下”，就是说以珍贵自身的态度去珍视天下，以爱惜自身的心思去爱护天下，这是可行与可信的。如果只是大话舍己，又都大话去争夺天下，反而未必可行可信可靠。杨子确有接近道家的思路，权力系统无为而治，各人管好自己，毋庸献身献汗毛，也不必过多地管外物外务，不争不闹不掺和。当然，这只是一个方面的道理。

儒家、墨家，则强调道德义务与精英担当，成仁取义，摩顶放踵，比杨朱之“一毛不拔”说得高尚伟大，但是动辄要人贡献牺牲，推行起来也有难处。杨朱的思路则是尊大也护小，既讲为大公而贡献也强调要保护小私，最好是公私互不侵扰，有它合理性的一面。

原文：

杨朱曰：“天下之美归之舜、禹、周、孔，天下之恶归之桀纣。然而舜耕于河阳，陶于雷泽，四体不得暂安，口腹不得美厚；父母之所不爱，弟妹之所不亲。行年三十，不告而娶。及受尧之禅，年已长，智已衰。商钧不才，禅位于禹，戚戚然以至于死。此天人之穷毒者也。鲧治水土，绩用不就，殛诸羽山。禹纂业事雠，惟荒土功，子产不字，过门不入；身体偏枯，手足胼胝。及受舜禅，卑宫室，美绂冕，戚戚然以至于死：此天人之忧苦者也。武王既终，成王幼弱，周公摄天子之政。邵公不悦，四国流言。居东三年，诛兄放弟，仅免其身，戚戚然以至于死。此天人之危惧者也。孔子明帝王之道，应时君之聘，伐树于宋，削迹于卫，穷于商周，围于陈蔡，受屈于季氏，见辱于阳虎，戚戚然以至于死。此天民之遑遽者也。凡彼四圣者，生无一日之欢，死有万世之名。名者，固非实之所取也。虽称之弗知，虽赏之不知，与株块无以异矣。桀藉累世之资，居南面之尊，智足以距群下，威足以震海内；恣耳目之所娱，穷意虑之所为，熙熙然以至于死：此天民之逸荡者也。纣亦藉累世之资，居南面之尊；威无不行，志无不从；肆情于倾宫，纵欲于长夜；不以礼义自苦，熙熙然以至于诛：此天民之放纵者也。彼二凶也，生有从欲之欢，死被愚暴之名。实者，固非名之所与也，虽毁之不知，虽称之弗知，此与株块奚以异矣？彼四圣虽美之所归，苦以至终，同归于死矣。彼二

凶虽恶之所归，乐以至终，亦同归于死矣。”

故事大意：圣人的痛苦与恶人的享福。

杨朱说：“天下的美誉集中在虞舜、夏禹、周公、孔子四位圣贤身上，天下恶评集中在夏桀、商纣二恶身上。但是舜当年在河阳种地，在雷泽烧窑，肢体得不到休息，口腹得不到美食，父母不待见，弟妹不亲近，年龄到了三十岁，才不报告父母娶了妻。等到接受唐尧禅让，舜年事已高，智力渐渐衰退。他的儿子商钧不成材，只好把帝位让给禹，憋憋闷闷一直到死。他是个一生饱受噩运荼毒的倒霉者。

“禹的父亲鲧治水，没有完成任务，被舜处死在羽山。禹子承父业，给杀父的仇人效劳，怕耽误了治理水患的时间，儿子出生，他甚至没有时间给予抚爱，路过家门也不进家，身体憔悴偏瘫，手足长出茧子。等到他接受舜让给他的帝位时，宫室修得简陋节省，只有祭祀时的礼服做得豪华，忧患交加地度过了一生。这是世上一直忧心忡忡的人士。

“武王去世，成王年幼，周公代行天子权力。邵公不高兴，在几个国家散布对周公不利的流言。周公到东方居住了三年，杀掉了勾结商纣余党反对他的哥哥，流放了反对他的弟弟，总算保住了自身安全，焦虑至死。这是个一生担惊受怕的人。

“然后说到孔子，他懂得帝王治国方略，接受其时各国国君的聘请（到处奔走）。在宋国时，桓魋欲杀孔子，砍倒他曾在树荫下休息过的大树，在卫国时因谗言而悄悄逃匿，在商周地区因为长相像阳虎被误认为是阳虎而被拘禁，在陈国与蔡国之间被两国包围绝粮，又给季氏当一个小小官吏，被阳虎言语侮辱，委委屈屈地一直到死。他也是世上一个终身凄凄惶惶的不幸者。

“所有这四位圣人，活着的时候没有得到一天快乐，死后却留下了流传万代的大名。死后的名声本来并非实际生活所必需，被谁赞颂自己也不知道，得到封号，与自己也不相干，这样的名声与草木土块又有什么分别呢？

“夏桀凭借祖先基业，占据了帝王大位，才具足以抗衡众臣，威势足以震慑海内；尽情享受耳目欲求之乐，任意做他想做的事儿，高高兴兴到死。他是世上一个安逸放荡的人。

“商纣也凭借祖先基业，占据了帝王大位，威压处处，志御人人，在一个个宫殿中恣意淫乐，在漫漫长夜里放纵求欢，不因礼义而自苦，高高兴兴地一直到被诛杀。这是世上一个纵情享乐的人。

“这两个凶暴的家伙，活着享受纵欲的欢乐，死后加上了愚顽暴虐的恶名。实际生活，其实并不因名声而改变，毁谤他，他并不知道，称赞他，他也没知觉。名声云云，与草木土块有什么两样？

“虽然四位圣人得到美名，但辛辛苦苦到最后，同样是死去罢了。虽然两个凶恶的家伙得到恶名，但高高兴兴闹到最后，也同样地死掉完事。”

评析：名的困惑。

历史上中国的主流意识形态是极其注意名誉的，忠贞岳飞，流芳百世，诬陷岳飞的秦桧，遗臭万年，二者相距何止十万八千里！美名长存，光宗耀祖，护子佑孙，这是一种情况；石像长跪，接受万人啐吐咒骂，当然是完全不同的情况。当代影片《英雄儿女》的主题歌唱道“敌人腐烂变泥土，勇士辉煌化金星”，也绝对不是一死了之，只求生时的皮肉快乐。

或许列子、杨朱的时代，天下大乱，群雄并起，明枪暗箭，弑父弑君，与诸侯君王血腥争夺权力地盘一样，各种真真假假的谋士、说客、诸子百家、仁人志士、冒险家投机分子，或在追求真理、修齐治平、救国救民安天下，或是各举旗帜、挖空心思、巧言令色、吹牛冒泡、坑蒙拐骗。考虑到百家争鸣的黄金时代与英雄辈出的大时代，同时，各种轰轰烈烈的名的背后必有的负面现象、假冒伪劣现象，《列子》中的杨朱，宁愿提倡返璞归真的小国寡民、自然经济、草民生活、犬儒主义。是不是呢？

原文：

杨朱见梁王，言治天下如运诸掌。梁王曰："先生有一妻一妾而不能治，三亩之园而不能芸；而言治天下如运诸掌，何也？"对曰："君见其牧羊者乎？百羊而群，使五尺童子荷箠而随之，欲东而东，欲西而西。使尧牵一羊，舜荷箠而随之，则不能前矣。且臣闻之：吞舟之鱼不游枝流；鸿鹄高飞，不集污池。何则？其极远也。黄钟大吕不可从烦奏之舞。何则？其音疏也。将治大者不治细，成大功者不成小，此之谓矣。"

故事大意：论大业与小疵。

杨朱去见梁王，表示按他的学说治理天下，就跟把东西攥在手心里翻转运动一样方便。梁王说："先生连一妻一妾都管不好，三亩大的园子都种不好，还说什么治理天下如同在手心里运转一件东西一样容易，能让人信服吗？"

杨朱回答："您见过牧羊吧？百来只羊合成一群，让一个五尺高的孩童拿着鞭子跟着羊群走，想叫羊群向东羊群就向东，想叫羊群向西羊群就向西。而如果是唐尧牵着一只羊，虞舜拿着鞭子赶羊，羊群反而就走不了那么好了。再说我们也知道：吞得下船只的大鱼是不到支流小水中游弋的，而在高天飞翔的鸿鹄，也是不会降落在小小池塘边上的。为什么呢？它们的志向在于远大的境界。黄钟大吕的音乐不可能用来给繁杂急促的舞蹈伴奏。为什么？黄钟大吕的音律从容舒缓。做大事的人不会去做一些小事，而成就大业的人不在意一些小节，说的就是这个意思。”

评析：舍小求大与因小及大。

中国先秦诸子当中，儒家更强调因小及大，因小而大。他们的说法是“意诚而后心正，心正而后身修，身修而后家齐，家齐而后国治，国治而后天下平”，从小到大，层层台阶。他们还强调从慎独做起，越是独自一人时越要做到小心谨慎，如临深渊，如履薄冰，这样的人才有希望成为尧、舜，成为治国平天下的圣贤。他们注意一切言行举止，其认真性可贵，但也会让人觉得疲劳累心闹心。

而道家强调无为，无为的一部分内容就是求高大上，鲲鹏展翅，九万里，其翼若垂天之云。高大上到这个分儿上，和这样的无穷大的天道合而为一，“强为之名曰大，大曰逝，逝曰远，远曰反”，如此这般，也就抓大放小，不必学会放羊，不必进入小溪，不必停留在小水池边了。

但道家还有另一面，“和光同尘”，为溪为谷，与杨朱的这一说法有不一之处。

原文：

杨朱曰：“太古之事灭矣，孰志之哉？三皇之事若存若亡，五帝之事若觉若梦，三王之事或隐或显，亿不识一。当身之事或闻或见，万不识一。目前之事或存或废，千不识一。太古至于今日，年数固不可胜纪。

但伏羲已来三十余万岁，贤愚、好丑、成败、是非，无不消灭；但迟速之间耳。矜一时之毁誉，以焦苦其神形，要死后数百年中余名，岂足润枯骨？何生之乐哉？”

故事大意：时间消损了名声的意义。

杨朱说：“远古的事情早已经泯灭殆尽了，谁能记载得下来呢？三皇的事迹好像是确实存在于历史，又好像已经从历史上消失，无影无踪了；五帝的事迹好像觉察明晰，又好像在梦中朦朦胧胧；三王的事迹有的隐匿，有的显示，一亿件事中未必知道一件。当世的事情有的听说过，有的看见过，其实一万桩中你未必明了其中之一桩。眼前的事情或者还延续存留，或者已经废除消失，一千桩中未必知其一桩。从远古直到今天，年代本来就是算也算不清了，伏羲以来过了三十多万年，贤明与愚昧，美丽与丑恶，成功与失败，正确与错误，（这一切分辨与评议，）没有不渐渐无从说起从而消散、湮没的，一切都是早晚快慢的事。纠结于一时的毁谤或者赞美，使自己精神与形体焦灼痛苦，最后获得死后几百年中留下的好名声，这个名声又怎么能足够用来润泽枯槁的尸骨？这样求名伤己地活着又有什么乐趣可言呢？”

评析：名声消失于时间长河中？

庄子讲齐物，靠的是宣扬相对主义，此亦一是非，彼亦一是非，万物万事万说本无绝对的差异可讲。齐不齐一把泥，忽兮恍兮，恍兮忽兮。《列子》笔下的杨朱讲齐物，主要讲“名”、价值判断、概念分类、舆论反映的靠不住，还有名与实的难以一致。

这一段又加上了时间的因素，逝者如斯，永无止息，流芳百世，其实流芳不了百世，遗臭万年也不会臭一万年，还是此岸的实得实利、实喜实乐更重要。人要给自己减压："大块劳我以生"，劳我一生，已经够辛苦的了，茶米油盐、衣食住行已经够劳神的了，祸福通蹇、生老病死，已经够熬煎的了，动辄还要考虑反应、反映、舆论、评说，还让不让人活呢？孟子讲什么大丈夫不怕威武贫贱富贵，难道怕引车卖浆、煽风点火、人云亦云、蜀犬吠日的狗屁舆论不行？

过分个人主义、快乐主义、实利主义了，当然也是多有破绽，难道明明天怒人怨、耻而又耻、丧尽天良、灭绝人性的坏事也可以为了一时的私利而去做吗？

原文：

杨朱曰："人肖天地之类，怀五常之性，有生之最灵者也。人者，爪牙不足以供守卫，肌肤不足以自捍御，趋走不足以从利逃害，无毛羽以御寒暑，必将资物以为养，任智而不恃力。故智之所贵，存我为贵；力之所贱，侵物为贱。然身非我有也，既生，不得不全之；物非我有也，既有，不得而去之。身固生之主，物亦养之主。虽全生，不可有其身；虽不去物，不可有其物。有其物，有其身，是横私天下之身，横私天下之物。不横私天下之身，不横私天下之物者，其唯圣人乎！公天下之身，公天下之物，其唯至人矣！此之谓至至者也。"

故事大意：

杨朱说："看来人与天地是近似一类的材料，具有金、木、水、火、土五行的秉性，是生物中最具灵性的。这个人呢，靠指爪牙齿，并不能保卫得住自己，靠肌肉皮肤也抵挡不住外力的侵害，靠奔走挪移也未必能趋利避祸，没有皮毛羽绒来抵御寒冷或者暑热。人还要靠外物来养育自身，运用心智而不是仅仅依靠力气求生。智慧有什么可贵的呢？看它能不能保存自我。为什么说力气是低于心智的呢？因为它可能侵害外物。其实身体并不是自我所固有的，人既然出生了，也就不能不保全它；外物更不是自我所有的，已经有了，当然不能丢弃它。身体拥有着生命，而外物养育着生命。虽然人要保全生命，但不可能独占自己的身体；虽然不抛弃外物，但同样不可能独占那些外物。总是想占有外物，占有身体，那其实是一厢情愿地横行霸道地侵占了本属于天下的身体与外物。不一己地蛮横地把本属于天下的身体与万物占有，那大概就是圣人了！让属于天下的身体归公共所有，让属于天下的万物归公共所有，大概就算至（德至善之）人了。这也就是各方面都做到了位、做到了家的至人了。”

评析：唯物论与公有主义。

非常奇葩，这里突然货真价实地表现了是《列子》更是杨朱的唯物论与公有主义。

首先说，人体的物质构成，其材质与天地万物没有什么不同，也属于水、火、木、金、土。可惜当时还不知道元素周期表，否则也许会提到门捷列夫了。

唯物论者强调物质的统一性，此处关于人类的质材与世界一致的说法非常重要。但是马克思的统一原理还要强调统一于物质，包括意识与此处强调的人的灵性，也是以物质为基础的。这里的列子或者更主要是杨朱的说法，则更像二元论，他们强调的是材质是物质，功能是心灵，材质不足以自保，心灵则大有可为。

命并非私有，身并非己有，这个重要的提法叫我想起家乡农民爱说的一句话，当某某人理直气壮地分说自己拥有什么什么的时候，他们会嘲弄说：“命还是阎王爷的呢！”

也许这里更注意的是小我的局限性有限性，“生死有命，富贵在天”（《论语·颜渊》），孔夫子也是承认的。来自世界归于世界，来自天（道）归于天（道），来自一归于一。充分认识自我的世界性、天道性、与世界与天道的归一性，将会减少许多斤斤计较、蝇营狗苟、抠抠搜搜、自讨苦吃。当然，这里对于人的公有性提倡与今日的共产主义世界观有异其趣。

原文：

杨朱曰：“生民之不得休息，为四事故：一为寿，二为名，三为位，四为货。有此四者，畏鬼，畏人，畏威，畏刑：此谓之遁民也。可杀可活，制命在外。不逆命，何羡寿？不矜贵，何羡名？不要势，何羡位？不贪富，何羡货？此之谓顺民也。天下无对，制命在内。故语有之曰：人不婚宦，情欲失半；人不衣食，君臣道息。周谚曰：‘田父可坐杀。’晨出夜入，自以性之恒；啜菽茹藿，自以味之极；肌肉麤厚，筋节𦝫急，一朝处以柔毛绨幕，荐以粱肉兰橘，心痟体烦，内热生病矣。商鲁之君与田父侔地，则亦不盈一时而惫矣。故野人之所安，野人之所美，谓天下无过者。昔者宋国有田夫，常衣缊黂，仅以过冬。暨春东作，自曝于日，不知天下之有广厦隩室，绵纩狐貉。顾谓其妻曰：‘负日之暄，人莫知者；以献吾君，将有重赏。’里之富室告之曰：‘昔人有美戎菽、甘枲茎芹萍子者，对乡豪称之。乡豪取而尝之，蜇于口，惨于腹，众哂而怨之，其人大惭。子，此类也。’”

故事大意：人们为什么逃亡？

杨朱说：“人们得不到休养生息，是忙碌于四件事：头一个是要长寿，第二个是要名声，第三个是求地位，第四个是图财货。有了这四方面的惦念，便疑神疑鬼，惧怕他人，害怕权势，害怕刑罚，他们成了躲避自然而然的原生态的逃亡者们。这种人是被杀死，还是活得下去，决定于自身之外，决定于他者（外物、环境、遭遇……），不与天命较劲，又何必去羡慕长寿？（能活多长就活多长呗。）不妄求尊贵，又何苦去沽名钓誉？不做权势美梦，为什么要迷恋官职地位？不贪婪金钱，怎么可能见财起意（自取灭亡）？能够这样不贪不羡不怕不折腾自己的人叫作顺应天道自然规律的人。这种人天下无敌，一切祸福通蹇的命运取决于自身。

“俗话说：‘人不结婚不做官，情欲便丢掉一半；人不穿衣吃饭，君臣之恩便会消散。’周代的谚语说：‘老农可以坐在那里（自自然然）死去。’早出晚归辛辛苦苦，对他们来说，这是正常不过的生活；喝豆汁吃豆叶，对他们来说是最好的饮食。他们的肌肉结实粗壮，他们的筋骨弯扭暴露突出，如果让他们去穿戴柔软的毛皮，坐进绸绨的幕帷，吃上粱肉与香美的兰橘，反而会心闹神烦，上火生病了。

“如果宋国和鲁国的国君与老农同样种地，干上一阵子也就疲惫不堪了。而田野里的农人安心于辛苦，舒适于简朴，才是天下最真实富贵的幸福。过去宋国有个农夫，穿的是烂麻破絮，靠它来过冬。等到了春天开耕时节，他在太阳下晒得暖洋洋的（只觉美妙无比）。他不知道天下还有大厦暖屋，不知道丝绸棉袄与狐貉裘皮。他对妻子说：‘晒太阳以求舒适的方法，谁也不知道，我要将它献策给国君，他可能会给我重赏。’乡里的一户富人对他说：‘过去有人把蚕豆、麻秆与蒿苗当作美食佳肴，向乡间大户推荐它们，乡间大户拿来尝了尝，嘴巴好像被蜇咬，肚子好像被刺痛，大家都讥笑和埋怨那个人，让那人羞愧不已。你呀，就是这样的人。’”

评析：见素抱朴，少私寡欲，绝学无忧。

《列子·杨朱》的这一段论述了老子所主张的“见素抱朴，少私寡欲，绝学无忧”的主张。辛苦、劳累、粗简，以晒太阳为至乐，以野菜杂豆为佳肴，这就叫见素抱朴。原因是山野农人没有享受奢靡的经验与意念。这里说老农坐着就可以死去，恐怕是说他们死也死得如此朴素自然。不像有些专家解释为由于坐得单调乏味，憋闷至死。请想一下，坐在那里就死去了，这恐怕是天下所有老人最羡慕的事情了。至于野人献曝，野人献菜豆，可爱中不无可笑，就不完全符合老子的意思了。老子强调的是“朴虽小，天下莫能臣”“侯王若能守之，万物将自宾”。老子强调的是原生的素朴，素是原生的织品，没有染色，没有挑补加工。朴是原生的木材，没有锯刨，没有成形。他宣扬的是原始，是原生，是本来的混沌，是“大道至简”。他认为从西周的礼乐太平到东周的天下大乱，就是由于原生的发展变化而造成，他警惕与反感的是发展，是智谋，是演变与复杂化，是没事找事，人为地制造各种麻烦，而且是越宣扬仁义越是不仁不义。

《列子·杨朱》暴露了非发展主义、反智主义、反进化论，这当然是消极与有害的。但是它也提醒我们，一切发展进步都是有代价的。特别是在个人的生活态度上，顺其自然，返璞归真，往往比摩顶放踵、殚精竭虑、异想天开、夸父追日好。

原文：

杨朱曰：“丰屋，美服，厚味，姣色，有此四者，何求于外？有此而求外者，无厌之性。无厌之性，阴阳之蠹也。忠不足以安君，适足以危身；义不足以利物，适足以害生。安上不由于忠，而忠名灭焉；利物不由于义，而义名绝焉。君臣皆安，物我兼利，古之道也。鬻子曰：‘去名者无忧。’老子曰：‘名者实之宾’。而悠悠者趋名不已。名固不可去，名固不可宾邪？今有名则尊荣，亡名则卑辱。尊荣则逸乐，卑辱则忧苦。忧苦，犯性者也；逸乐，顺性者也。斯实之所系矣。名胡可去？名胡可宾？但恶夫守名而累实。守名而累实，将恤危亡之不救，岂徒逸乐忧苦之间哉？”

故事大意：

杨朱说：“高大的房舍，华美的服装，美味的食品，姣好的女子，有了这四样，你还要追求什么其他的外物呢？拥有了这些却还要追求其他的，那（并非确有需要）是贪得无厌的人性。贪得无厌的人性，是乾坤天地间的祸殃。（你张扬你的忠贞吗？）你的忠贞并不足以保卫君王，恰恰暴露了你们的危机四伏。（你宣讲你的仁义吗？）你的仁义并不能使他人得到好处，恰恰可能损害了正常的人生。保卫君王靠的不是忠贞，那么忠的名声也就渐渐消散；让人们得到好处不靠仁义，那仁义的说辞也就延续不下去了。让君王与臣子都得到安全，别人与自己都得到好处，这是古代的做法。（那时正如）鬻子所说：‘不求名声的人没有什么忧愁。’老子说：‘名声是实际的附庸。’但众人中总是有人追求名声而不知息止。逐名之心为什么硬是去不了呢？为什么名声就不能踏踏实实随着实际走呢？现在的人有了名声就好像多么尊贵荣华，没有名声就多么卑下屈辱。尊贵荣华了也就舒适快乐，卑下屈辱了也就忧愁苦恼。忧愁苦恼是损伤自性的，舒适快乐是顺应自性的。这些都是与实际生活联通着的。名声岂可全然不问？名声怎么可能只是跟着人走？问题在于有的人是为了坚守名声而损害了实际生活啊！为虚名而损害实际生活，可惜之处是带来危亡而无法自救，这可（是生死存亡的大事）不止是在舒适快乐与忧愁苦恼二者之间有所取舍的问题了。”

评析：自然的人与社会的人。

住、衣、食、配偶，对于自然人来说是基本的需要，四方面都很好，应该知足，而知足者常乐。贪婪是各种圣哲所反对的，印度圣雄甘地的名言是：大自然可以满足人的需要，但无法满足人的贪欲。

问题在于人不仅仅是自然人，还是社会人。马克思的名言：“人是社会关系的总和。”除了美满地活着，人还需要在社会上有所作为，有所表现，有所贡献，有所回报。那么，尊严、荣誉、名声、地位，都不可能一笔抹杀。

《列子》着重指责的是为好虚名而获实害，认为那是自找倒霉，是沽名钓誉，是违背天然，是害人害己。这是它有道理的一方面。但另一方面，社会上确实有一些高尚的人、伟大的人、为真理与正义不怕牺牲甘愿贡献的人，如果没有这种人，一切底线就都没有了。社会上就是有屈原，有比干，有岳飞，有文天祥，否定了他们，等于是把文明推向黑暗，把正义推向邪恶。

当然，我们希望的是社会的公平与正义，能够保护正义，弘扬正义，而不是助纣为虐、颠倒黑白、残害忠良、冤枉忠贞。“家贫出孝子，国乱显忠臣”，这是世情的一面；“家富出懒汉，爹强儿无能”，这是世情的另一面。这是一个悖论，这是一种痛苦，我们不希望人太傻太易被忽悠，我们又不能不在特殊情况下做出“二者不可得兼，舍生而取义者也”（《孟子》）的严正结论。

说符第八

《列子》最后一篇，庞杂丰富、多趣多思。共三十二节，其中歧路亡羊、疑邻盗斧、九方皋相马等等故事，兼有传奇与寓言意味，奇妙深刻，令人拍案叫绝，品味不已。

原文：

子列子学于壶丘子林。壶丘子林曰："子知持后，则可言持身矣。"列子曰："愿闻持后。"曰："顾若影，则知之。"

列子顾而观影：形枉则影曲，形直则影正。然则枉直随形而不在影，屈申任物而不在我。此之谓持后而处先。

关尹谓子列子曰："言美则响美，言恶则响恶；身长则影长，身短则影短。名也者，响也；身也者，影也。故曰：慎尔言，将有和之；慎尔行，将有随之。是故圣人见出以知入，观往以知来，此其所以先知之理也。度在身，稽在人。人爱我，我必爱之；人恶我，我必恶之。汤武爱天下，故王；桀纣恶天下，故亡，此所稽也。稽度皆明而不道也，譬之出不由门，行不从径也。以是求利，不亦难乎？尝观之神农有炎之德，稽之虞、夏、商、周之书，度诸法士贤人之言，所以存亡废兴而非由此

道者，未之有也。”

严恢曰：“所为问道者为富。今得珠亦富矣，安用道？”

子列子曰：“桀纣唯重利而轻道，是以亡。幸哉余未汝语也。人而无义，唯食而已，是鸡狗也。强食靡角，胜者为制，是禽兽也。为鸡狗禽兽矣，而欲人之尊己，不可得也。人不尊己，则危辱及之矣。”

故事大意：人与环境，就如影子之跟随适应身形。

列子就学于壶丘子林。壶丘子林说：“如果你弄懂保持靠后与跟随的道理，也就可以与你谈修身与自保了。”列子说：“想听听您讲解保持靠后跟随之道。”壶丘子林说：“低头看看你的影子，就知道了。”列子低头看自己的影子：身形弯曲，影子也就弯曲；身形挺直，影子也就挺直。其实，影子的弯曲与挺直是随身形而变化的，不决定于影子本身；而自己的曲折（艰难）与伸直（快意）是随处境外物而变化的，也不是个人所能决定的。这就叫保持靠后跟随方能获得先机的道理。

关尹对列子说：“话说得好听，回响也就好听；话说得难听，回响也就难听。身材修长，影子就修长；身材矮小，影子就矮小。名声其实好比是回响，（别人对你的）印象其实好比是影子。所以说：小心你的言语，它会有人附和；小心你的行止，它会有人跟随。

“所以说圣人看到表现出来的现象就可以判知内情，看看过去就可以预判未来，这才是先知先觉的道理呀。拿捏法度在于自身，稽考查验在于别人。别人喜爱我，我肯定喜爱他；别人厌恶我，我肯定厌恶他。商汤王、周武王爱及天下，所以统一了天下；夏桀王、商纣王厌恶天下，所以丢掉了天下，这正是稽考查验的结果。稽考与法度都很明白，可是你不遵循，就如你想外出却不肯走出大门，行走却不顺着道路一样。用这种方法还要去追求利益，不是太困难了吗？我考察了神农、炎帝的德行，考查了虞、夏、商、周时代的书籍，研究过许多尊崇礼法之士和贤明之人的言论，发现一切存亡废兴的原因，都离不开前面所讲的道理。”

严恢说：“人们之所以学道，目的在于求得富有。得到珠宝也就富了，还要什么道呢？”列子说：“夏桀、商纣就是由于重实利而轻天道才灭亡的。幸亏我还没有给你往深里讲：人如果没有道义，只知道吃喝，不过鸡狗而已。抢饭争食，互相角斗，胜利的一方当权做主，禽兽罢了。已经成为鸡狗禽兽之属了，还想着让别人尊敬，是没有门儿的。没有人尊敬自己，那么危险侮辱也就过来了。”

评析：人的主体性与社会性。

人活在世界上，到底是个啥角色？兴亡通蹇，谁给做主？此处分了几个层次回答：

首先，命运、处境、反响、印象，是实在的我的影子。实在的我有什么言行特色，是高是矮，是美是丑，自然会产生什么样的（他人、公众）反响和印象。如果你碰到这方面的问题，只能由你个人负责。这与孔子讲的“反求诸己”原则一致。

其次，你个人的身形、言语、行为、举止，又是受环境、外物所影响的，所以人不应该只知道努力有所追求有所奋斗，而且要有所靠后，有所跟随，有所适应，对于自我有所调整掌控。

这个说法令人想起马克思的论述：“人的本质不是单个人所固有的抽象物，在其现实性上，它是一切社会关系的总和。”

强调社会性，强调社会责任，想不到列子还有这么先进的说法。

知道人的主体性与责任性，再知道人的社会性与“道”的不可违背性，这样既强调了人的主体性，又强调了环境与大道（客观规律）的决定性，很了不起。

但这里也显出了另一方面的问题：一般地说，多数人在社会上在历史上或可能感到自己的一切只能跟随主体，但人毕竟并不仅仅是影子，即使是跟随，有跟得得趣，跟得红火，跟得出彩的；有跟得勉强，跟得无聊，跟得窝囊的。何况人生除了有一面，还有创造、创业、发明、发难、兴起、开拓、缔造的一面。列子的某些消极的说法，只能用于庸众，难以益于志士，或能知足常乐，却长不了人的出息。奈何？

原文：

列子学射中矣，请于关尹子。尹子曰："子知子之所以中者乎？"对曰："弗知也。"关尹子曰："未可。"退而习之。三年，又以报关尹子。尹子曰："子知子之所以中乎？"列子曰："知之矣。"关尹子曰："可矣；守而勿失也。非独射也，为国与身亦皆如之。故圣人不察存亡而察其所以然。"

故事大意：达到目的，还要通晓原理。

列子学习射箭，射中目标后向关尹子请求教导。关尹子问："你知道你之所以能够射中的道理吗？"列子回答说："不知道哇。"关尹子说："那还不行。"列子回去继续学练。三年以后，又把习射状况报告给关尹子。关尹子问："你知道你能够射中的道理了吗？"列子说："知道了。"关尹子说："这回可以了，记好，不要忘掉它。不仅射箭是这样，治国与修身也都要弄清一切之所以然的道理。所以说，圣人不是只考察存亡的现象而是去考察存亡的道理。"

评析：道与术，需知其然，更要知其所以然。

这是非常中华式的思维，射箭不仅是技术要领的把握与熟练，更是大道的领悟与运用。军事不仅是武器配置与布阵演兵，而是天时、地利、人和的综合把握与天地境界的提升。治病不仅是医术，更是对天道与天命的会心与灵感，是仁心仁术的花朵与果实。治国不仅是礼仪与律令，更是对天心与民心、天命与国运的聚拢与承担。

我就喜欢说一句话："大道无术。"不是从技术层面而是从道理、道德、道法直到天命、天意层面感悟与处理一切的一切，才能做到一通百通，举重若轻，道法自然，左右逢源，克大难如烹小鲜，怎么来怎么对，叫作无往而不胜。

古人，尤其是儒家，也喜欢讲不但要知其然，更要知其所以然。朱熹就说，四十而不惑，是知其然。是理解了世界、人生、万物万事的状与貌，这样就不困惑了。五十而知天命，就是知其所以然了。天命是源头，是对于如此地"然"着的不困惑，是当前这一段的根据。人们只知其然了，仍然会因其是如此不是如彼而感到无奈，感到郁闷等。知道天命了，能够把状态与原理结合起来分析了，人的主体性才能得到真正的提升，人的盲目性与无奈感、忿懑感也就有所排解与适度减低。这里甚至还有存在与合理的问题的讨论。黑格尔所说的"存在的都是合乎理性的"，是一种不但知其然也知其所以然的说法。黑格尔同时还说合乎理性的都是存在的（都是已经存在、可能存在、将要存在的）。这又是一个肯定主体性的说法。

用到列子学箭这里，射中了而不知为什么能射中，这里有偶然性，有运气，下一次射可能射不中。不仅射箭如此，踢足球进了大门，既是技术，又是运气，更是功夫，再提升一步便是根本的大道。不掌握大道，不是大师，只是小机灵鬼儿。

而三年后，列子不但射中了，而且明白了射箭的中与不中的原理，总结出了射箭中与不中的规律，那就应该说是大道到手的大师了。

其实，射箭相关的不仅是原理问题，弓与箭的质量，肌肉与骨骼的状态，射手的生理与心理状态，前两天是不是吃好了、睡好了，都会对中与不中产生影响。

但是，知道了原理与所以然，即使射不中仍然可以当射箭学家、当教练、当裁判、当评论员、当解说员等，知其所以然，用处大大有，尤其是在古代中国这个重道轻术的传统的地方。

原文：

列子曰："色盛者骄，力盛者奋，未可以语道也。故不班白语道，失，而况行之乎？故自奋则人莫之告。

"人莫之告，则孤而无辅矣。贤者任人，故年老而不衰，智尽而不乱。故治国之难在于知贤而不在自贤。"

故事大意：太盛了不可语道。

列子说："血气充盈的人容易骄横，膂力充盈的人容易兴奋，你无法与他们谈论道的真谛。故而人们说头发还没花白就讲道，只能是一种失误，又哪里谈得上践行大道呢？光是自己太强势，往往也就没有人向他进言。没有人进言，岂不成了孤家寡人？贤哲的君王善于用人，自己年老了，不显衰微，自己智力下行了，不显糊涂。治理国家的困难在于知贤善任，而不在于自己一个人的本事。"

评析：楚汉相争的历史经验。

最明显的例子就是楚汉相争的故事，如果一对一比拼，那么刘邦自然不是项羽的对手。但作为团队比较，刘邦这边的张良、萧何、韩信哪怕是到了樊哙这个层次，也显精彩。而项羽这边一个忠心耿耿的范增也用不成。

这是一个矛盾。君王平庸了，压不住台，谱写不出华彩乐章。君王太强势了，用不成人，压得人积极性、创造性都不敢发挥，痛哉！

原文：

宋人有为其君以玉为楮叶者，三年而成。锋杀茎柯，毫芒繁泽，乱之楮叶中而不可别也。此人遂以巧食宋国。子列子闻之，曰："使天地之生物，三年而成一叶，则物之有叶者寡矣。故圣人恃道化而不恃智巧。"

故事大意：轻视"雕虫小技"。

宋国有个匠人用玉材给君王制作楮树叶子，三年才完成了活计。叶子的肥瘦尖角、叶茎和叶枝、纤毛小刺、颜色光泽，混放在真的楮树叶子中根本分辨不出真假来。这个匠人凭着他的巧技在宋国站住了脚。列子听说此事，说："假使天地生化万物，三年才长出一片叶子，那么人间的树木有枝叶的就太少了。所以圣人依靠道的自化而不依靠人为的智慧技巧。"

评析：为什么要把大道与巧技截然对立起来？

极有趣的话题，说清楚并不容易。

重道轻技，是中华文化的传统之一。估计与当时百家争鸣、说客盈门有关。无不把握分寸的孔子一句话就判了“巧言令色”的死刑。老子也强调“大辩若讷”“知者不博，博者不知”。

而早在《尚书·泰誓》中就记载了周武王伐纣时对商纣的批判，说是纣王“奇技淫巧，以悦妇人”，还有所谓“雕虫小技”一语，也十足地表现了中华传统的好道贬技，好大轻细。今天也仍然有类似的问题，名嘴们靠忽悠红极一时，其真才实学则未必服人。

但是把大道与小技小术截然对立起来并不可取，海纳百川，壁高千仞，离不开涓滴与寸土。而能做得到夺造化之神工，惊鬼神之绝艺，汰旧布新，继往开来，这样的技、术、智、巧必然已经与大道相通，与大道互动。因大而大，言大而大，未必大到了哪儿去，因小及大，因术及道，因小得看都看不见的原子核而及惊天动地之能的释放，却正在改变着人类的命运。

过分的轻视与反感奇技淫巧，不是我们的传统文化精华，倒可能是含有糟粕，在提升着中国传统士人的格局的同时留下了假大空的病原乃至病灶。大道高于小术的同时，其实应该能够具体化细化，理论应该能够联系实际，哲学应该能够倾听科学的声音，小技小术也应该能够从大道中得到启示，正心诚意应该得到格物致知的充实与调整，科学、专门学科与技术的大发达应该能够与抽象、与形而上、与终极关怀、与三观的提升与牢实互相促进。

在市场经济中，雕虫小技常常是商品精益求精的关键所在。日本的雕虫小技就不容小觑，而中国的匠人精神，还远远不够理想。

原文：

子列子穷，容貌有饥色。客有言之郑子阳者曰："列御寇盖有道之士也，居君之国而穷，君无乃为不好士乎？"郑子阳即令官遗之粟。子列子出见使者，再拜而辞，使者去。子列子入，其妻望之而拊心曰："妾闻为有道者之妻子皆得佚乐。今有饥色，君过而遗先生食。先生不受，岂不命也哉？"子列子笑谓之曰："君非自知我也，以人之言而遗我粟，至其罪我也，又且以人之言，此吾所以不受也。"其卒，民果作难而杀子阳。

故事大意：列子拒绝馈赠。

那时列子穷困潦倒，面有饥色。有人对郑国国相（君王？）子阳说："列御寇是个有道德修养的人，住在您的国家里而穷困如此，会不会被认为是您不喜欢或不懂得谁是有道之士呢？"郑子阳立即令官员给列子送米粮过去。列子接待了使者，一再拜谢并辞让了馈赠，使者只好离去了。列子进屋后，他的妻子抚着胸脯叫苦不迭："我听说做有道德修养的人的妻眷能获得安逸快乐，现在我们却半饥半饱，好不容易君王派了人来送粮，你却不要，难道命中注定我们只能挨饿吗？"列子笑着对她说："君王自己并不了解我，而是听了别人一句话就给我送粮食；那么等到他要找我的不是的时候，同样又会听到什么话找我的事，这就是我不接受的原因。"后来，百姓们果然杀掉了子阳。

评析：列子的慎于收受。

故事用意高尚，值得反复咀嚼消化受用。宁可物质上贫困一些，不要轻易受礼，不要轻易和自己够不着的高层人物形成什么特殊关系，不要默认虚名，笑纳他人的溢美之词，不要因为一时得到赞誉乃至法外礼外的馈赠而惹出微词物议。个人所得所有，宁缺毋滥，宁亏勿盈。

问题在于故事与列子的逻辑不完全扣得准。说是仅仅听了一句话就赏赐我，不可接受，免得将来听了一句什么话又收拾我。此话不无突兀，关键不在于听话的不可靠，而在于听到的好话是不是溢美胡吹，还有此后故事是不是又听到了别的坏话，收拾了列子。现在的故事，则是百姓收拾了子阳，并不是子阳要收拾列子。再说，如果子阳或因相信闲言恶语要收拾列子，与此前列子是否收过他老人家的馈赠也并无必然关系，馈赠时没有想到过你，整肃时有司报上你的恶行材料来了，就不收拾你了？

倒不如说是不要瞎沾权贵的光，也就少吃权贵的挂落，免受权贵沉浮翻船的影响。

原文：

鲁施氏有二子，其一好学，其一好兵。好学者以术干齐侯；齐侯纳之，以为诸公子之傅。好兵者之楚，以法干楚王；王悦之，以为军正，禄富其家，爵荣其亲。

施氏之邻人孟氏同有二子，所业亦同，而窘于贫。羡施氏之有，因从请进趋之方。二子以实告孟氏。孟氏之一子之秦，以术干秦王。

秦王曰："当今诸侯力争，所务兵食而已。若用仁义治吾国，是灭亡之道。"遂宫而放之。其一子之卫，以法干卫侯。卫侯曰："吾弱国也，而摄乎大国之间。大国吾事之，小国吾抚之，是求安之道。若赖兵权，灭亡可待矣。若全而归之，适于他国，为吾之患不轻矣。"遂刖之，而还诸鲁。既反，孟氏之父子叩胸而让施氏。施氏曰："凡得时者昌，

失时者亡。子道与吾同，而功与吾异，失时者也，非行之谬也。且天下理无常是，事无常非。先日所用，今或弃之；今之所弃，后或用之；此用与不用，无定是非也。投隙抵时，应事无方，属乎智。智苟不足，使若博如孔丘，术如吕尚，焉往而不穷哉？”孟氏父子舍然无愠容，曰：“吾知之矣。子勿重言。”

故事大意：经验照搬的悲喜剧。

鲁国施家有两个儿子，一个爱好研习儒学，一个爱好研习用兵。爱好儒学的用他的一套去劝齐侯，齐侯接纳了他，聘任他当了公子们的老师。爱好用兵的到了楚国，用兵法说动了楚王，楚王喜欢上了他，任命他做军队的法官。俸禄使全家富足，爵位使亲族荣显。

施氏的邻居孟家同样有两个儿子，所学的东西也与施家两个儿子相同，却因贫困而艰难窘迫。他们羡慕施氏的富有，便去请教上进的方法。施家两兄弟把真实情况告诉了孟氏兄弟。

于是孟氏的一个儿子到了秦国，用儒学去游说秦王。秦王说：“现在各诸侯激烈相争，要紧的是准备士兵与粮草。如果靠仁义儒术来治理我的国事，非变成自取灭亡不可。”于是对这个孟家儿子施以宫刑并且驱逐出境。另一个孟家儿子到了卫国，用备战用兵之术去游说卫侯。卫侯说：“我这里是个弱小的国家，却夹在大国之中。对大国只能顺从，对小国只能安抚，才能求得平安。如果用兵打仗，那不是自取灭亡吗？如果让你全须全尾回去，到了别的国家（说动他国君王对我用兵或说出来你曾劝我用兵），那么带给我国的祸患可就不轻了。”于是将其处以砍脚之刑，送回了鲁国。

回家以后，孟家父子捶胸顿足去责骂施家。施家的人说：“一个人，适合时宜就昌盛，违背时宜就灭亡。你们学到的道术与我们一样，成果却大不一样，是因为你们违背了时宜，不是说（设法说动君王以道术的）行为本身有什么错误。天下的道术没有永远正确的，也没有永远错误的。以前通用的一套，今天有可能弃而不用；今天丢弃的一套，以后有可能又有了用场。这种用与不用，没有绝对的是非。抓住机遇，用准时宜，面对诸事，随机应变，这才叫智慧。如果智慧不足，即使渊博如孔子，计谋如吕尚，不论走到哪儿，又怎么可能不困窘呢？”孟氏父子一下子明白了，不再怨恨，说：“我们懂了，不必多说啦。”

评析：时机与是非。

相对来说，孟子强调“义”即原则，强调杀身成仁，舍生取义，以及大丈夫不能淫不能屈不能移。孔子的口气就灵活多了，讲圣人也是可以分几类的，是有选择的空间的，而他本人是“无可无不可”的。而列子这里，干脆论述时机决定一切，从文句上看，带点“机会主义”的味道了。但是斯大林也讲过“一切决定于时间、地点、条件”，死脑筋，照搬他人经验，受了宫刑刖刑，也只能自己向隅而泣，自己总结教训去。

至于说到随机应变，不能不想起《三国演义》里“青梅煮酒论英雄”一段叫作“勉从虎穴暂栖身，说破英雄惊煞人，巧将闻雷来掩饰，随机应变信如神”，放到《三国演义》里讲随机应变，非常合适。这里的两家四兄弟的故事，未能恰到好处地讲清楚随机应变的道理，故事与教训不完全合榫，《列子》中常有此憾。

原文：

晋文公出会，欲伐卫。公子锄仰天而笑。公问何笑。曰：“臣笑邻

之人有送其妻适私家者，道见桑妇，悦而与言。然顾视其妻，亦有招之者矣。臣窃笑此也。”

公寤其言，乃止。引师而还，未至，而有伐其北鄙者矣。

故事大意：一厢情愿是蠢货。

晋文公会集大军，打算征伐卫国，公子锄得知后仰天而笑。文公问他笑什么，他说：“臣下笑话的是一个邻人送他妻子到她亲属那边，路上碰到一位采桑女子，邻人喜欢此女子便与她搭讪。回头一看自己的妻子，也正好有别的男人招惹她。臣下笑的就是这样（一报还一报）的故事。”

晋文公从而有所悟觉，停止了伐卫之举，带领军旅回国。还没有到家，就得知北方边疆受到了武力攻击。

评析：主体性、客观性、全面性。

人，尤其是政治家，尤其是掌了大权的君王大臣，是要有主体精神的，敢于做主，敢于选择，敢于决策，敢于经营实行。但人的主体常常是只想自己一方面的理，一方面的利，一方面的从心所欲，却忘记了你怎么捉摸他人，他人也会怎么样地捉摸你，你怎么想得他人之利，他人也会怎么样地想得你之利，你想侥幸成功，人家想侥幸成你的功。

公子锄的故事通俗幽默，你想吃人妻的豆腐之时，也正是他人吃尔妻的豆腐之际。所以只有主体性是不够用的，还要有客观性、全面性，看到对自己有利的方面，还要看到不利的方面。正视困难，正视己方的弱项，正视己方的软肋，这才能不犯一厢情愿、自触霉头的错误。

原文：

晋国苦盗。有郄雍者，能视盗之貌，察其眉睫之间，而得其情。晋侯使视盗，千百无遗一焉。晋侯大喜，告赵文子曰：“吾得一人，而一国盗为尽矣，奚用多为？”文子曰：“吾君恃伺察而得盗，盗不尽矣，且郄雍必不得其死焉。”俄而群盗谋曰：“吾所穷者郄雍也。”遂共盗而残之。晋侯闻而大骇，立召文子而告之曰：“果如子言，郄雍死矣。然取盗何方？”文子曰：“周谚有言：‘察见渊鱼者不祥，智料隐匿者有殃。’且君欲无盗，莫若举贤而任之；使教明于上，化行于下，民有耻心，则何盗之为？”于是用随会知政，而群盗奔秦焉。

故事大意：相面察盗的能力是吉是凶？

晋国因盗贼众多而苦。有一个名叫郄雍的人，能相面找出盗贼：看看他们的眉目，就可以发现他们的真面目。晋侯叫他去查盗贼，千百人中没有一个漏网的。晋侯大喜，告诉赵文子：“我得到这样一个人才，全国的盗贼就无地存身了，何必还费什么多余的劲呢？”文子说：“君王您依仗奇人的窥伺观察而抓到盗贼，盗贼未必除得尽，而且郄雍说不定不得好死。”不久，一群盗贼商议说：“我们之所以走投无路，都是这个郄雍闹的。”于是共同劫持并杀害了他。

晋侯听说后大为惊骇，立刻召见文子，告诉他：“果然如你所说，郄雍死了。那么到底该怎样去减少与清除盗贼呢？”文子说：“周代的谚语说：‘眼睛看到深渊中游鱼的人，不吉祥；智力预见到隐藏着动机的人，有灾殃。’您要想做到没有盗贼，最好的办法是发现贤德的人并任用他们行政，使上面有明朗的教化，下面有美好的风气，老百姓有羞耻之心，那怎么可能去做盗贼呢？”于是任用随会主持政务，而所有的盗贼都（离开晋国）跑到秦国去了。

评析：道之以德，齐之以礼，有耻且格。

上述标题是孔子的话，前头一句是："道之以政，齐之以刑，民免而无耻。"就是说，以行政引领，以刑罚规范，能够让百姓免于犯罪被惩，却不能培育百姓的羞耻心、是非心、自觉性。而民人有了羞耻心，自然不会去做坏事。如果是以道德引领，以礼敬规范，百姓便有了不做坏事的自觉性羞耻心。列子的这一段结语，与孔子并无二致。

但他加了一个既高明又不无消极的故事。一个人在洞察犯罪分子方面太天才了，近乎巫术神仙了，不祥，反而自找祸害。

其实庄子早就提出了这样的观点，提倡一个人、一棵树，要处于"材与不材之间"，否则直木先伐，甘泉易竭；而三国时期的李康则总结为"木秀于林，风必摧之；堆出于岸，流必湍之；行高于人，众必非之"。这可以叫作要庸碌不要创新，要平平不要优秀的惨痛经验总结。长期的封建主义，培养了"惟愿孩儿愚且鲁，无灾无难到公卿"，这其实是苏轼悲愤而幽默的一联，前两句则是"人皆养子望聪明，我被聪明误一生"。

郄雍的情况又与庄子、李康、苏轼的着眼点不同。郄雍不是大才，而是有特异功能。《列子》一书讲学道，本来就时或往学特异功能上靠。而用相面法惩办罪犯，本来就靠不住。可惜这里的逻辑更不像话，堂堂晋国，文子已经发出了警报，为什么坐视郄雍被害呢？是不是连君王大臣也怕盗贼呢？给他配上卫队，先抓住所有盗贼再说嘛。怎么可以长盗贼的志气，灭好人与有司的威风？！

想和《列子》抬杠，倒也不难。

原文：

孔子自卫反鲁，息驾乎河梁而观焉。有悬水三十仞，圜流九十里，鱼鳖弗能游，鼋鼍弗能居，有一丈夫方将厉之。孔子使人並涯止之，曰："此悬水三十仞，圜流九十里，鱼鳖弗能游，鼋鼍弗能居也。意者难可以济乎？"

丈夫不以错意，遂度而出。孔子问之曰："巧乎！有道术乎？所以能入而出者，何也？"丈夫对曰："始吾之入也，先以忠信；及吾之出也，又从以忠信。忠信错吾躯于波流，而吾不敢用私，所以能入而复出者，以此也。"孔子谓弟子曰："二三子识之！水且犹可以忠信诚身亲之，而况人乎！"

故事大意：品德决定水性。

孔子自卫国回鲁国，在河梁上停住马车观望。那里的瀑布高三十仞，冲下的旋涡急流激荡出九十里远，鱼鳖都无法在这样的急流中游动，鼋鼍不能于急流中停留，却有一个男子似正准备渡河。孔子派人沿着河岸走去制止，对他说："这里的瀑布高三十仞，旋涡冲激出九十里，鱼鳖不能游动，鼋鼍不能停歇。你恐怕很难渡过去的！"那男子并不在乎，接着他渡过河去，从水里钻出来了。

孔子问他说："妙啊！你有道术吗？居然能钻入急流旋涡中再钻出来，你是怎么做到的呢？"那男子回答："我进入水中时，先把握住了对于流水的忠信之心；等我出水的时候，继续的同样是忠信之心。忠信把我的身躯安放在波涛中，我并没有私心杂念，所以能不费劲地入水又出水，道理就在这里。"孔子对弟子们说："你们记住：水都可以以忠信诚心去亲近，何况是人呢！"

评析：诚则灵与一通百通。

这一观点也更接近儒家，正心诚意高于一切，心态高于一切，信心高于一切，品德决定一切；它们高于资质，高于技术，高于训练，高于经验。有了正心诚意，乌龟赛跑可以战胜兔子，弱小可以战胜强大，外行可以战胜内行。有了正心诚意，想什么有什么，要什么来什么，不可能会变为可能。反过来说，没有了正心诚意，胜转为败，强变成弱，智化为愚，只能是一败涂地。

至今我们仍然有这个路数，例如谈体育比赛，胜负都是从心态上找原因，很少有认真的关于技术、战术与体能训练的讨论。

它的好处在于，让从事某种专业的人用心再用心，努力再努力，刻苦再刻苦。不足处是决定成败的毕竟还有其他诸多因素。在旋涡急流中游泳，谈何容易？光有诚信的态度，绝对不够用。

原文：

白公问孔子曰："人可与微言乎？"孔子不应。

白公问曰："若以石投水，何如？"

孔子曰："吴之善没者能取之。"

曰："若以水投水，何如？"

孔子曰："淄渑之合，易牙尝而知之。"白公曰："人固不可与微言乎？"

孔子曰："何为不可？唯知言之谓者乎！夫知言之谓者：不以言言也。争鱼者濡，逐兽者趋，非乐之也。故至言去言，至为无为。夫浅知之所争者末矣。"白公不得已，遂死于浴室。

故事大意：

楚国大夫白公胜问孔子："你看我能够与他人密商一些事情吗？"孔子（了解他的复杂处境）没有理会他。

白公问："如果将石头投入水中，会（暴露）怎么样呢？"

孔子说："吴地潜水的行家能把它捞出来。"

问："如果是把水倾倒在水里呢？"

孔子说："淄水与渑水掺和到一块儿，名厨易牙只消尝一尝，便能分辨得清晰。"

白公坚持问："难道就一定不可以与他人密商一点事情吗？"

孔子答道："什么叫可以，什么叫不可以呢？真正顶级的言语是没有言语，真正顶级的行为是不必行为。而喋喋不止、争论不休的人恰恰是认知浅薄的家伙。他们说的都是些细枝末节。"

白公不能理解孔子的教导，没有停止一己的密谋造反，最后失败，自缢在自己的浴室之中。

评析：最高明的无迹是无言无为。

白公胜政变失败的故事是另外的话题，有趣处在于孔子的表达方法。先是"不应"，不回答，不首肯，不吭气。以此表达《列子》所谓的孔圣人的否定意向。

然后是白公关于投石入水与投水入水的提问，白公不甘心他的微言密商计划不能实现，他要追究出个说法来。

这里的问题正如老子所说的能否"善行无辙迹"。行得好，不留痕迹，不留影响，有痕迹有影响有后果也就有非议有质疑有挑剔有暴露有被破坏的可能。也正如庄子所说的“反一无迹”：返回至一纯一即与道同体无二的一，而后无迹可求，无争无咎，无名无声，无过无失，无欲无怨，无喜无怒，无荣无耻。

其实人离不开语言、文字、交谈、密商、通信或者会议，离了言语活动，就没有国家、社会、文化、教育、生产、经营、家庭，什么都没有了。但是更理想更绝妙的是不用语言，至多用一个眼神一个动作就得到的自来的自然而然的沟通、和谐、默契、一致、配合、成功。这样的理想在例如爱情的某个阶段有可能出现。在战斗、搏击、功夫的某个阶段有可能出现，在科研和艺术创造的某个阶段有可能出现。

“迹”，到底是美好与功业的不朽，还是误解、质疑、屈枉、分裂、破灭，一句话就是能量耗散的根源？乃至“迹”被政敌抓住是不是就成了罪证，被跟随者与粉丝找到，是不是就成了奇葩了呢？“无迹”，究竟是大道的伟大，还是人心狡猾与阴暗的表现呢？这个问题太深奥了。

人与生俱来的一切：才智、语言、机巧、修养、魅力、人缘、争强心、获得心、权欲、财富欲、血性、理性……都是无法完全摆脱的，都是能成为生命生活的动力的，也都有可能发展过分、兴奋过度而害已害人。

“善行无辙迹”的说法，“鱼不可脱于渊，国之利器不可以示人”的说法，神秘阴柔，在我们的文化传统中源远流长，这与春秋战国期间的政治军事恶斗形势有关。当时，显然强调透明、公开、交流、监督不足。尤其是道家的超级智慧，有搞得阴森森处。孔子毕竟讲了些坦荡荡，讲了些切磋琢磨的好话。而《左传》上，毕竟早就提出了三不朽——立德、立功、立言的说法。不朽，当然是有迹了。

此节的孔子认定无迹是做不到的，若要人不知，除非已莫为。他自己对于白公的论说也将留下迹来，他不像是在进逆耳的忠言，而像是说虚谈玄。也许白公胜也不是善茬，孔子不敢说得太直太忠太勇。总之，他说得太抽象太奥妙了，救不了任何人任何事。

原文：

赵襄子使新稺穆子攻翟，胜之，取左人中人；使遽人来谒之。襄子方食而有忧色。左右曰："一朝而两城下，此人之所喜也；今君有忧色。何也？"襄子曰："夫江河之大也，不过三日；飘风暴雨不终朝，日中不须臾。今赵氏之德行无所施於积，一朝而两城下，亡其及我哉！"孔子闻之曰："赵氏其昌乎！夫忧者所以为昌也，喜者所以为亡也。胜非其难者也；持之，其难者也。贤主以此持胜，故其福及后世。齐、楚、吴、越皆尝胜矣，然卒取亡焉，不达乎持胜也。唯有道之主为能持胜。"孔子之劲能拓国门之关，而不肯以力闻。墨子为守攻，公输般服，而不肯以兵知。故善持胜者以强为弱。

故事大意：因胜而忧的赵襄子。

赵襄子派家臣新稺穆子攻打翟人族群，打败了他们，夺取了左人、中人两个城，让信使回来报捷。襄子正在吃饭，听到后显出愁容。周围的人问："一个早晨就攻下了两个城邑，这是众人盼望的好消息，而您现出愁容，这是怎么回事呢？"

襄子说："江河涨潮再大也不过三天而已，暴风骤雨顶多一个早晨便停，太阳正中也不过一小会儿便斜。现在赵家的德行谈不到积累厚实，一个早晨就打下两个城邑，会不会引来什么凶事坏事呢？"

孔子听到后说："赵氏大概要昌盛起来了吧！恰恰是忧虑能通向昌盛，兴高采烈却会带来败亡。得到胜利并不是最艰难的，保持胜利才是更艰难的。贤明的君王靠忧心来保持胜利，从而他的好运传到了后世。齐、楚、吴、越都取得过胜利，但最终灭亡了，就是因为他们不懂得保持胜利的艰巨。只有有道心的君王才能保持胜利。”

孔子的力气能够举起国都城门的门杠，但他不愿意宣扬自己力大。墨子进行防守与进攻，连公输班都佩服，却不愿意张扬自己的用兵之能。善于长期保持胜利的人，总是将自身的强大视为弱小，视为需要提防警惕改善的短板。

评析：对胜利与长项的警惕与过度反应原理。

竞争是让人类进步的因素，某方面的长项是一个人、一个族群或邦国自信的根由。但是，历史经验证明，正是意外的胜利会使人飘飘然，使人头脑发昏。

持胜远远比取胜更艰难也更伟大，这是警句！由于胜利，发昏的，居功的，怠惰的，吹牛拍马的，自我慰劳、自我腐化的，分裂的，还有争权夺利、自己乱起来的故事多了。太平天国、义和团，都在是初步取胜后走上了自乱、自腐、自灭的不归路。

这里还有人众的过度反应原理。你有个成绩，有个长项，有时是某种特长，外加一直努力，或突然碰上了机遇、好运，噌地一下子火起来了，成了黑马、冠军、明星、偶像、大众情人乃至英雄；于是好评如潮，奖牌、奖金、贺电、贺信、荣誉称号、疯狂粉丝不断，其实开始你自己也明白，大大地溢美了。尤其是明星……热得快也凉得快的事例不少。

有时，一个本来相当优秀的练家子，偏赶上失误，或是粗心大意，或是压根就有不足之处，又不知赶上了什么点（数），赛跑摔跤，打球抽筋，盘杠子落地，写文章挨批，到处是义愤填膺、幸灾乐祸、笑骂叠加、落井下石。社会的过度反应，人众的过度反应，网络的过度反应，至今随时可见。认识了这个得了一百元绊个跤又捡上两百元，丢了一块钱转眼丢了一万块的重要原理，就更能体会警惕“成功、胜利、长项弘扬”的必要了。

原文：

宋人有好行仁义者，三世不懈。家无故黑牛生白犊，以问孔子。孔子曰：“此吉祥也，以荐上帝。”居一年，其父无故而盲，其牛又复生白犊，其父又复令其子问孔子。其子曰：“前问之而失明，又何问乎？”父曰：“圣人之言先迕后合，其事未究，姑复问之。”其子又复问孔子。孔子曰：“吉祥也。”复教以祭。其子归致命。其父曰：“行孔子之言也。”居一年，其子又无故而盲。其后楚攻宋，围其城；民易子而食之，析骸而炊之；丁壮者皆乘城而战，死者太半。此人以父子有疾皆免。及围解而疾俱复。

故事大意：坚信仁义，终得好报。

宋国有个坚持要行仁义的人，三代下来从不懈怠。家养的黑牛不知怎么下出个白牛犊来，（他感到困惑）便去请教孔子。孔子说：“这是好兆头，可以用它来祭祀，进献上苍。”

过了一年，他父亲的眼睛不知怎么就失明了，而家中的黑牛又下了白牛犊，父亲又让儿子去请教孔子。儿子说：“上次问完了他，您的眼睛就瞎了，还问他做什么呢？”父亲说：“圣人的话常常是先相逆，后吻合，这事还没有个结局，姑且再问问他吧。”儿子又去询问孔子。孔子说：“这是好兆头。”又说是可以祭祀贡献。儿子回家告诉了父亲，父亲说："按孔子的话去做。"过了一年，儿子的眼睛不知怎么搞的也瞎了。

后来楚国攻打宋国，包围了宋国的都城，饥饿中老百姓交换儿子杀了当饭吃，剔下骨头当柴烧，青壮年都上城作战，死亡的人超过了一半。这父子两人因视障而幸免了作战。等到包围解除后，他们的眼睛又恢复了正常。

评析：但行好事，莫问前程。

这是民间的朴素信念。好人有好报，好理好结果。今天未得好报，明天就会得到，明天未得好报，明天的明天或明天的明天的明天仍然有希望得到。

有时人生遇事蹊跷，白牛生出黑犊，黑牛生出白犊。不足为惊，不足为异，沉住气，往长远里看，仍然是得道多助，失道寡助，以心比心，以义比义，好人好报，好心好报，好事好报。

这个故事里也包含了"塞翁失马，焉知非福"的含义。但是将因视障而避免了兵役当作福气解释或有偏颇。也许是由于后世"春秋无义战"的判断，抹掉了邦国混战中的保家卫国的志气。

此故事的前半段动人心魄，后半段，不无牵强。

原文：

宋有兰子者，以技干宋元。宋元召而使见。其技以双枝，长倍其身，属其胫，并趋并驰，弄七剑迭而跃之，五剑常在空中。元君大惊，立赐金帛。又有兰子又能燕戏者，闻之，复以干元君。元君大怒曰："昔有异技干寡人者，技无庸，适值寡人有欢心，故赐金帛。彼必闻此而进，

复望吾赏。”拘而拟戮之，经月乃放。

故事大意：

宋国有个会杂耍的游民，以技艺求见宋元君。宋元君召见了他。他用两根比身长一倍的木杖捆绑在小腿上（走高跷）。

他又走又跑，同时相继抛上七把剑，倒替接剑抛剑，保持五把剑在空中升降。元君大为惊奇，立即赏给他金银绸帛。

于是又出来一个耍杂技的人，练轻功，能够像燕子一样行止，听说了头一个游民的事，以他的技巧来求见元君。

元君大怒说：“前不久有个用奇异技艺来求见的人，那技艺并无实用价值，碰上我高兴，所以赏赐了金银绸帛。现在这个家伙一定是听说了这件事，也讨赏来了吗？”于是元君把后一个人抓了起来，准备杀掉，但过了个把月，还是把他放了。

评析：技术的有用与无用。

其实道家的庄子是主张无用之用的，但列子多有文字贬低技艺的未必有用。

例如杂技，两三千年前已经有了，至今不衰。有什么用？看看人的体能、智能、想象力、吸引力罢了。扔剑的没怎么看过，扔球的多了去了，能不能扔七飞五，估计差不太多。说轻功没有用更是心眼太死，如果真有轻功，其军事上的作用是不可低估的。问题是人的体重能不能自己控制它的轻还是不轻，我觉得靠不住。电视节目里也有过所谓轻功，例如人踩在一大堆气球上，踩不破。其实不是人变轻了，是许多气球对于一个人的力量的分担，是力学上重力分解的结果，人只需要掌握动作的轻柔渐进而已。

轻视技术技巧，这不是中华文化的精华，随着现代化的进程，我们的风气已有变化。例如电视里的“达人秀”“挑战不可能”等，有的就都是靠技艺来引人注目，来鼓励人的精进灵巧的。

此节还有一个意思是，经验是靠不住的，不可以照搬。同样一件事，同样的做法，他做了得奖，你做了受罚，也完全可能。必须随时分析，具体处置。

原文：

秦穆公谓伯乐曰：“子之年长矣，子姓有可使求马者乎？”伯乐对曰：“良马可形容筋骨相也。天下之马者，若灭若没，若亡若失，若此者绝尘弭辙。臣之子皆下才也，可告以良马，不可告以天下之马也。臣有所与共担纆薪菜者，有九方皋，此其于马非臣之下也，请见之。”穆公见之，使行求马。三月而反报曰：“已得之矣，在沙丘。”穆公曰：“何马也？”对曰：“牝而黄。”使人往取之，牡而骊。穆公不说。召伯乐而谓之曰：“败矣，子所使求马者。色物、牝牡尚弗能知，又何马之能知也？”伯乐喟然太息曰：“一至于此乎？是乃其所以千万臣而无数者也。若皋之所观天机也，得其精而忘其粗，在其内而忘其外；见其所见，不见其所不见；视其所视，而遗其所不视。若皋之相者，乃有贵乎马者也。”马至，果天下之马也。

故事大意：

秦穆公对伯乐说：“你的年纪大了，你们家族中有可以任用相马（挑选良马）的人才吗？”伯乐回答说：“一般良马可以从体貌、筋骨等外观看出它们的品质来；至于天下之宝马，它们看上去迷离恍惚，似有似无。那样的马，跑起来没有扬尘，没有辙印。我的儿孙们都是初等才具，可以教给他们怎样选一般良马，却教不了他们去识别天下一级的宝马。我有一个一道挑担子砍柴草的发小，叫九方皋，这个人相起马来可不在我之下，请您见见他。”穆公见了他，派他四方巡行选宝马，三个月以后回来了。

九方皋报告说：“已经找到宝马了，就在沙丘那边。”穆公问：“什么样的马呢？”九方皋答道：“母马，黄毛色的。”穆公派人去取这匹马，却是一匹公马，黑色的。

穆公很不高兴，召来伯乐并说：“你派去选马的人太不像话了，颜色、公母都分不清，又怎么会知道马的成色呢？”伯乐长长地叹气说：“竟然是这样的吗？这正是他比我强千万倍的表现啊！像九方皋所观察的，是马的天机奥妙，把握了马的精微，而忽略了马的粗略；深入了马的内质，不去管马的外表；他看到了他须看见的，没有去看他所不须看见的；他视察了他须视察的，忽略了他不须视察的。像九方皋这样相马的人，他比君王寻觅的宝马更宝贵啊。”

后来那匹马牵来了，果然是一匹天下无双的宝马。

评析：大节与小节，注意与忽略。

当然，这个故事有些夸张。不论九方皋多么伟大，认真选出一匹天下第一的马，不可能把公马看成母的，把黑马看成黄色的。

如果他是当真属于抓大放小、抓精放粗、抓内放外的马匹专家，秦穆公问他的时候他也可以牛牛地回答：“不知道！我从来不管其他情况，反正给你牵回了一匹天下无敌的宝马神驹就是了。”

大节小节，精粗内外，关键与非关键，主要与次要，可能有顾此失彼的情形，也可能是互为因果、互为补充、互为表现。多数情况下，一匹马的良好是表现在各个方面的，即表现在善跑、力量、速度、好驾驭、能攻险克难方面；而一匹神驹，往往也会在外观上、形貌上、眼神上、鬃尾上有所高马一等的流露。

倒是可以从另一个角度看，人才与功业，都不可求全责备，如果一个九方皋式的人才给你牵来了举世无双的宝马神驹，他弄错了雄雌也罢，弄错了毛色也罢，还有其他乌龙也罢，可以不过于计较。这才如龚自珍的诗句“不拘一格降人才”。

还有一个角度，人的精力有限，集中到A点了，闹不明白B、D、E，天才的另一个侧面是糊涂虫，是言过其实，是神经兮兮，这虽非必然，却也不无可能。

原文：

楚庄王问詹何曰：“治国奈何！”詹何对曰：“臣明于治身而不明于治国也。”楚庄王曰：“寡人得奉宗庙社稷，愿学所以守之。”詹何对曰：“臣未尝闻身治而国乱者也，又未尝闻身乱而国治者也。故本在身，不敢对以末。”楚王曰：“善。”

故事大意：治国与治身。

楚庄王问詹何：“应该怎么治理国家呢？”

詹何回答：“我只知道怎么治理自身，不知道怎么治理国家。”

楚庄王说：“可我必得供奉服务祖宗神庙与国土政权，愿意请教你而有所遵循改进。”

詹何说："我倒是没有听说过（君王）自身治理得很好，修养得很好而国家乱了套的，也没有听说过（君王）自身混乱不堪而把国家治理好了的。所以说，自身的修养治理才是根本，我不敢舍本逐末，不讲修身只讲治国。"楚庄王说："好啊。"

评析：一体化思维与分析性思路。

斯时当然是讲人治。人的修养、品德、心术、脾性决定一切。将正（心）、诚（意）、修、齐、治、平一体，是儒家经典《大学》的主要思路。但列子在这里将治身视为根本，将治国视为末节，相当别致，这种说法对于督促掌权者严格要求自身，或有意义，但似乎把反求诸己，夸张到了古怪的程度了。

中华文化尚同尚一尚通，但对象有同通一的一面，也有各不相同、各有特色的一面。毕竟治国与治身不可相提并论，修身、修心养性与王天下、平天下也不可能是一回事。

从一个侯国的兴衰中总结君王的治国理政乃至个人心性治理（培育）方面的经验教训，倒不是多余，而且成为学问、秘诀，有它的引人入胜之处。

原文：

狐丘丈人谓孙叔敖曰："人有三怨，子知之乎？"孙叔敖曰："何谓也？"对曰："爵高者，人妒之；官大者，主恶之；禄厚者，怨逮之。"孙叔敖曰："吾爵益高，吾志益下；吾官益大，吾心益小；吾禄益厚，吾施益博。以是免于三怨，可乎？"

故事大意：人有三怨。

狐丘丈人对楚国大夫孙叔敖说："为人会有三个方向的被怨恨的危险，你知道吗？"孙叔敖问："那是什么呢？"狐丘丈人回答说："爵位级别高的，人们会妒忌他；官职大的，（权位高了震主）君主会讨厌提防他；俸禄厚的，怨恨更是冲着他来了。"

孙叔敖说："我爵位越高，做人就越谦卑；官职越大，内心就越收敛；俸禄越厚，施舍得越广博。靠这个把握来避免三种怨恨，能做得到吗？"

评析：怎样避免因确有所长而受怨恨。

避免与防备受到怨恨（其实现代人更会说是嫉妒），这个人生课题，提得实在好。答案则嫌一般化。

谁成功，谁受嫉妒，这是个根本问题。也可以说在人的一切恶德中，嫉妒可以排在头号。左宗棠有联曰："能耐天磨真好汉，不遭人妒是庸才。"这是用文化自信，用豪情大志把狭隘之妒、鼠辈之怨顶到八百里之外的气度。

而狐丘丈人的提问与孙叔敖的回应则是留出余地，留出预应空间，靠修养与以退为进的严密防范，加上灵活机动的闪转腾挪，消灾避祸。

没有办法的事，出类拔萃的人易傲易脱离多数易被挑剔，平庸的多数必然会感觉到优秀者的存在就是对己辈的压迫。人际间有点恩怨、妒恨、差距、误解，有点不平、不服、不忿、不和，然后出点故事戏剧，免得浮生若梦，一无所忆所惊所叹，倒也消愁破闷，增添点佐茶佐酒的聊资。

原文：

孙叔敖疾，将死，戒其子曰：“王亟封我矣，吾不受也。为我死，王则封汝。汝必无受利地。楚越之间有寝丘者，此地不利而名甚恶，楚人鬼而越人禨，可长有者唯此也。”孙叔敖死，王果以美地封其子。子辞而不受；请寝丘，与之，至今不失。

故事大意：

孙叔敖病重，临终之前，告诫儿子说：“君王多次封我土地，我没有接受。如果我死了，君王可能要封给你。你千万不要接受好地方。楚国和越国之间有个叫寝丘的地方，那里土地贫瘠，名声非常不好，楚人相信鬼神，不喜欢它，越人相信祈祷求福，也不想要它，你可以长久保得住的只有这儿。”孙叔敖去世后，楚王果然用好地方封他儿子。儿子推辞不接受，请求换成寝丘，楚王给了他，直到现在也没有失去这个封地。

评析：宁亏欠，勿盈满。

在选择上，一般人是选上上，避下下。但是，有一个问题，就是说选择者本身是否一定配得上那个上上？选择者本身并非上上，夤缘时会得到了上上，他人服气吗？社会允许吗？承认吗？保持得下去吗？

人的命运、机遇、通蹇各不相同，有的是运好人差，有的是人强运蹇，当然也有的是大体平衡。靠运气，例如靠后台、拼爹、巧合、误会、偶然，大富大贵了一把，终将暴露自己的草包、浑球、糊涂、低劣，最终难得善终。而孙叔敖的逻辑是宁可命差人强，不可命好人次。

现在也是如此，谁谁“上去了”，谁谁得了大奖大名大财，谁谁突然走运了，靠不住的，后事凶险，不如让命运多少亏待一点自己，不要自己诓骗了命运。你处于某种被亏欠的状态，等待着你的应是某些补偿，你处于过分饱满膨胀的状态，等着你的则只能是把欠账归还给他人的丢丑状态了。

原文：

牛缺者，上地之大儒也，下之邯郸，遇盗于耦沙之中，尽取其衣装车，牛步而去。视之欢然无忧恚之色。盗追而问其故，曰："君子不以所养害其所养。"盗曰："嘻！贤矣夫！"既而相谓曰："以彼之贤，往见赵君，使以我为，必困我，不如杀之。"乃相与追而杀之。燕人闻之，聚族相戒，曰："遇盗，莫如上地之牛缺也。"皆受教。俄而其弟适秦。至關下，果遇盗；忆其兄之戒，因与盗力争。既而不如，又追而以卑辞请物。盗怒曰："吾活汝弘矣，而追吾不已，迹将著焉。既为盗矣，仁将焉在？"

遂杀之，又傍害其党四五人焉。

故事大意：遇到强盗，儒不儒都被杀了。

牛缺是秦国上地的一位大儒，往南打算去邯郸，在耦沙水域遇到了盗贼，把他的衣物车马全部抢去了。牛缺步行而去，看上去欢欢喜喜，没有一点忧愁吝惜的不快。盗贼追过去问他这是怎么回事，他说："财物是养人的，君子不能因为养人的财物而损害了人（自家）啊。"盗贼反应说："唉！真是圣明啊！"过了一会儿，盗贼们又议论说："以这个人的贤明，前去晋见赵君，难免说起受到我们抢劫的事，如果赵君派人来对付我们，一定会困住我们，不如杀了他。"于是他们追上去把牛大儒杀了。

一个燕国人听到此事，集合族人告诫说："碰到盗贼，可不能像上地的牛缺那样高明伟大啊。"大家接受了教训。不久，这个燕国人的弟弟到秦国去，到了函谷关下，果然遇上盗贼，想起了哥哥的告诫，便和盗贼尽力争夺。盗贼不给，又追上去低声下气地请求还他财物。盗贼发火说："我让你活下来已经够宽宏大量的了，你却追逐不休，张扬闹腾，想要暴露我们的痕迹。既然做了盗贼，哪里还讲什么仁义？"于是盗贼杀了他，又接连杀害了他的同伴四五个人。

评析：不要迷信，不要上当。

这个故事令人叹息。太君子了不行，枪打出头鸟嘛。太小人了也不行，小人之为小人，其啰唆、卑微、纠缠、低下，就是其他小人也容不下的。人太伟大了，反成异类，成为危险因素。人太渺小了，令人轻蔑，命如蝼蚁，形如瘪三。这是一方面。

还有一方面，遇了盗贼，自己没有防御实力，不会有什么好办法的。正如《伊索寓言》中所讲，一只小羊在河边喝水，狼想找一个名正言顺的借口吃掉它。于是说小羊把河水搅浑浊了，使狼喝不到清水。原来狼要以环保为由吃羊。小羊回答说，它站在下游河边，根本不可能把上游的水搅浑。狼又说："我父亲去年被你骂过。"小羊说，那时它还没有出生。狼说："不管你怎样辩解，反正我不会放过你。"

再有就是，总结某一方面的经验的时候，一定还要考虑到另一方面，实践某一方面的注意事项的时候，一定还要掂量另一方面的注意事项。我们常常说不能照搬什么什么，包括了不能"照不搬"什么什么。一位君子吃亏在君子之风上，你干脆不君子了，你却倒霉在非君子上头了。

难矣哉，弱者！

原文：

虞氏者，梁之富人也，家充殷盛，钱帛无量，财货无訾。登高楼，临大路，设乐陈酒，击博楼上。侠客相随而行。楼上博者射，明琼张中，反两㮇鱼而笑。飞鸢适坠其腐鼠而中之，侠客相与言曰："虞氏富乐之日久矣，而常有轻易人之志。吾不侵犯之，而乃辱我以腐鼠。此而不报，无以立慬于天下。请与若等戮力一志，率徒属必灭其家为等伦。"皆许诺。至期日之夜，聚众积兵以攻虞氏，大灭其家。

故事大意：无心猖狂亦招祸。

虞氏是梁国的富佬，家产丰盈殷实，金钱丝帛数不胜数，财产、货物难以估量。

他与家人登上高楼，面对大路，设置乐队，摆上酒席，在楼上博彩。恰好一拨侠客结伴从楼下走过，正赶上楼上赌博的人在掷骰子，骰子对了点大胜，翻了两条鱼，放声大笑。恰好这时天上一只老鹰嘴里掉下了原来衔着的死老鼠，打中了楼下路过的侠客。侠客听到笑声，认为是楼上扔下来的，便共同议论："虞佬阔绰快意的日子过得也太久了，经常有看不起他人的意思。我们现在没有侵犯他，他却用死老鼠来侮辱我们。这样的事咱们不报仇，便无法在天下树立我们的威名了。咱们合力同心，各自带领徒弟们灭他全家，才算是够分儿。"大家都同意。到了约定的那天夜里，聚集了人众，拿起了武器，攻打虞家，把他全家老小消灭得一干二净。

评析：咋呼就是作孽。

“作”这里读一声，阴平。作孽，指的是狂妄嚣张，自找灾祸。

自己因了天恩、祖德、运气、碰巧，生活享受好了一些，多了一些，舒服一番也就行了，面对着大路登上高楼，呼三吆四，咋呼什么？登高楼、临大路之语一出，你就该知道，虞家活腻了。

赶巧了。正好老鹰嘴松，掉下了腐鼠。（按：鹰为什么要叼起一只腐鼠？它应该是叼活物的吧？如果是腐鼠，不等飞起来就该撒嘴了吧？是鹰而叼起腐鼠，高飞，再砸到侠客，这是天意喽。）

侠客云云，这么大的气性，应该说是侠客原本就对大款们不无敌意。这是大款们应该明白的。各种成功人士、高端人士应该明白，越是成功高端，越要小心谨慎、严格自律的道理。

原文：

东方有人焉曰爰旌目，将有适也，而饿于道。狐父之盗曰丘，见而下壶餐以餔之。爰旌目三餔而后能视，曰：“子何为者也？”曰：“我狐父之人丘也。”爰旌目曰：“嘻！汝非盗邪？胡为而食我？吾义不食子之食也。”两手据地而欧之，不出，喀喀然，遂伏而死。狐父之人则盗矣，而食非盗也。以人之盗因谓食为盗而不敢食，是失名实者也。

故事大意：饿死也不能吃坏人给的食物。

东方有个人名叫爰旌目，出行去一个地方，饿倒在路旁。狐父城的强盗丘，见后便把自己携带的水泡饭倒出来喂他。爰旌目吃了三口以后才睁开了眼睛，问：“你是做什么的呢？”盗贼说：“我是狐父城的人，名丘。”爰旌目说：“啊？你不是那个盗贼吗？为什么要喂我饭呢？我宁死也不能吃你的饭。”于是两只手按在地上呕吐，吐又吐不出来，喀喀地干咳几声，在地上死了。

狐父城的那个人虽然是个强盗，饭食本身并不是强盗。因为人是盗就说他的饭也是盗而不敢吃，是没有搞清楚名与实的区别啊。

评析：名、实不能不区别。

列子有一个重要的观点，不必为了虚妄的名声而影响了实际的判断。一个怪怪的名叫爰旌目的人出门在外，饿昏过去了。这已经够奇葩的了，什么人？出门干什么？怎么会没有谋取或购买口粮的能力就出门远行呢？如果不是远行，哪至于饿昏？

赶上一个大盗援救他。大盗爰旌目怎么会知道他？莫非此盗是助人为乐的善人？

爰旌目可笑可悲，但列子的评论也不工稳。如果说饭食不分盗与非盗，那么别的呢？强盗给你一个钻戒呢？

还有，强盗固不足取，救一个快要饿死的人却可能被更多的人所首肯，是不是不一定从名实之分上说事，而可以具体地分析具体事件更有说服力呢。

爰旌目之名有什么含义吗？是说他追求的是抓住旌旗与外观，其实是只做表面文章，还是无须求解呢？

原文：

柱厉叔事莒敖公，自为不知己，去，居海上，夏日则食菱芰，冬日则食橡栗。莒敖公有难，柱厉叔辞其友而往死之。其友曰：“子自以为不知己，故去。今往死之，是知与不知无辨也。”柱厉叔曰：“不然。

自以为不知，故去。今死，是果不知我也。吾将死之，以丑后世之人主不知其臣者也。”凡知则死之，不知则弗死，此直道而行者也。柱厉叔可谓怼以忘其身者也。

故事大意：以死求正名吗?

柱厉叔投奔莒敖公做事，后来认为莒敖公不是知己，便离开出走，住到了海边。夏天吃菱角鸡头米，冬天吃点橡子板栗。莒敖公有了灾难，柱厉叔辞别他的朋友，不惜一死要去援救莒敖公。他的朋友说：“你认为莒敖公不了解不用你才离开了他，现在又要用生命去援救他，这么说，知己不知己又有什么分别呢？”柱厉叔说：“不是的。原来只是我自己认定他不了解我不用我是错的，离开了他。现在我去为他而死，是用事实来证明他确实是不知人，也不会用人。我为他而献身，是为了批判后代君主中那些不了解臣下的糊涂人。”

一般人会认为，对于知己的君王可以为他而死，算不上知己的也就不必为他而死，这是正常之道。柱厉叔太过分了，只能说他是因为怨恨而不要命的人啦。

评析：列子的“不必奇葩”论。

列子的奇葩故事太动人了。他比常人多想多发展了一米乃至一厘米，最最奇葩的人与故事就出来了。正常人是合则留，不合则去，合则努力，不合则有所保留，如孟子说的那样，“君之视臣如手足，则臣视君如腹心；君之视臣如犬马，则臣视君如国人；君之视臣如土芥，则臣视君如寇仇”，已经够可以的了。而这位柱厉叔则要拼上性命证明原来的主子不识货，不识人。太奇特了，只能说明此人气性太大，“怼”劲太大，甚至于是精神不够平衡，自我掌控能力太差了。

但是特定情况下，这一类的事情出现是可能的，如在苏联斯大林时期就有被处决者高喊“斯大林万岁”的事例。那是信仰主义所造成的，未必是如柱厉叔这样的气性所致。

如果一些人早早读过《列子》，会表现得更正常一点，减少点奇葩相。

原文：

杨朱曰：“利出者实及，怨往者害来。发于此而应于外者唯请，是故贤者慎所出。”

故事大意：你对世界怎么样，世界就会对你怎么样。

杨朱说：“给他人以好处，就会有实利返回来；发泄出怨恨，就会有祸害回报。从自己这里发出，在外界能得到反响的，其实正是你自己的情绪，所以贤明的人对于自己发散出的是什么信息非常小心。”

评析：自己负责论。

孔子早就提出了，“君子求诸己”。这里的杨朱也告诉我们，不要动辄牢骚满腹，不要动辄怨恨环境，你得到的一切，多半是你给出的一切、你表现的一切的反映，你的环境与遭遇在一定意义上是你的表现的回响。

当然，这不是绝对的，环境对于人的压力影响常常是很大的，但无论如何，也应该正视自己发出的信息，正视自己获得的各种对待，它们常常是自己对人对环境对社会所做的一切的反映。例如自私的人对于他人的自私尤其敏感，多疑的人常常感到他人在怀疑乃至算计自己，愿意助人的人容易感觉到他人对自己的帮助，等等。

原文：

杨子之邻人亡羊，既率其党，又请杨子之竖追之。杨子曰：“嘻！亡一羊何追者之众？”邻人曰：“多歧路。”既反，问：“获羊乎？”曰：“亡之矣。”曰：“奚亡之？”曰：“歧路之中又有歧焉，吾不知所之，所以反也。”杨子戚然变容，不言者移时，不笑者竟日。门人怪之，请曰：“羊，贱畜，又非夫子之有，而损言笑者，何哉？”杨子不答，门人不获所命。弟子孟孙阳出以告心都子。心都子他日与孟孙阳偕入，而问曰：“昔有昆弟三人，游齐鲁之间，同师而学，进仁义之道而归。其父曰：‘仁义之道若何？’伯曰：‘仁义使我爱身而后名。’仲曰：‘仁义使我杀身以成名。’叔曰：‘仁义使我身名并全。’彼三术相反，而同出于儒，孰是孰非邪？”杨子曰：“人有滨河而居者，习于水，勇于泅，操舟鬻渡，利供百口。裹粮就学者成徒，而溺死者几半。本学泅，不学溺，而利害如此。若以为孰是孰非？”心都子嘿然而出。孟孙阳让之曰：“何吾子问之迂，夫子答之僻？吾惑愈甚。”心都子曰：“大道以多歧亡羊，学者以多方丧生。学非本不同，非本不一，而末异若是。唯归同反一，为亡得丧。子长先生之门，习先生之道，而不达先生之况也，哀哉！”

故事大意：歧路亡羊。

杨朱的邻居丢失了一只羊，邻居带领一家人去追，又请杨朱的童仆帮忙去追。

杨子说：“唉！走失了一只羊，怎么去那么多人追寻呢？”

邻居说：“岔路太多（得分别到几条路上寻找）。”

追羊的人回来了，杨朱问：“找着羊了吗？”

答说：“丢了。”

杨朱问：“怎么会丢呢？”

答说：“岔路之中又有岔路，我们不知道该往哪条路上走，只好回来了。”

杨子露出了忧愁的脸色，好久不言语，整天没有笑容。门人觉得奇怪，问说：“羊算不上什么珍贵的牲畜，又不是先生所有，您却这样沉默，这是怎么一回事呢？”杨子不回答。

门人理解不了老师的心思。弟子孟孙阳出来告诉了心都子。心都子于几天后与孟孙阳一道去见杨朱，问道：“从前有兄弟三人，在齐国与鲁国之间游学，师从同一位老师，学习了全部仁义之道才回去。他们的父亲问：‘仁义之道是怎么一回事呢？’老大说：‘仁义之道使我懂了要爱惜自身而把虚名放在后面。’老二说：‘仁义之道告诉我为了名誉可以不惜付出生命的代价。’老三说：‘仁义之道要我将对自身的爱惜与对名誉的追求两全其美。’他们三个人所说的仁义之道恰恰相反，但都是从儒学中学到手的，哪一个对，哪一个不对呢？”

杨子说：“有个人家住河边，水性好，善于游泳，也善于划船操舟，从中挣的钱足够供养百人。背着粮食前来向他学游泳与划船的人一批又一批，而后来被水淹死的人占了一半。本来人家是来学习游泳而不是来学习如何被淹死的，但有人学而得利，有人学而受了害。你说他们哪一个对，哪一个不对呢？”

心都子不声不响地走了出来。孟孙阳抱怨他说：“哎呀，您问得那么拐弯抹角，回答得又是那样古怪难解，听了你们的谈话我更糊涂了。”

心都子说：“大路（本来是提供方便的），岔道多了，丢了羊。学习（本来是好事），但是方向途径太多，结果丢了命。各类学习并不是出发点不同，不是根本上不一致，但是走下去结果的差异却是生死之别。只有回归到相同的出发点，返回到同一个根本之上，才不会这样失之毫厘，差之千里。你作为先生的大弟子，学习先生的学说，却听不懂先生的譬喻（先生的苦口婆心），多么可悲啊！”

评析：歧路亡羊的寓意深且远矣。

著名的“歧路亡羊”故事，令人唏嘘不已。

路径多了丢羊，毕竟还是小事，路径多了丢命，就很可怜喽。

路多了走起来方便，但是同时给人带来了选择的困惑与寻找走失了的羊只的麻烦。学理多了带来了文明智慧，但是太多了的同时带来了各行其是的混乱，各讲一面的偏颇，相互争拗的对立，顾此失彼的遗憾。

初心与根本应该是一致的，为了人，为了民，为了邦国，为了家乡，抑恶扬善，弘扬仁义道德智慧文明。但是，学问之道，文明之道，仁义之道，同样会歧路多多，歧而再歧更歧，最后不仅是丢了羊只，而且丢了人生的方向，道德讲求的方向，仁义价值的方向，文明继承与弘扬的方向。唯物唯心，个人集体，劳动资本，公私大小，公平效率，当下永恒，此岸彼岸，信仰务实……一旦讨论钻研起来，争执斗争起来，天哪，有几个人能清清醒醒、明明白白地选择与明辨？！

怎么办呢？中国传统文化强调的是得其一，吾道一以贯之，天下定于一。另一种说法是强调多元，加上程序上的对于杂乱无章、天下大乱的管控。

歧路亡羊，是一种悲哀。那么，无歧路，就一条路呢？无足够的路可以参照挑选，也是一种悲哀吧？把选择绝对化，如自身的存在与名声影响的关系，你能用同一个答复囊括多种不同情势下的应有的应对吗？二战中苏联女游击队员卓娅的选择与德国女歌手丽丽·玛莲的选择，中国就义儿童王二小的选择和日裔歌手李香兰的选择，能够相提并论吗？

选择是麻烦的，不选择就更窝囊与可悲。人活着就有活着的麻烦，人智慧就有智慧的麻烦，人仁义就有仁义的麻烦。麻烦就是人生，歧路就是人生，亡羊就是人生，时时地丢失着什么，时时又获得了或找回了什么，时时还创造着什么，推动着改善着什么，同时又产生新的歧路与新的选择的困惑不明。有选择就有懊悔，有选择就有自由，有选择就有心甘情愿，有选择就有流芳百世与遗臭万年……这不正是人生的味道所在吗？

原文：

杨朱之弟曰布，衣素衣而出。天雨，解素衣，衣缁衣而反。其狗不知，迎而吠之。杨布怒，将扑之。杨朱曰："子无扑矣。子亦犹是也。向者使汝狗白而往，黑而来，岂能无怪哉？"

故事大意：狗不识主。

杨朱有个弟弟名叫杨布，穿着白衣服外出，赶上天下雨了，脱下白衣，换上黑衣回家。他的狗没看出来，（以为他是生人，）冲着他一阵乱叫。杨布很火大，要去打它。杨朱说："不要打狗嘛，想想看，如果是你，也会发生同样的情况。如果让你的狗白毛色出去，黑毛色回来，你能不感到没法接受吗？"

评析：千变万化，孰能全识得清楚？

《左传·宣公二年》曰："人谁无过？过而能改，善莫大焉。"

其实比较起来，狗犯认人特别是辨识主人上的错误的可能性要比人类小得多，因为狗对人的辨识主要不是靠视觉，而是靠嗅觉。

自身没有被辨识出来，为此而发怒，大约是 VIP 或自以为是 VIP 的人。如果是下等人，卑贱者，有玷污者，说不定唯恐他人认出自己来。

原文：

杨朱曰："行善不以为名，而名从之；名不与利期，而利归之；利不与争期，而争及之；故君子必慎为善。"

故事大意：做好事也要慎重。

杨朱说："做好事不应该是为了求名声，可名声常常跟随着好事来到；有名声不应该是为了求利益，可利益也常常跟随着名声到来；成功与获益不应该怀有争夺他人利益的动机，但争夺、竞争常常跟随着你的成功与获益，如此这般地来到了。所以君子对于做好事也要小心翼翼。"

评析：戒名、戒利、戒争。

名带来利，利带来争，名利容易引起嫉妒，嫉妒必然变成纷争。盛名之下，其实难副，名声大了更易凸显出名人与自己的名声有不完全符合的弱点，越是名人物议越多，等等，都是事实。

《列子》一书中的杨朱对于名声的不可靠性与副作用特别敏感，他时时提醒人们不要求名得利并从而与人竞争，这当然有他的见地，但也有他的没出息。如果他多一点文化自信，多一点坦荡荡，多一点阳光明朗、厚德载物与自强不息，敢于晾自己，敢于做好事，敢于接受考察检验，敢于在发展了自身的资源与影响之后不是退缩避让而是去做更大的好事，发挥更大的正面影响，也敢于回答挑战，回答吹毛求疵，回答污水倾盆，一正胜百邪，一公胜千私，一善对万恶，做了好事又怕什么？

这几句话，含意之深，言语之简练，见解之非凡，少见，少见！

原文：

昔人言有知不死之道者，燕君使人受之，不捷，而言者死。燕君甚怒，其使者将加诛焉。幸臣谏曰："人所忧者莫急乎死，己所重者莫过乎生。彼自丧其生，安能令君不死也？"乃不诛。有齐子亦欲学其道，闻言者之死，乃抚膺而恨。富子闻而笑之曰："夫所欲学不死，其人已死而犹恨之，是不知所以为学。"胡子曰："富子之言非也。凡人有术不能行者有矣，能行而无其术者亦有矣。卫人有善数者，临死，以决喻其子。其子志其言而不能行也。他人问之，以其父所言告之。问者用其言而行其术，与其父无差焉。若然，死者奚为不能言生术哉？"

故事大意：有不死之术的人，自己死不死？

从前有个人声称自己知道长生不死的法术，燕国国君派人去留学，没有学到什么，而那个说自己知道长生不死法术的（老师）先死了。燕国国君很恼火，要把（没有完成任务的）派去留学的臣子杀掉。

燕君的一个近臣劝说："人们所怕的诸事，没有什么比死亡更急切，人们所重视的一切没有什么比生命更重要。那位老师自己都丧了命，怎么可能使您长生不老呢？"于是燕君没有杀那个被派去留学的使臣。

有一个叫齐子的人也想学那人的长生不死法术，听说那人死了，捶打胸脯称恨不已。

另一个名叫富子的人听说后，嘲笑他说：“想要学的是长生不老，可是教授长生不老的老师自己已经死掉了，还要悔恨不已，真是不明白你究竟要学什么。”

一个叫胡子的人说：“富子的话不对。其实说起来，懂得法术而自己未能践行的事是可能有的，能够去践行某些法术却不知道它们的原理的人也是可能有的。卫国有个长于术数的人，临死之时，把秘诀告诉了儿子。儿子记录下父亲的话，却不知道到底该怎么践行。别人问他，他把父亲所说的原话告诉了问他的人。问话的人依照记下的话去做，效果很好，法术与他父亲几乎没有差异。如果这是事实，自己未能长生不死的人为什么就注定不能讲长生的方法呢？”

评析：列子的否定之否定。

列子对推演悖论很有兴趣，有兴趣于推演“否定之否定”。

此前讲了许多否定知性，否定道术法术，鼓吹混沌、自然、无为更无方无术的故事。例如说是有异人能从石壁中、烈火中“徐行而出”，他恰恰没有任何奇异的道术、法术、方法，而仅仅是因为他压根不知道什么石的坚硬与不可入，不知道火的炽热与伤身。还说一个愚人商丘开受捉弄而从高台上跳下，下深水寻珠宝，到烈火中取锦缎，全部成功，只因为他的朴愚诚信。列子似乎是鼓吹一种无知、无畏者，也就无险无败的理论。

但这里说到了有人声称自己有不死之道。声称不死之道的“大师”自己先死了，这当然是明显的对于奇门遁甲的异端妄说的嘲笑。而且不需要更多的讨论了。他的死亡已经否定了自己所谓的不死之道。

齐子向宣扬不死之道的异人看齐，向追求不死之道的燕君看齐，也为能不死者之死而捶胸顿足。被富子嘲笑，也已经是不移之论了。却出来一个敢于想象分析（胡思乱想）的胡子，巧言令色地驳倒了前面的不移之论。

一反此前的混一论整体论，列子这里通过胡子之口讲的是分离论、差异论、偶然论、细抠论。胡子认为，道不等于术，术不等于实行践行，实行践行不等于圆满成功。反之，不成功不等于世间本无此术，当前无此术不等于不可设想此术，一个又一个钻研讨论不死之道的人都死掉了，不等于不可以仍有人再接再厉地去思考探讨，不死之道确实还没有发现，不等于永远发现不了，即使永远发现不了，也不等于一切研究都是白费。

例如，中世纪对于炼金术的热衷，没有炼出黄金，但仍然有利于化学学科的产生与进展。

例如，一位太极大师败给搏击拳师，不等于太极拳的失败。不同的人打太极拳，有不同的效果。太极之理论，太极之理想，太极之平衡，太极之谋略，太极与气功，乃至太极之形体修炼，呼吸吐纳之修炼，太极之造型艺术，均非轻易可以否定的。

胡子的理念又太玄妙了，他脱离常识常情实际，不若孔子的“子不语怪力乱神”更务实。

胡子的想象能力、分析能力又是不可忽视的。我们这里缺少的是想象与清谈之后的逻辑讲究与实证在意。列子的“否定之否定”与黑格尔的“正反合”、马恩的“否定之否定”也颇异其趣，前两者是讲一个历史的过程，是事物的发展规律，而后者是敏感于一切概念与论题中，肯定中有否定，否定中有肯定——即否定之否定。死是生之死，不死是死之不死；无生无死，无死无不死，无不死之死无不死之继续研究其最终之不死。道是术之本，术是道之用，也是道之末；道与术都需要修习，真正的大道与伟术如火里不烧、水里不沉之术，却不是修习的结果。需要修习的，修习到手的却常常是最不重要乃至被歪曲了的道的末端低端，是邪术妖术，最好的情况下是踩踩高跷抛起小刀的雕虫小技。真正的大道多半是顿悟出来的而不是修习出来的。自然而然的，道不需要刻意践行，不能践行即无不为的无为是空洞与空想的无为。如此这般，想下去吧，想傻了算，想迷糊了算，想废了算。呜呼！

原文：

邯郸之民以正月之旦献鸠于简子，简子大悦，厚赏之。客问其故。简子曰："正旦放生，示有恩也。"客曰："民知君之欲放之，故竞而捕之，死者众矣。君如欲生之，不若禁民勿捕。捕而放之，恩过不相补矣。"简子曰："然。"

故事大意：放鸟的善行促成了捉鸟的恶行。

邯郸的百姓在正月初一向赵简子敬献斑鸠，简子十分高兴，重重地赏赐了他们。客人问他为什么奖赏献鸟者，简子说："大年初一放生，表现了我的好生之恩德。"客人说："人们知道您要释放它们，就争着去捕捉，被弄死的斑鸠比后来放掉的多得多。如果您想为更多的斑鸠生存行善，不如禁止老百姓捕捉。捕捉了又释放，您的恩德弥补不了捕鸟杀生的过失。"简子说："是了。"

评析：好中有坏，坏中有好。

不捕生哪儿来的放生？不惩办哪儿来的宽大？不聚敛哪儿来的施舍？

难办。盖百姓捉斑鸠并不仅仅为了讨好简子，赵简子不奖励放生他们也会因了各种动机去捉鸟。正月初一放生，毕竟宣扬的是上天的好生之德，就像每年感恩节前夕美国总统要赦免一只火鸡一样。赦一只，杀多只，这是人类的虚伪和骗术吗？人要吃动物的肉，却又有对动物的某些恻隐之心，人会怎么办呢？孟子说：“君子之于禽兽也，见其生，不忍见其死；闻其声，不忍食其肉。是以君子远庖厨也。”孟子也没能给又要吃肉又不忍杀生的君子出什么两全其美的主意。但总不能从小培养孩子乐于与敢于屠宰。人的秉性中包含着自我矛盾，所以他是人，不是猛兽。他不像猛兽那样血腥，但是他比猛兽难侍候。

原文：

齐田氏祖于庭，食客千人。中坐有献鱼雁者，田氏视之，乃叹曰：“天之于民厚矣！殖五谷，生鱼鸟以为之用。”众客和之如响。鲍氏之子年十二，预于次，进曰：“不如君言。天地万物与我并生，类也。类无贵贱，徒以小大智力而相制，迭相食；非相为而生之。人取可食者而食之，岂天本为人生之？且蚊蚋肤，虎狼食肉，非天本为蚊蚋生人、虎狼生肉者哉？”

故事大意：鱼鸟是为让你吃掉才出生的吗？

齐国的田氏在大厅里设宴祭祖，来吃饭的客人有一千多位。座席中有人献上鱼、鹅之类，田氏看到了，便赞叹道：“苍天对于人真是太厚待了，不但生长五谷，又生出鱼群和飞鸟供人食用。”客人们像回声一样附和响应。

有位鲍姓客人的儿子不过十二岁，也在席位中，走上前说：“事实并不是您所说的那样。天地万物与人共同来到这个世界上，自成种类。各个类别之间没有贵贱之分，仅仅因体躯大小、智慧与气力不同而互相制约，乃至依次互为食物（链），不好说是谁为谁而生下来。人们得到可以吃的东西，就去吃它，怎么能说是上天有意为人吃掉而生养出一种生物呢？再想想，蚊子蚋虫叮咬人的皮肤，老虎豺狼吃食人的骨肉，难道上天原意是为蚊子蚋虫的需要而生养人（的皮肤），为老虎豺狼而生养人肉的吗？”

评析：目的论与自然论。

从宗教的意义上看，目的论是有道理的。一切秩序都是“主”安排的，人为万物之灵，世界的一切为人的需要而存在，当然人也有考验，有烦恼，有敌对方，例如疾病、瘟疫、猛兽、水火、地震等灾难，这也是“主”的意思，让人受到警告，受到黄牌或者红牌警示，有所收敛，有所改邪归正，改恶从善。所以人要感恩，同时要忏悔自己的罪恶。

十二岁的小客人则带有唯物主义的自然论色彩，世界上出现了不同物种，出现了相生相克乃至相食相灭或互相依靠、相亲相爱的关系，这种关系的建立不是由于意愿，而是由于条件。人吃鱼、鹅，不吃毒虫，吃粮、菜，不吃毒菌，吃香椿不吃臭椿，是由各自的成分、品相与功能所决定的，而且不是一下子就确定，而是在人类进化与历史发展过程中渐渐形成的。

《列子》当年能思考到这一步，不简单，不容易。

原文：

齐有贫者，常乞于城市。城市患其亟也，众莫之与。遂适田氏之厩，

从马医作役而假食。郭中人戏之曰："从马医而食，不以辱乎？"乞儿曰："天下之辱莫过于乞。乞犹不辱，岂辱马医哉？"

故事大意：乞丐不觉得自己丢人。

齐国有个穷人，经常在城里的市集上乞讨，人们讨厌他没完没了的打搅，（渐渐地）大家都拒绝给予他施舍帮助。于是他到了田家（大户）的马厩，跟随马医干点活计混点吃食。外城的人笑话他："你跟着马医混饭吃，不觉得丢人吗？"

乞儿说："如果说丢人现眼，没有什么比乞讨更丢人的了，现在我乞讨都乞讨了，没有觉得多么可耻，还怕随着马医混饭吃吗？"

评析：处境不同，不相为谋。

除了侯王、大臣、士子，《列子》能多少关注到乞丐类人物，难得。

城里的人讨厌他，外城的人笑话他，笑话的原因是由于不知道此乞丐的处境的低贱悲惨。

脸皮是越丢越厚起来的，丢脸的结果是不觉丢脸，这个逻辑相当刺激。

为什么提到马医呢？古代轻视马医？其实古代是重视马的，所以伯乐呀，九方皋的故事都很高雅普及，此乞儿愿意与马医混在一起，又有什么特别的说辞呢？

原文：

宋人有游于道、得人遗契者，归而藏之，密数其齿。告邻人曰："吾富可待矣。"

故事大意：因废契而激动认真，是由于傻还是由于贪婪？

宋国有个人走在道路上捡到了一个别人扔掉的废契，（如获至宝地）拿回家藏了起来，悄悄地数了数那契据上的齿印。告诉邻居说："发财已经指日可待了。"

评析：为什么傻瓜常常自以为得计？

越是傻瓜越容易自傲，因为他们的思维方式与行为方式是舍本逐末、买椟还珠、自吹自擂、装腔作势、舍内求外、自我忽悠、自欺欺人、不问真伪、只求吉利。

废契据，齿印再全、再完整、再精致有什么用呢？拿上废契据去追求财富，说不定摊上法律上的麻烦。万物都有自己的时间，过了这个时间，该抛弃则抛弃，该丢开则丢开，《庄子》里讲过有关的话。

这类事见得多了。靠潜规则得到了提升，靠不正当手段得到了学位，不义之财到手，不实之言蒙骗了他人，请客送礼变相行贿以逞其私。自以为得计，实际上是掉进了陷阱，至少是冒了一通十足的傻气。

傻到如此地步的原因是贪，贪到极点，废契据也能令自己激动万分，丢魂失魄。

原文：

人有枯梧树者，其邻父言枯梧之树不祥，其邻人遽而伐之。邻人父因请以为薪。其人乃不悦，曰："邻人之父徒欲为薪而教吾伐之也。与我邻，若此其险，岂可哉？"

故事大意：动机谁说得清？

一人家里长着一棵死掉了的梧桐树。邻居的父亲告诉他说一棵死梧桐戳在那里很不吉利，听此言后此人慌忙把死梧桐伐倒了。树倒后，邻人的父亲想要这棵枯树做柴烧。此人很不高兴。他对人说："敢情这老头子是缺柴火才劝我伐树的。两家相邻，居心险恶，人怎么能够这样呢！"

评析：逻辑与疑心。

逆推一个人的言语动机，逻辑上并不工稳。因为风俗习惯、集体无意识等，告诉邻居枯树死树留之不祥，这是可以理解的。砍倒以后，想到对方并不如己方更需要用这棵死树作柴薪烧火，原则上不是不可能，但马上向人索要实不可取。它太易引起疑惑。至少你应该等几天，看到此枯木对其主人确无用场，再说点什么。枯木也是有用场有价值的，怎好当场张口就要呢？

人生诸事，需要讲逻辑，还要讲人情世故，讲礼节心理，习惯通例，考虑可能出现的看法反应，也要讲避嫌。这位邻居老爷子是缺点心眼吗？还是确有几分不地道呢？

但同时也有可能的是此位老邻居心直口快，并无私心坏意。坏意多了反而要有所回避了。树主人多疑，叫作疑心生暗鬼，令自己不快。故事有趣，判断归零，谁知道啥意思呢？

原文：

人有亡鈇者，意其邻之子，视其行步，窃鈇也；颜色，窃鈇也；言语，窃鈇也；动作态度无为而不窃鈇也。俄而扣其谷而得其鈇，他日复见其邻人之子，动作态度无似窃鈇者。

故事大意：谁偷斧子啦?

有一个人丢了斧子，怀疑是邻居家的孩子偷走的：看那个孩子走路的样子，像偷了斧子；神色容貌，像偷了斧子；言谈话语，像偷了斧子；举动态度般般没有不像偷了斧子的。后来他在山谷里掘地，找着了那把斧子。然后又见到邻居的孩子，发现其举止做派再没有一点点像偷斧子的人了。

评析：多疑自欺，害人害己。

平白无故，疑心生暗鬼，求证得证，越疑越像，难以自拔，铸成冤案，这类事多了去了。

此人带着无实证、无逻辑的恶意怀疑他人，并且达到了怎么疑怎么像，怎么想怎么来，要什么有什么的程度。恰是是时，失物自天而降，这是邻居孩子的运气，更是此稀里糊涂、马马虎虎而又心乏厚道的刻薄先生的运气。否则谁知道他的有罪推定会产生什么结果呢？如果他有权有势有影响力，他会不会做出伤害那个无辜的孩子的事情来呢？至少，他的心理阴影对己对人、对社会、对邦国都是一个非正面的因素。世道人心，为什么或有下行的表现，与这样的有罪预设、有罪推论大多是有关系的呀。

原文：

白公胜虑乱，罢朝而立，倒杖策，錣上贯颐，血流至地而弗知也。郑人闻之曰："颐之忘，将何不忘哉？"意之所属箸，其行足踬株埳，头抵植木，而不自知也。

故事大意：主观性太强了，伤害了自身都无觉察。

白公胜琢磨着搞动乱，散朝后站在原地，倒拄着赶马用的马刺，刺针朝上戳破了自己的脸颊，血流到地上也没有察觉。郑国人听到这事，说："连面孔都遗忘了，还有什么不遗忘呢？"意念明显地倾斜于某一处时，走路碰上树桩或坑坎，脑袋撞到树枝，自己也觉察不到。

评析：世上确有比皮肉之痛更痛切的事。

人有灵性，有神经，更有思想，有意图，有趋向与拒避，有热爱与痛恨。

而当这个思想与情感的结合成为最大的兴奋点以后，皮肉之感之痛已经不再重要，神经之反应之传导已经不再刺激。这个情况说得有点令人悚然。

当然也有正面的例子，例如战争中的"盘肠大战"，腹腔被割开，肠子肚子露出来了，把肠子系成扣，继续恶战。古有罗通，今有评书小说《烈火金刚》。英雄啊，奇异啊！

原文：

昔齐人有欲金者，清旦衣冠而之市，适鬻金者之所，因攫其金而去。吏捕得之，问曰："人皆在焉，子攫人之金何？"对曰："取金之时，不见人，徒见金。"

故事大意：见了金子，忘了别物。

齐国有个想要金子想得大发了的人，清晨穿衣戴帽整整齐齐地来到市集上，走进了卖金子的商店，抓起一条金子就跑。官吏抓到了他，问他："当着那么多人，（光天化日之下）你怎么敢公然抢劫黄金呢？"回答说："我拿金子的时候，没看见人，只看见金子啦。"

评析：又一个利令智昏的奇闻。

为什么这样的事件至今是屡禁不止，屡杀不惧？果然是看到金子就忽略了一切了吗？

不妨问问那些权高位重名著的贪腐官员。他们在做那些伤天害理、违法乱纪的坏事的时候，也是只看到了黄金，看不到千夫所指、万众之怒了吗？

"取金之时，不见人，徒见金"之妙答，直白得令人发噱，简明得令人叫绝。数千年过去了，让我们说什么好呢？